广西民族师范学院学术著作出版资助基金资助

精析壮族养老文化

黄小芬◎著

经济管理出版社
ECONOMY & MANAGEMENT PUBLISHING HOUSE

平安村的基本概况。平安村是一个位于广西壮族自治区巴马瑶族自治县的壮族村落，独特的自然环境和人文环境造就了该村特有的社会文化景观。

第二章“健康养老之物质基础——衣食住行与疾病防治”，主要从两个方面介绍了长寿村人如何在日常生活中注重衣食住行对健康的影响，以及如何运用本土的医药知识进行疾病防治，探讨了一个民族的生活方式是如何作用和影响人的身体素质。

第三章“健康养老之制度保障——婚姻家庭与村规民约”，主要对长寿村壮族婚姻家庭和村规民约等制度文化进行研究，探讨在老人众多的社区里，其婚姻家庭制度如何安排、运行，以实现老有所为、老有所养。

第四章“健康养老之精神依托——娱乐、民间信仰与习俗”，主要从娱乐活动、民间信仰、习俗、养老心态等方面，对长寿村人如何通过由外而内的修养以满足自身的精神需求，并做到“孤而不独”。

第五章“社会变迁与文化坚守”，前四章主要从共时的角度对长寿村的养老文化进行了系统的研究，本章则从历时的角度探讨了在社会转型过程中，长寿村养老文化的变迁。一方面，长寿村养老文化受外界影响，人们的养老观念与养老方式逐渐出现了与以往不同的变化；另一方面，长寿村人基于社会发展的状况，在坚守本民族养老理念的同时，逐渐形成了“半自养”的意识。

结语部分认为，长寿村养老文化是当地壮族群众基于自然环境和社会环境而逐渐形成的具有自身特色的文化现象，反映在物质、制度与精神等方面。其健康养老之所以能够长久不衰，与当地人的生命观、未老先养、孝文化的传扬、老年人能动性的发挥有密切关系，由此也反映了民间养老文化的现代意义，对当下养老问题的解决也具有重要的借鉴价值。

目　录

导　论

第一节　研究缘起及意义

一、研究缘起

从呱呱落地到懵懂少年，从青葱岁月到暮色年华，这是人类的生命规律。延长生命长度，增加生命宽度，提高生命质量，拥有健康快乐的晚年是人们普遍的追求。

2009 年 10 月，笔者在长寿村看到一位头发花白、面色红润的老人穿针引线、配色，在熟练地绣鞋面，上前一看，发现鞋面上绣着一个精致的“寿”字，问她多大年纪了，她说，已经 81 岁了，平时忙于农活，准备过年了，要给 102 岁的婆婆做一双寿鞋。在一旁摘菜的婆婆说，自从媳妇过门，每年过年都给她做新鞋、新衣，这是她一年中最高兴的事。从闲聊中得知，102 岁的婆婆当年跟随韦拔群参加过革命，因天生一副好嗓子，且聪明伶俐，成为了农民革命运动的宣传员。她一生酷爱山歌，常听山歌，唱山歌，以歌回忆革命岁月，追忆青春年华，每每唱起歌，脸上都洋溢着欢快的笑容。年过八旬，依然耳聪目明，尚能穿针引线，还可下地做些轻的农活；年过百岁，尚可摘菜、煮饭，这是巴马长寿村老人的普遍生活状况。他们生活能够自理，享受浓浓的亲情，精神生活丰富，简单而快乐地度过晚年。

巴马主要聚居着壮、瑶、汉三个民族，其中以壮族占多数。笔者是当地土生土长的壮族人，出生于长寿家庭。祖母生于 1916 年 8 月，已经过百岁。父亲 75 岁，大哥 49 岁，侄女 22 岁，是四代同堂之家。祖母经历朝代更迭、国民党抓壮丁、土匪横行、社会动荡、背着孩子东躲西藏，这些是她一生中最深刻的历史记忆。祖母很讲究卫生，坚持天天洗澡、换洗衣物。每当洗菜时，她不辞劳苦，舍弃村旁的小河，选择离村子较远的清澈见底的小溪。她酷爱喝粥，天刚蒙蒙亮，就起床为一家人熬一大锅玉米粥，喝过粥便上山劳动。她勤劳、经济独立，在七八十岁时，还去山上开荒种植。常常把木薯、谷子、豆类拿到集市上出售，换回一些钱就存着。她乐善好施，每到春耕季节，隔壁邻居前来买谷种、豆种、芝麻种等，她分文不收，实在拗不过，就象征性地收一点，她说这是在积阴德。她一生曲折，但日常生活中，她乐观、坚强，常常追忆动荡年代的一些趣事。如今，上了年纪的她依然耳聪目明，尚能做些家务。家里四代同堂，其乐融融。生活在巴马，眼看身边七八十岁老人依然在田间地头忙碌，这是常有的现象。慢慢地，到外地求学以后，发现五六十岁的人就已经白发苍苍，七八十岁的老人已经步履蹒跚，还听闻有老人因为孤独而自杀，这激起了笔者研究家乡的愿望。能否从一个个案例中找到本民族文化的特点？他们健康长寿的原因是什么？长寿老人怎样才能够简单而快乐地度过晚年？这些想法一直萦绕在心头。

在读硕士期间，笔者参加了国家课题中国少数民族人口子课题——壮族人口研究，负责田野调查、数据统计和编写工作。在研究过程中，发现不同民族婴儿的喂养方式不同，死亡率存在差异，不同民族文化对人体健康指标和寿命产生不同的影响。即便同一民族，不同地区的生活方式、价值观念不同，对身体素质也会产生差异。巴马因为长寿老人众多而被评为“世界长寿之乡”，2008 年以后，随着巴马基础设施的改善，其美名远播海内外，万人涌入巴马寻求长生之道。到北京求学后，周边的同学、朋友对巴马的长寿现象产生好奇感和神秘感，欲想揭开当地文化的神秘面纱。2013 年 12 月在宜州市参加首届国际长寿论坛时，得知巴马县周边的壮族聚居地区——东兰县、凤山县也被评为全国长寿之乡。这让笔者不得不思考一些问题，壮族文化中的哪些因素促成了人的健康长寿？在养老保障尚未健全的贫困地区，这些长寿老人如何度过他们的晚年？基于这些问题的思考，对壮族养老文化研究的愿望更加强烈。由此笔者博士生 3 年接受专业的素养训练和导师的鼓励和指导，便作此书。

健康长寿是人们的普遍追求，健康是创造物质财富的基础，也是实现幸福晚年的基础，在人们日益关注健康和老龄化日趋严重的今天，研究巴马壮族养老文化，具有十分重要的意义。

二、研究意义

（一）现实意义

第一，有利于发扬壮族优秀文化传统。巴马深居壮族偏远地区，过去，交通闭塞，与外界接触少，受到外来文化影响较少，保持古朴的壮族文化，许多习俗例如补粮添寿、寄石补命等习俗延续至今。通过对巴马壮族养老文化进行研究，挖掘其文化特色，有利于树立民族自尊心和自信心，自觉保护和发扬本民族的优秀文化传统，使健康长寿代代相传。

第二，向人们展示健康的生活方式。健康长寿是人们的普遍追求，上至帝王将相，下至黎民百姓，概莫能外。巴马壮族养老文化，衣、食、住、行及疾病防治等物质文化；婚姻家庭、村规民约等制度文化；娱乐、宗教等精神文化散存于民间。笔者在田野调查的基础上，对这些资料进行收集、翻译和整理，挖掘其内涵，探寻其特点和规律，让人们认识巴马壮族的养生文化、孝文化、和文化和命文化，并向人们展示一种健康长寿的生活方式。

第三，为养老问题的解决提供借鉴和参考。随着我国老龄化的加快，养老问题日趋严重。在物质匮乏、养老保障尚未健全的巴马，很多长寿老人简单快乐地度过晚年，无疾而终。另外，通过对当地壮族养老文化进行研究，以期为养老问题的解决提供借鉴和参考。

（二）理论意义

第一，丰富民族学研究理论和方法。在民族学作品中，学者们对衣、食、住、行的物质文化研究，对婚姻、家庭的制度文化研究，对节日、仪式、宗教信仰等精神文化方面研究，主要是探讨他们的起源、类型、结构、特点、文化内涵、变迁、对社会的作用等，而很少关注这些文化对人类自身素质、寿命及生活质量的影响。每个民族都有自己的文化，养老文化属于民族文化的一部分。正如不同的育儿方式导致不同的死亡率，不同文化对老年人的寿命和生活质量产生不同的影响。本书从民族学的视角，结合人口学、社会学、民族医学等学科，对巴马长寿村壮族养老文化进行研究，探寻文化是如何影响到人的身体素质和生活质量，丰富了民族学研究的理论和方法。

第二，拓展民族学研究的领域。以往，关于养老问题，主要是从人口学、社会学等角度去研究，而民族学、人类学涉及养老问题的研究较少。民族学是一门为少数民族地区经济、社会发展服务的学科。过去，对于少数民族地区来说，经济、文化、教育、生态等问题的解决更为迫切，因此，研究重点在这些领域，而养老问题尚未引起人们的关注，故而民族学在养老问题上的成果不多。在全国进入老龄化的今天，少数民族地区由于大量的年轻人流入城市务工，人口老龄化更为严重。我国是多民族国家，如何根据少数民族自身的特点，发扬少数民族地区的传统文化，利用文化为老年人身体健康、精神需求服务，探索因地制宜的养老方式，对养老问题的解决具有重要意义。

本书让人们认识到，一个民族的生活方式、文化传统、风俗习惯等会影响到老年人的身体健康状况和生活质量，同时也制约着养老方式的选择。故民族地区养老方式的选择和取向，不能简单地照搬别国的“先进经验”，而应该从本民族的实际出发。总之，本书丰富了民族学的研究视野，延伸了民族学理论和方法的应用意义。

第二节　相关研究述评

一、相关理论与研究回顾

本书围绕着“健康养老”主题，因此，研究回顾主要从与健康和养老相关的理论进行梳理。

（一）健康与疾病的相关理论研究

关于人类的健康与疾病，医学人类学做了大量的研究。主要形成了四个学派：即生物理论学派、文化理论学派、生物文化理论学派和批判学派。[①] 生物理论学派的主要理论是环境/进化理论；文化理论学派的主要理论包括功能主义理论、文化解释理论、仪式理论等；生物文化理论学派的主要观点是生态学理论，包括文化生态学理论和政治生态学理论；批判理论学派的主要理论是政治经济学理论和哲学批判理论。[②]

第一，环境/进化理论的主要观点是，人类群体生存的环境与这个群体成员

① （美）莫瑞·辛格：《批判医学人类学的历史与理论框架》，《广西民族学院学报》，林敏霞译，2006 年第 3 期。

② 陈华：《医学人类学理论与学派》，《医学与社会学》，2007 年第 2 期。

的健康状态、医疗体系是相互影响的。人类的健康状况与生存的环境息息相关，环境的变化促进了人身体健康状况的变化。①

第二，文化体系理论包括四种观点：地方性医学是文化的组成部分的观点；原始医学与巫术密不可分的观点；关于医疗模式是整个文化体系中的一个亚体系，而医疗模式是由许多要素构成的，跟保健有关的新要素与整个文化体系以及医疗模式会相互影响的观点；原始医学产生于不同的文化土壤，每个民族对疾病和健康都有自己的解释逻辑。②

在文化体系理论中，结构功能主义人类学家认为，人体所投射的许多现象值得思考，如体液、生理组织、器官、性别以及性行为等，在所有文化和部族中均会作为特定社会现象和文化表征。人体符号所象征的文化建构现象，使人们可以从特别视角审视整个人体与社会的关系。无论是个人健康还是社会健康，均取决于二者间的平衡与和谐程度，人群发病率与死亡率是社会冲突、压力以及社会结构失调的综合反映。③

解释人类学认为，每种文化都有自己的逻辑，主张用地方性知识解释健康和疾病，注重本土人的看法和理解。该学派十分重视疾病和文化的研究，在凯博文看来，疾病和健康是文化建构的。疾病通过解释而形成，同时，通过解释才能得以认识。在临床治疗中，医生从病人的病痛叙述中推导出其解释模式，这是分析病人对其状况认识的一种途径，也是医生推导出“当地人观点”的切入点。他建议，医生应该把了解病人的解释模式作为治疗活动的重要组成部分，并尽量让病人理解医生本人的解释模式，这样才能够达到良好的治疗效果。④

仪式研究向来是医学人类学研究的重要领域。学者们从行为、信仰、象征等多角度对其进行界定。特纳在《象征之林》这部著作中，对仪式、象征符号和社会生活之间的关系进行了分析。他通过对非洲部落进行研究，向人们展示了当地族人如何理解疾病的产生的缘由及应对措施。总而言之，疾病所表现出来的是人生理的疼痛，而其产生的根源常常是在于人们的社会关系。所以根本的治疗方

---

① Robert A. Hahn. “Sickness and Healing: An Anthropological Perspective”, Yale University Press, 1995, p. 59.

② 陈华：《寻找健康——医学人类学调查与研究》，北京：人民日报出版社，2006 年，第 28－29 页。

③ 张实：《当代医学人类学理论体系及其流派》，《西南边疆民族研究》，2012 年第 2 期。

④ 张有春：《医学人类学的社会文化视角》，《民族研究》，2009 年第 2 期。

法是找出社会关系的问题，而不是解决个体的不适。[①] 彭兆荣对仪式的表述界定与概说，仪式的进程、阈限与通过三个阶段，仪式的象征、功能与结构均进行了评述。[②] 关于仪式的效力，陈纬华指出仪式是一种宗教的实践活动，它正是人们用以体验、建构宗教真理的实践活动，起到了心理安慰作用[③]。

第三，生态学理论包括，微观的文化生态学理论和宏观的政治生态学理论。文化生态学探讨人类个体或者群体在特定环境中与其他物种，包括动植物和病原体等的相互关系，考察人类个体或群体身体素质、疾病发病率与环境之间的联系；关注人类的天性、行为、疾病，以及人类的演化和环境之间的关系，探讨环境如何影响人类行为和疾病。[④]

政治生态学探讨不同的人类群体，包括民族、阶层、国家之间在历史上的相互关系。这种相互关系通过人口的迁徙、土地的使用，或者获得资源的差异作用于生态学。政治生态学注重研究由政治制度导致的社会分层，以及这种社会分层与疾病分布之间的关系。[⑤]

第四，批判理论学派的观点包括政治经济学观点和哲学批判观点。政治经济学观点从宏观的角度，去探讨疾病在不同民族、阶层、国家和地区的分布状况。该学派重点研究殖民主义和资本主义在全球扩张，引起全球范围政治经济的不平衡等，以及由此引发不同群体健康的差异。受后现代哲学的影响，医学人类学的哲学批判观点对隐藏在生物医学理论和实践中的假定和概念，提出了批判性的质疑和分析或解构。该理论认为，西方医学是建立在生理和心理，物质与精神分开的观点之上的文化建构产物。这种理论提出一种新的观点认为，患病不是独立的事件，而是与所处的自然环境、社会环境、制度和文化密切相关的复杂产物。[⑥]

综观这些研究，环境/进化理论从生物学的角度，探讨了生存环境对人类生物学性状及健康的影响，用群体遗传学的方法，揭示人类在自然选择压力下的进

---

① （美）维克多·特纳：《象征之林》，赵玉燕、欧阳敏、徐洪峰译，北京：商务印书馆，2006 年，第 86 页。

② 彭兆荣：《人类学仪式研究评述》，《民族研究》，2002 年第 2 期。

③ 陈纬华：《仪式的效力的理论回顾》，《广西民族学院学报》，2003 年第 6 期。

④ （美）乔治·福斯特：《医学人类学》，陈华、黄新美译，北京：桂冠图书有限责任公司，1992 年，第 19 页。

⑤ Peter. Brown. “Understanding and Applying Medical Anthropology”, May field Publishing Company Press, 1998, p. 15.

⑥ Peter. Brown. “Understanding and Applying Medical Anthropology”, May field Publishing Company Press, 1998, p. 17.

化规律。但是，环境/进化理论偏重于自然生态学。主要注重自然环境对人类健康的影响，而忽略了社会文化环境对人类健康的影响。在生产力低下的社会里，人们的食物获取、健康状况、平均寿命深受自然环境的影响。随着社会的发展，在长期与自然做斗争的过程中，人类创造了各种防治疾病的方法。同时，随着技术的进步，人类对自然的改造逐步深入，人们对自然环境的依赖性逐步减弱。

结构功能主义理论强调对一个社区进行研究，对田野调查的资料进行理论化或者概括，符合实事求是的科学精神。但是，这种理论忽视了历史事实及外部环境对社区个体或者群体产生的影响，缺乏宏观的视野，可能会导致“只见树木，不见森林”的结果。

仪式理论强调从认知的角度去探讨不同民族的保健信念和医疗体系、疾病分类系统等，从心理层面了解不同民族医学、保健及治疗有关的看法。但是，这种理论忽略了影响不同民族世界观形成的自然环境和社会文化环境。

文化解释理论强调当地人对疾病的看法，该理论认为，疾病是一种文化建构的解释模型，而不是一种实体。它可以解释不同疾病产生的原因，帮助人们理解为什么同一个病人，在巫医、土药师和生物医学医师那里有不同诊断结果和治疗方法。但是，该理论忽视了不同医学体系，在进行诊断时所具有的客观性和坚持的原则性。

批判理论学派强调从宏观的视野理解阶层疾病与健康，资本主义扩张带来的政治经济的不平等，由此引起了各个民族、阶层、国家和地区营养获取、医疗保障和生存环境的差异，从而引发了他们身体健康状况的不同。但是该学派不断对权威进行批判和质疑，让人们感到无所适从。

从以上比较可以看到，医学人类学的不同理论都有自己的优点和缺点。人类学强调整体观。因此，本书从整体观出发，对人们的健康、患病、医学和治疗等问题进行研究，既考虑人类的生物学要素，也考虑人类的社会文化要素。

在坚持整体论的同时，本书还注意文化相对论，以凸显文化多样性的现代意义。从医学人类学的角度来看，包括疾病在内的经验世界是人们透过特有的文化透镜产生的认识，每一种世界观都会衍生出一套病因学观念，并导致相应的治疗方法，人们对疾病病因的解释以及对此做出的反应因文化而异，我们也就不应该就疾病论疾病，而应该把它放在人们所处的文化场景中加以分析和理解。

（二）家庭养老相关的理论研究

中国自古就有深厚的崇老、尊老、敬老的文化底蕴和悠久的家庭养老传统，以农耕为主的中国社会，家庭养老历来是养老的主要方式。学者们从不同的视角对养老文化进行共时性和历时性研究，阐述家庭养老存在和延续的内在机制，以及社会文化变迁给家庭养老带来的影响。

第一，交换论视角。经济交换理论的假设，人都是理性的经济人。其本质是父母对子女的抚养和教育是一种“投资”，其目的是到老年时能得到子女的赡养，即“回报”。“这种交换关系是家庭养老的根基，确保了人类的延续”。[①]

社会交换理论认为，家庭成员之间的关系是互惠的，这种互惠表现为父母与子女在时间、金钱、物质、情感等方面的交换和支持，具体表现在家务上相互帮助，经济上相互支持，生活上互相照顾，情感上互相慰藉。父母养育子女，子女以物质支持、生活照料、精神慰藉的方式回报父母的养育之恩[②]。

第二，功能论视角。功能理论从满足社会基本需要的视角，理解家庭养老。人不可能独立存在，代与代之间相互依存。潘光旦在《论老人问题》一文中指出，“老年人的赡养分为经济和经济以外两部分，前部分可以通过养老金来解决，后部分英国学者试图以‘安老设施’来解决，但最终没有达到目标。”人到风烛残年后，面对生的渴望和死亡的威胁，对经济以外的渴求日益强烈，这方面需求的满足有三个途径：第一是拥有一份不朽的事业；第二是子女的关爱；第三是宗教信仰。大多数人选择子女的关爱，养生送死，生事死祭，是代际互相依赖的表现。子女需要父母抚养，父母需要子女赡养。正是这种生小养老的关系，保证了人类社会得以延续。[③]

第三，血亲论视角。血亲论是用血亲价值观点来理解家庭养老，血亲价值是指以血亲关系为基础，以实现血亲利益为目标，调节家庭代际关系。血亲价值论主要从“血亲关系、人生价值和心理定式三方面来理解家庭养老运行的内在机制”。[④] 该理论认为，家庭养老是子代照顾和赡养亲代，是代际和亲子互动的体现。家庭养老不是一种以经济、权利为基础的利益机制，而是一种以血亲为基础的文化机制。

第四，文化论视角。文化论视角是通过对不同养老方式进行对比，探寻其背后的文化根基。该理论认为，文化背景不同，其养老方式就存在差异。费孝通从

---

① 于学军：《中国人口老化与代际交换》，《人口学刊》，1995 年第 6 期。

② 熊跃根：《中国城市家庭的代际关系与老人照顾》，《中国人口科学》，1998 年第 6 期。

③ 潘光旦：《潘光旦文集》第十卷，北京：北京大学出版社，2000 年，第 324 页。

④ 姚远：《血亲价值论：对中国家庭养老机制的理论探讨》，《中国人口科学》，2000 年第 6 期。

中西文化的对比分析中指出，以工业为主的西方社会，其养老方式是，“甲代抚育乙代，乙代抚育丙代的接力模式”。以农耕为主的中国社会，其养老方式是，“甲代抚育乙代，乙代赡养甲代，乙代抚育丙代，丙代又赡养乙代的反哺模式”①。

潘光旦也对中西方养老文化进行对比分析，他指出，西方受基督教文化影响，维系家庭养老关系的是契约式的权利与义务关系。而中国受到儒家文化的影响，维系家庭养老关系的是亲情和情感。②

第五，变迁论视角。社会变迁论的主要观点是，随着社会的变化，与养老有关的一系列因素随着变化，例如经济方式的转变、人口流动的加快、父权的弱化导致了家庭养老文化制度的变迁，使养老从非功利、无条件的行为转变成功利的、有条件的行为，子女赡养父母的约束力逐渐减弱。③

人口流动的变迁使老年人的生活照料和精神需求资源不足，家庭养老功能在弱化。人类学学者阎云翔在《私人生活的变革：一个中国村庄里的爱情、家庭与亲密关系》中指出，随着社会的发展，一方面是年轻人的主体意识不断增强，表现在情感生活和欲望方面，他们更多的是强调权利，而忽视了对他人的义务。另一方面是随着国家对个人私生活干预的减弱，公共道德制度缺失，维系家庭养老的孝文化逐渐失去了文化基础，父权衰落，代际冲突出现，老人赡养失去了道德支撑。④

文化变迁理论认为，个人观念、受到教育的变化导致了家庭养老制度的动摇。潘光旦指出，中国人尚来喜欢“上有老，下有小”的大家庭，然而，近代以来，个人主义教育观成为家庭制度崩溃的因素之一。英国的“安老”，即社会福利制度并不适合中国国情，英美老人之所以成为问题，是因为老年人与子女划分界限，各自组成一个小的单位，因而出现精神需求无法满足。⑤

前人的研究给本书提供了借鉴和参考，但也存在一些不足。

第一，综观这些研究，主要集中在家庭制度的研究，很少涉及与养老有关的

① 费孝通：《家庭结构变动中的老年赡养问题》，《天津社会科学》，1982 年第 3 期。

② 潘光旦：《潘光旦文集》第一卷，北京：北京大学出版社，1993 年，第 134 页。

③ 王树新：《中国养老保障研究》，北京：华龄出版社，2004 年，第 78 页。

④ 阎云翔：《私人生活的变革：一个中国村庄里的爱情、家庭与亲密关系》，上海：上海书店出版社，2006 年，第 159 页。

⑤ 潘光旦：《潘光旦文集》第十卷，北京：北京大学出版社，2000 年版，第 128 页。

衣食住行的物质文化和精神文化上。即使对精神方面有所涉及，也主要集中在父母对子女的情感依托，很少涉及老年人的宗教信仰和其他娱乐活动。

第二，在这些理论中，交换理论比较难以解释我国的养老文化，中国父母对孩子的抚育大多是无理性的，很多父母一辈子为子女付出，而无怨无悔，很少考虑子女给他们多少的回报。

第三，在文化变迁上，主要研究社会文化变迁对家庭制度产生的影响和冲击，而很少涉及面对文化的变迁，人们是如何应对的。以往的研究把老人视为一个消极被动的主体，忽视了老年人的主观能动性。

鉴于此，本书结合民族学、社会学、人口学等学科知识，以整体论、生命周期理论、需求理论、结构能动理论的视角，从物质文化、制度文化和精神文化三个层面，对巴马长寿村壮族养老文化进行研究。探讨在养老过程中，物质文化如何影响老年人的体质；面对众多的长寿老人，当地的制度文化如何做出安排，实现老有所养。面对子女外出，当地的精神文化如何满足老年人的精神需要，实现老有所乐。面对社会的变迁，人们如何调整养老策略。

二、壮族养老文化相关文献研究回顾

从所收集和查阅到的资料来看，几乎没有明确阐述和解析壮族养老文化的文献，因此，只能对相关文献进行梳理。

从目前所能收集到的结果来看，国内外历史学家、哲学家、宗教学家、社会学家、人类学家、民族学家、艺术学家、文学家等，从不同的角度，运用相关的学科理论，结合史料、实地调查等方法，对壮族历史文化和现实状况进行了多维度探讨，在此基础上，出版和发表了大量具有学术价值和现实意义的论著和文章，壮学研究成果丰硕。壮族养老文化方面的内容散见于各类论著和文章中。现对这些成果进行归纳：

（一）关于壮族历史、文化方面的宏观研究

历史上，唐代学者刘询所著的《岭表录异》、宋代学者周去非所著的《岭外代答》、范大成所著的《桂海虞衡志》均载有关于壮族的饮食、医药、风俗等方面的内容。

19 世纪末，西方学者开始涉及壮族研究。1885 年，由英国学者柯奎翁所撰写的《在掸族中》简要记录了壮族的各个方面，这是涉及壮族较早的论著。此外，美国人杜德、英国人吴迪和戴维斯也对壮族做了相关的研究，并出版了相关

论著。这些论著涉及了壮族政治、经济、文化等各个方面，虽然这些论著主要是为西方殖民统治服务，观点上难免有些偏颇，但也为今天壮族研究，包括壮族养老文化研究，起到了资料积累的参考作用。

20 世纪二三十年代，一些受过西方教育，有着人类学、民族学学科背景的爱国学者开始对壮族进行研究，1928 年，钟敬文是较早研究壮族的中国学者，他的《僮民考略》描述了壮族语言、历史等方面[①]。1934 年，刘锡蕃的《岭表纪蛮》记录了壮族自然环境、饮食、风俗习惯等方面[②]。徐松石在大量调查和历史考证的基础上写了《粤江流域人民史》等论著，肯定了壮族在历史上的地位[③]。此外，魏觉钟、石兆棠等老一辈学者也为壮族研究做出了贡献，他们在实地调查和研究的基础上，发表了相关论著。这一时期的研究不仅涉及壮族的宗教、历史、习俗、语言，也涉及壮族的婚姻制度、家庭制度和伦理道德。但由于当时中国处在动荡时期，田野调查受到一定的限制，而且研究壮族的学者较少，这一时期的壮族研究无论是在深度上还是在广度上，或者是在结论的严谨性和科学性方面，均存在一定的局限性。

新中国成立后，民族学得到新的发展。20 世纪五六十年代，为了落实党的民族政策，一批壮族学者和相关工作人员深入壮族地区开展调查，对壮族历史、语言、政治制度、经济形态、社会结构、宗教信仰和习俗进行全面系统的调查和研究，经过专家、学者们的整理，打印成册。这些调查资料比较客观真实地反映了壮族历史、政治制度、社会结构、婚姻家庭和道德伦理。尤其是在婚嫁习俗、神话传说、壮族山歌、民间故事等实体材料中，大部分反映当地的家庭伦理道德方面，而在伦理道德中，主要以孝德为核心，这些为本书提供了有价值的参考。

改革开放迎来了壮族研究发展的春天，学者们从不同的视角，应用多种研究方法，对壮族进行了深入的研究。如范宏贵、顾有识的《壮族历史与文化》[④]、张声震的《壮族通史》[⑤]，方素梅的《近代壮族社会历史与文化》[⑥]，李富强的

---

① 钟敬文：《僮民考略》，《国立第一中山大学语言历史学研究所周刊》，1928 年，第 35 ~ 36 期。
② 刘锡蕃：《岭表纪蛮》，北京：商务印书馆，1934 年。
③ 徐松石：《粤江流域人民史》，北京：中华书局，1939 年。
④ 范宏贵、顾有识：《壮族历史与文化》，南宁：广西人民出版社，1997 年。
⑤ 张声震：《壮族通史》，南宁：民族出版社，1997 年。
⑥ 方素梅：《近代壮族社会历史与文化》，南宁：广西民族出版，2002 年。

《人类学视野中的壮族传统文化》[①]、周光大的《壮族传统文化与现代化》[②] 等著作，系统阐述了壮族历史和文化的发展状况，其中也涉及了壮族的饮食起居、家庭伦理、孝德观念和宗教信仰的内容。

（二）关于居住、饮食、医药等物质文化方面的研究

关于居住的研究，覃彩銮认为，人具有能动性，能够认识自然，并按照自然规律改造自然，壮族干栏式建筑类型多样，它是壮族先民为了防潮、防猛兽袭击和壮族地区山多地少的特点而建立起来的。干栏式建筑是壮族文化的重要特征，在漫长的历史长河中发挥着重要作用。随着时代的发展，应该对其进行改良，摈弃不良的因子，继续发扬其优秀的因子。[③]

关于饮食方面的研究，民以食为天，尤其是生活在岭南的壮族，食品更加丰富多样。方素梅从历史和文化出发，阐述了果品、饮料、副食、主食的结构和种类的发展变迁，并挖掘各个时代的食品内涵，反映了壮族饮食文化的变迁，勾画出壮族饮食历史的发展脉络。[④] 杨树喆、杨梅从饮食习惯、饮食结构和食品烹饪方法出发，研究壮族饮食文化特点和内涵，在此基础上提出，"人类的饮食文化首先是为了满足人类的物质需要，进而才满足人类的精神需要。"[⑤] 食物不仅可以给人类提供营养，还可以用来治病。王柏灿指出，作为稻作民族，壮族人在潮湿、炎热的岭南地区在与自然做斗争的过程中，创造出来的饮食文化与医药有着密切的联系，并提出壮族的饮食特点是食药同源。[⑥]

关于医药的研究，在人类发展过程中，壮族先民为了生存，顽强地与疾病做斗争，不断地尝试各种药物，壮族地区草木繁茂，各种毒草丛生，"'神农尝百草，一日而遇七十毒'，也是壮族医药起源的写照。"[⑦]

过去，人们对大自然充满未知，面对疾病的恐惧，需要寻求精神上的安慰，医学便和巫术紧密结合在一起。玉时阶认为，壮医起源于巫术，壮族医学经历了巫术发展到巫医再到民间医生的发展历程。巫术与壮医药关系密切，巫术和巫医

① 李富强：《人类学视野中的壮族传统文化》，南宁：广西人民出版社，1999 年。

② 周光大：《壮族传统文化与现代化》，南宁：广西人民出版社，1998 年。

③ 覃彩銮：《论壮族干栏文化的现代化》，《广西民族学院学报》，2000 年第 1 期。

④ 方素梅：《壮族饮食文化的历史探析》，《广西民族研究》，1998 年第 1 期。

⑤ 杨树喆、杨梅：《壮族饮食民俗和服饰民俗叙论》，《玉林师范学院学报》，2002 年第 4 期。

⑥ 王柏灿：《壮族饮食文化与壮族医药》，《中国民族民间医药杂志》，2004 年第 5 期。

⑦ 黄汉儒：《中国壮医学》，南宁：广西民族出版社，2000 年，第 67 页。

是壮医药发展过程中不可跨越的历史阶段。①

在长期的治疗实践过程中，人们对病理、治疗方法有了较为深入的认识。黄汉儒在《壮族医学史》中，系统阐述了壮族历史文化与壮族医药发展的关系，梳理了壮医药起源、形成和发展的历史脉络。论述了壮族医药“三道、两路，三气同步”② 地认识疾病和治疗疾病的理论，介绍了内治与外治法、巫医结合等治疗方法。

（三）关于婚姻、家庭、乡规民约等制度文化方面的研究

关于壮族婚姻制度，李富强指出，“壮族一夫一妻制历史漫长，大约在春秋时期已经确立③。”但由于社会历史等原因，一夫一妻制的婚姻具有一定的原始性，仍然有对偶婚的因素。壮族个别地区由于交通闭塞、经济落后，长期保留一些群婚制残余，但这仅仅是壮族婚姻的支流，壮族婚姻的主流是一夫一妻制。

关于家庭制度，他指出，精耕细作的农耕经济决定了壮族以小家庭为主。父权代替母权后，在壮族家庭中，男尊女卑的现象普遍。同样是男尊女卑，相比于汉族，壮族妇女在家中有较高的地位，壮族继嗣主导原则是父系继嗣，儿子继承财产，留有养老田，其余实现诸子平分制。④

关于家庭伦理道德，梁庭望、罗宾通过大量的实地调查，收集整理成《壮族伦理道德长诗》，梁庭望、罗宾译注的《壮族伦理道德长诗传扬歌》一书，该书分《传扬歌》（一）、《传扬歌》（二）、《传扬歌》（三）、《不忘父母恩》、《百岁歌》五部分，其内容涉及个人品质修养、家庭伦理道德和社会公共道德三方面。其中家庭伦理道德部分，规范了夫妻、父子、母女、婆媳、长幼、姑嫂、妯娌以及邻里关系的日常行为和相处原则。对协调家庭内部关系和邻里关系具有重要的指导作用。尤其是在《不忘父母恩》和《百岁歌》部分，教育子女不忘父母的恩情，以及父母在不同的年龄阶段如何尽孝。⑤

张声震主编的《壮族麽经布洛陀经影印诗译注》不仅讲述了布洛陀开天辟地、创造万物的过程，还讲述了父子、母女、婆媳、兄弟、邻里关系恶化遭受神灵的惩罚故事，以及如何结怨的过程，告诫人们家庭要和睦，邻里要和谐，否则

① 王时阶：《壮族巫术、巫师与巫医》，《世界宗教研究》，2011 年第 2 期。

② 黄汉儒：《壮族医学史》，南宁：广西科学技术出版社，1998 年，第 89 页。

③ 李富强：《壮族传统婚姻制度》，《广西大学学报》，1992 年第 4 期。

④ 李富强：《壮族家庭制度简论》，《广西民族研究》，1995 年第 2 期。

⑤ 梁庭望：《壮族伦理道德长诗传扬歌》，罗宾译，南宁：广西民族出版社，2005 年，第 69 页。

会带来不幸。[①] 这部书是壮族伦理道德教育和调节家庭和社会内部矛盾生动、形象的教材。

由农敏坚收集整理的《平果嘹歌》中的“恋歌”“行路歌”生动地描述了壮族家庭伦理道德的方方面面。它不仅反映人们对自由婚恋的追求，也反映了壮族尊老爱幼的家庭伦理观念和喜安厌乱的社会观。[②]

关于村规民约，李富强对都老制的内涵和功能进行研究，并指出，都老制是高于家庭的基层社会组织，它对壮族基层社会管理发挥一定的作用。随着时代的变迁，该制度发生了蜕变。[③] 陈新建、李洪欣通过对壮族习惯法研究，指出壮族习惯法涉及婚姻家庭规范、财产分配、养老制度，纠纷解决等方面，[④] 在壮族社会发展过程中发挥着重要的作用，通过规范人们的行为，维护了壮族社会的团结和稳定。

（四）关于山歌、宗教等精神文化方面的研究

关于山歌，陆于波指出，壮族出口成歌，以歌代言，壮族山歌内容广泛，上至宇宙星辰、下至山川河流，广至天文地理、爱情婚姻、家庭社会。人们通过山歌传承历史记忆，寄托情感，山歌成为老年人重要的精神食粮。尽管时代风云变幻，山歌依然飘荡于巍巍群山，“山歌构成了壮民族的魂”[⑤]。壮族山歌是壮民族文化的重要载体，它作为一种文化形式，反映了壮族的文化传统、生活习惯、心理素质和宗教信仰，“不仅具有审美功能还具有娱乐功能”[⑥]。壮族山歌之所以能够传承，是因为“山歌的认知功能具有教育青少年生产生活知识，道德伦理规范的需要，同时山歌具有娱乐、心理调适等功能，这些是它延续至今的重要原因”[⑦] 人们不仅以歌抒怀，还借助宗教来寻求精神慰藉。

关于宗教，学者廖明君以“两种生产”理论为指导，结合壮族的自然地理和生产方式，揭示了壮族“那”文化内蕴及自然崇拜中所蕴含的生命文化。[⑧] 玉时阶从壮族民间文化着手，挖掘壮族服饰、节日、民居等方面的宗教文化内涵，

① 张声震：《壮族麽经布洛陀影印译注》，南宁：广西人民出版社，2004 年，第 157 页。
② 农敏坚：《平果嘹歌》，南宁：广西民族出版社，2000 年，第 25 页。
③ 李富强：《壮族的都老制及其蜕变》，《广西民族研究》，1993 年第 1 期。
④ 陈新建、李洪欣：《壮族习惯法研究》，南宁：广西人民出版社，2010 年，第 177 页。
⑤ 陆于波：《壮族歌圩文化延续原因初探》，《广西民族大学学报》，1990 年第 1 期。
⑥ 范西姆：《壮族三声部民歌的审美价值》，《歌海》，2005 年第 3 期。
⑦ 邓如金：《论壮族歌圩的生命力》，《中央民族大学学报》，1992 年第 4 期。
⑧ 廖明君：《壮族自然崇拜文化》，南宁：广西人民出版社，2002 年，第 37 页。

阐明了巫术与医学的关系[1]。张声震的《壮族麽经布洛陀影印译注》通过对巴马、田阳、田东、东兰、凤山等地民间麽经资料收集整理编制而成，该书展示了壮族父子、母女、兄弟妯娌等家庭成员之间的关系，记述了人与自然、人与人、人与社会矛盾的解决方式[2]。壮族不仅信仰民间宗教，还信仰道教，也吸收了佛教的一些因子。梁庭望通过收集大量的田野调查资料，对道教、佛教等其他宗教在壮族地区的传播状况进行研究，并阐述道教壮化的过程。分析壮族灵魂观、天命观的形成及其对壮族社会的影响，总结和归纳了壮族宗教的特点。[3] 徐祖祥指出，道教成仙信仰在壮族地区逐渐实现本土化，道教的星辰崇拜与壮族的长寿平安习俗相结合，道教的成仙观与壮族的丧葬习俗相结合，表现出鲜明的民俗化和世俗化特点。[4]

（五）关于文化方面变迁的研究

改革开放后，随着生产方式的转变和人口流动的加快，壮族文化发生了变迁。方素梅指出，近代壮族婚姻最重要的特征是“男尊女卑”。改革开放后，封建包办买卖婚姻已经废除了封建包办婚姻，在新的时代，壮族树立了新的爱情观和婚姻观。人们享有恋爱、婚姻自由，女性的地位也逐步提高，招赘婚摈弃女性从属的观念，男方到女方家落户，是出于生活便利、扶助弟妹、赡养老人的需要。[5]

黄润柏也对婚姻变迁进行了研究，他指出经济社会发展、户籍松动，社交圈的扩大，推动着壮族婚姻家庭的变迁。人们获取信息增多，族际通婚增多，通婚空间距离扩大，逐步突破了过去以近距离、族内通婚为主的传统观念。[6]

文化的变迁不仅表现在婚姻上，也表现在经济和家庭制度等方面。李富强等以靖西壮族为例，对当地经济状况和家庭制度进行研究，并认为，改革开放后，靖西经济由小农业向大农业方向转变，家庭规模由大家庭向小家庭转变，夫妻情感在家庭中的地位逐渐受到重视，在继嗣规则上，父系继嗣规则出现松动，双边

① 玉时阶：《壮族民间宗教》，北京：民族出版社，2004年版，第67页。

② 张声震：《壮族麽经布洛陀影印译注》，南宁：广西人民出版社，2004年，第178页。

③ 梁庭望：《壮族原生型民间宗教调查研究》，北京：宗教文化出版社，2009年，第120页。

④ 徐祖祥：《壮族宗教民俗中的道教长生成仙信仰》，《西南民族大学学报》，2009年第2期。

⑤ 方素梅：《近代壮族婚姻家庭研究中的几个问题》，《广西民族研究》，1988年第4期。

⑥ 黄润柏：《村落视野下壮族通婚圈的嬗变——壮族婚姻家庭研究之一》，《广西民族研究》，2010年第4期。

继嗣亦已出现，母系继嗣越来越多。①

这些研究为本书提供了重要的参考和借鉴。从以上的文献来看，也存在一些不足：

一是视角不平衡。除了壮族医药部分，其他部分的研究，例如饮食、建筑、婚姻、家庭、山歌等，学者们更多地从民族学、社会学、文化、历史等视角关注它们的起源、类型、特点、内涵、变迁以及对社会的功能，而很少尝试结合不同的学科、例如从人口学、生物学等视角探讨这些文化是如何影响人体的健康、寿命和生活质量的。

二是研究内容不够全面。以往关于壮族的研究主要集中在经济、政治、教育、婚姻、家庭、宗教等方面的研究，而关于养老，从目前所查阅到的资料来看，仅仅散见于各种文章著作中，尚未发现有关养老文化的专门研究。

三是在研究方法的取向上，主体性关注不够。关于文化变迁的研究，更多地讨论外部文化对壮族文化的影响和冲击。面对文化的变迁，人是如何应对的，人的主体性关注不足。

总之，虽然目前尚未发现壮族养老文化的专门研究，但是与养老文化相关的居住、饮食、医药等物质文化，婚姻、家庭和村规民约等制度文化，山歌、宗教信仰等精神文化丰硕的研究成果为本书打下了良好的基础，前人研究的不足，为本书留下了空间，也是本书要努力解决的方向。

第三节 研究思路及方法

一、研究思路

（一）相关概念

本书首先要弄清“老人的定义和分类”以及什么是“健康老龄化”。

老人的定义和分类：目前国际上老年人的年龄下限一般有两个界定标准：“一是多数发展中国家一般定为60周岁，二是少数发达国家定为65周岁。根据

① 李富强、俸代瑜：《壮族的经济社会变迁对靖西壮族经济、人口和家庭、制度的研究》，《广西民族研究》，1990年第1期。

我国的实际情况，规定45～59岁为初老期，60～79岁为老年期，80岁及以上为长寿期。”①

“健康老龄化”，“是指老年人已不再是简单地追求长寿，而是要延长健康寿命，将生活不能自理的量时限压缩到最短。”②

（二）研究思路

长寿村老人如何应用文化为身体健康服务，尽量延长自养时间；在不能自养阶段，怎样才能得到子女的支持，实现老有所养；在子女外出时，如何解决自身的精神需要，做到孤而不独。本着这样的研究思路，笔者按照文化三分法，从物质、制度、精神三个层面对长寿村养老文化进行共时研究，探讨物质、制度和精神文化是如何影响人的寿命及老年生活质量的。同时，也对不同年龄段养老观念的变化进行历时研究，探讨未来养老文化的变迁方向。故文章内容作以下安排：第一章介绍长寿村的基本概况，了解该村的自然和人文景观。第二章对长寿村壮族衣、食、住、行及疾病防治等物质文化进行研究，探讨一个民族的生活方式是如何作用和影响人的身体素质。第三章对长寿村壮族婚姻、家庭和村规民约等制度文化进行研究，探讨在老人众多的社会里，其婚姻、家庭制度如何安排，实现老有所养。第四章从娱乐活动、宗教信仰等方面进行研究，探讨长寿村老人是如何通过娱乐、宗教信仰等方式来满足自身的精神需要。当年轻人外出时，他们如何做到“孤而不独”。第五章探讨在时代变迁中，随着游客的进入、年轻人的外出，长寿村养老文化在与其他文化交流互动过程中，发生了哪些变迁？变迁的特点和方向是什么？

二、研究方法

本书是在参考和借鉴前人研究的基础上，应用参与观察方法，结合民族学、民族医学、社会学和人口学对巴马长寿村壮族养老文化进行研究，避免了单一学科的空乏。

（一）文献资料收集

任何研究都是在借鉴别人研究的基础之上，笔者对养老文化研究、壮族研究、巴马研究的相关文论和著作进行收集整理，并对当地长寿研究所关于长寿村

① 华宏鸣：《积极养老的全面探索》，上海：复旦大学出版社，2013年，第17页。

② 华宏鸣：《积极养老的全面探索》，上海：复旦大学出版社，2013年，第18－19页。

长寿老人的身体状况的资料和数据进行收集，还收集了当地的村规民约、相关的老人的福利制度、法律规定文本等。

（二）观察与参与观察

观察和参与观察是民族学、人类学重要的研究方法，笔者通过观察当地人的衣、食、住、行，了解当地人的生活特点和规律。通过参与婚礼、补粮添寿、寄石补命等仪式，了解当地人的婚姻和信仰。通过与当地人同吃、同住、同劳动，了解他们的家庭生活状况。白天同村民一起劳动，晚上挨家挨户地访谈，了解当地老年人的养老经验。

（三）问卷调查

为了了解全村不同年龄段老年人的身体健康状况和活动能力状况，笔者利用晚上时间，对每个自然屯的老人集中开会，发放问卷，并对问卷进行壮语翻译，一一教授他们填写方法。因有事情缺席调查会的，会后一一登门补充调查，通过问卷调查，对全村老年人的身体状况、生活状况有了较为全面的了解。

（四）结构式访谈与无结构访谈

笔者在田野点调查时，对不同年龄段、不同性别的调查对象进行深度访谈，对于老人侧重于生活口述史、生活方式、日常保健、生活满意度、婚姻、家庭满意度、娱乐生活、宗教信仰方面进行访谈。尤其是对村里 7 位百岁老人、土医师、道公等特殊人员进行深度访谈。对于年轻人主要是对他们的养老意愿、思想观念、孝的理解、现在养老文化及自己未来养老计划等方面进行访谈。

在收集大量文献资料的基础上，笔者对它们进行整理、归类，并选择其中的案例进行个案分析，力图呈现当地人的养老观念和养老机制。

第一章　人瑞圣地

——平安村

平安村深居祖国南方一隅，地处广西壮族自治区西北部，群山如黛，岩溶众多，溪河纵横，泉水潺潺，风景秀丽迷人。社会和谐、民风淳朴，孝文化氛围浓厚，自古以来，长寿老人众多，被视为人瑞圣地，人称“长寿村”。历史上，平安村分别归属不同的地区管辖，巴马瑶族自治县成立后，平安村属于巴马瑶族自治县甲篆乡的一个行政村。

第一节　世界长寿之乡

——巴马瑶族自治县

一、历史沿革

巴马瑶族自治县原名万冈县，1935 年（即民国二十四年）元月建置。历史上，巴马各乡镇分别属于各州县管辖。根据《巴马瑶族自治县县志》记载，在秦朝统一岭南之前，巴马曾属于古代百越之地。公元前 214 年（即秦始皇三十三年），秦出兵攻打百越之地，统一了岭南地区，巴马划归桂林郡管辖。汉朝初年，巴马境地归属南越国。公元前 111 年（即汉武帝元鼎六年），汉出兵攻打南越国，平定后，设置九个郡，巴马隶属交州郁林郡。巴马境内以盘阳河为界，分别属于两个县管辖，盘阳河南部一带，属增食县管辖（今田阳县），盘阳河北部一带，属定周县管辖（今宜州市）。三国时期，巴马境地的归属沿袭汉朝的做法，仍然因河而治，分属两个县，属交州郁林郡。公元 318 年（即晋朝大兴元年），设置晋兴郡，巴马境地归增翊县管辖，隶属晋兴郡。公元 589 年（即隋朝开皇九年），巴马境地归宜化县管辖，属郁林郡。公元 862 年，（即唐懿宗咸通三年），为了更好地管理少数民族事务，中央王朝在广西境内的少数民族地区设置羁縻州、县，在巴马县的东南部设置羁縻恩城州（今那桃周旧村），境内其余的大部分地区隶属羁縻归乐州管辖，虽然分属两个州，但这两个州都隶属邕州都督府。北宋初年，仍然沿袭着唐朝的做法，施行“因俗而治，以夷治夷”的羁縻政策。公元1106年（即崇宁五年），中央王朝在巴马境地的南部设置羁縻上隆州（今燕洞），属横山寨（今田东县），隶属邕州（今南宁市）；巴马境地北部置羁縻文州，之后又设置绍南寨、思阳县（州、寨、县治所在今盘阳一带），归属庆远府管辖（今宜州市）。元朝时期，巴马县境地南部的上隆州隶属田州府，北部的文州隶属湖南道思州民安抚司。1379年（即明洪武十二年），巴马境地南部的上隆州隶属田州府，而北部的文州隶属东兰府。

公元1528年（即清朝嘉靖七年），王守仁抚定田州，田州府降为州治，因此，把原来田州府管辖的区域划分为十九个土巡检司，在巴马境内的南部设置下隆（今平林至大化乙圩一带）、万冈、岜马、篆甲（今甲篆）、砦桑（今局桑）土巡检司。公元1729年（即清雍正七年），中央王朝设置哨，巴马境地北部设置泗荀哨（今凤凰一带）、哩喇哨（今盘阳一带），改属东兰州，隶属庆远府。公元1875年（即光绪元年），土司制度的弊端逐步显露，土司在少数民族地区横行霸道，欺压百姓，清王朝应当地少数民族的要求，实行改土归流。田州实行改土归流后，设置恩隆县，巴马境地原属土田州的篆里一都、二都、三都（今那桃乡）、上隆、下隆划归恩隆县管辖，余下的篆里四都（今巴马）、龙篆三里（今甲篆）归百色同知管辖，恩隆县与百色同知均隶属百色直隶厅。民国初期，巴马县各个区域分别属于凤山、田东和百色县管辖。

第一次国内大革命时期，巴马成为右江革命根据地的中心之一。国民党当局以“开化边民，施政便利”为由，于1935年元月，设立了万冈县，县治在定马乡巴马村（今巴马镇）。新中国成立后，为了贯彻落实党的民族政策，在尊重历史旧名“岜马”和当地民族意愿的基础上，于1956年2月6日，成立了巴马瑶族自治县，隶属桂西壮族自治州百色地区。1958年，广西壮族自治区成立，根据大治小不治的原则，撤销了桂西壮族自治州，百色地区改为百色专区，巴马归属百色专区管辖；1965年5月巴马瑶族自治县改属河池专区管辖；1971年成立河池地区，巴马归属河池地区管辖。2002年6月，河池地区改为河池市，巴马瑶族自治县归属河池市管辖。①

二、自然、人文景观

（一）地理位置结构

巴马瑶族自治县位于广西西北部，西起东经105度51分至东经107度23分。南起北纬23度51分，北至北纬24度23分。海拔最低为174米，最高为1216.30米，一般海拔为400~600米。巴马地质地貌构造复杂，重峦叠嶂，山冈林立，海拔上千米的高山就有100余座，山间夹着大小不等的谷地与弄场，由于岩溶蚀风化强烈，岩溶地貌发育比较典型，形成一系列溶洞群，是我国著名的"喀斯特"地貌地区之一。

（二）气候、生态环境、物产

巴马由于受云贵高原气候以及东南季风气候的交叉影响，形成一个小气候环境，春秋凉爽，夏季潮湿炎热，冬季潮湿寒冷。夏季盛行南或偏南风，冬季盛行北或偏北风。雨热同季的亚热带季风气候。平均气温19~21℃，全年无霜期308~358天，平均日照6.5小时，年降雨量1578毫米。巴马长寿地区处亚热带及热带过渡带，雨热同季，植物生长茂盛，"生产杉木、松树、茶油、火麻等，其中维管束植物种类多达2000余种，且四季常青，植被丰富，对净化空气起到重要的作用"。②

（三）民族、人口

巴马的"巴"，原为"岜"字，在壮语中，意为山。巴马石山林立，溶洞众多，素有巴山一水一分田之称。人们在这样的环境中繁衍生息，巴马县境内主要居住着壮、瑶、汉3个民族。据2010年全国第六次人口普查统计，全县常住总人口为22.46万人，其中瑶族为4.09万人，占总数的18.21%；壮族为15.17万人，占总数的67.54%；汉族为3.15万人，占总数的14.02%；其他民族人口为0.05万人，占总数的0.22%③。

在巴马，各民族根据历史、文化和生产方式不同，形成了壮族住田头，瑶族

① 巴马瑶族自治县县志编纂委员会编：《巴马瑶族自治县县志》，南宁：广西人民出版社，2003年，第3-7页。

② 数据来源于巴马瑶族自治县长寿研究所。

③ 数据来源于巴马瑶族自治县统计局。

住山头，汉族住“弄里”[1] 的居住格局。巴马各族人民世代以农耕为主，各民族在这块土地上，繁衍生息，开垦种植，登山历险，含辛茹苦，从事农业生产，把巴马荒山野岭逐步开辟成良田沃土。巴马的主要民族，壮族、瑶族、汉族和睦相处，文化上相互影响和渗透，形成了别具特色的人文景观。

（四）百岁老人分布状况

巴马民风淳朴，社会和谐，长寿老人众多，从2000年全国第五次人口普查的数据来看，巴马每10万人中拥有百岁老人数量为31人，其比例居于全国六大长寿乡之首，如表1－1所示。巴马百岁老人呈逐年上升的趋势，到2010年，全县常住总人口为22.46万人，其中百岁以上老人达82位，每10万人中拥有百岁老人32位，“按照国际上平均每10万人口拥有7.5位以上百岁老人，即可认定为世界长寿之乡的评审标准”[2]，巴马百岁老人所占的比例是国际标准的4.3倍，如表1－2所示。巴马老寿星陨而不尽，新寿星层出不穷，百岁老人的后备实力雄厚，80岁以上及90～99岁人老年人数逐年上升，如表1－3所示。因此，巴马具有“中国人瑞圣地·世界长寿之乡”的美誉，被日本森下敬一博士赞为“人间遗落的一片净土”。

巴马是少数民族聚居地区，主体民族是壮族、瑶族和汉族。从历年各民族百岁老人数量变化来看，瑶族所占的比重逐年下降，汉族所占的比重变化不大，而壮族所占的比重明显上升。如表1－4所示。位于巴马西北部的壮族聚居县东兰县、凤山县也相继被评为“中国长寿之乡”。

表1－1　2000年第五次全国人口普查中国六大长寿之乡百岁老人数量

地区	总人口（万人）	百岁老人数（人）	每10万人拥有（人）
巴马	24	74	31
和田	150	229	15
如皋	145	209	14
都江堰	60	62	10
彭山	33	27	8
钟祥	105	71	7

资料来源：根据2000年第五次全国人口普查数据整理。

① “弄”在巴马意为大石山深处，汉族主要居住在大石山深处，所以称为汉族住弄里。

② 联合国国际人口学会：《人口学词典》，杨魁信译，北京：商务印书馆，1992年，第67页。

表 1－2　全国第二次至第六次人口普查巴马百岁老人人数及其比例变化

年份	巴马县总人口（万人）	百岁及百岁以上人口数（人）	每 10 万人拥有（人）	国际标准的倍数
1964	15.91	35	22	2.9
1982	19.22	44	23	3.1
1990	22.4	66	29	3.9
2000	23.88	74	31	4.1
2010	25.88	82	32	4.3

资料来源：由巴马县统计局提供。

表 1－3　全国第二次至第六次人口普查巴马县 80 岁以上、90～99 岁人数及其比例变化

年份	巴马县总人口（万人）	80 岁以上人数（人）	所占总人口的比例（$1/10^3$）	90～99 岁人数（人）	所占总人口的比例（$1/10^4$）	平均预期寿命
1964	15.91	959	6.27	136	8.54	63
1982	19.22	1441	7.5	198	10.3	69
1990	22.40	2055	9.17	222	9.91	72
2000	23.88	3233	13.54	456	19.09	76
2010	25.88	4087	15.79	694	26.81	78

资料来源：对全国第二次至第六次人口普查资料整理而得。

表 1－4　全国第三次至第六次人口普查巴马县各民族百岁老人数量及其比例

年份	百岁及百岁以上人口（人）	壮族（人）	所占比例（%）	瑶族（人）	所占比例（%）	汉族（人）	所占比例（%）
1982	44	11	25.00	30	68.18	3	6.82
1990	66	29	43.94	33	50.00	4	6.06
2000	74	38	51.35	29	39.19	7	9.46
2010	82	44	53.66	31	37.80	7	8.54

资料来源：对全国第二次至第六次人口普查资料整理而得。

其中位于巴马县城西北部的壮乡——甲篆乡的百岁老人多达 16 人，而仅有 2219 人的平安村就有 7 位百岁老人，是国际上“世界长寿之乡”标准的 40 几倍。

第二节 长寿村

——平安村

一、平安村的来历

在平安村，民间流传着这样的诗句：

天上有个南山翁，
地上有个平安村；
长寿老人多又多，
可惜藏在深山中。

平安村原名贫寒村，过去，由于土地稀少，在靠天吃饭的年代，一旦遇到洪涝或者干旱，人们的生活就会陷入贫困。由于没有很好的水利设施，生活在盘阳河一带的平安村村民常年饱受洪涝和干旱之苦，人民生活贫困，因之而得名，称为贫寒村。历史上，盘阳河一带曾出现许多百岁老人。长生不老历来是人们的普遍追求，因此，许多文人墨客、达官贵人乃至帝皇将相纷至沓来，或者前来探讨长寿的秘方，或者是游山玩水。有一年春天，一位皇帝从凤山方向乘船而下，当他乘船到贫寒村时，被芳香的空气，漫山遍野的山花、翠竹和绿油油的稻田所吸引。于是，他决定停船上岸，欣赏这美丽的景色。当他带着随从上岸时，便看到了沿途的村庄。他化身平民，进百姓家看看，发现当地住的是草舍木屋，吃的是粗茶淡饭，大多是玉米粥加野菜，老百姓家里除了养些鸡鸭、牛羊外，没有其他家产。于是，他询问当地老百姓这个村叫何名，村民说叫贫寒村。由于田地少，土官征收的各种苛捐杂税很重，一年含辛茹苦，除去上缴的赋税，所剩无几，勉强够吃。若是遇到虫灾、旱灾或水灾，生活更加困难，只能靠野菜充饥。由于粮食缺乏，饲养的家禽少，平时主要吃素，只有在过年过节时才能吃上肉，所以大家都叫它贫寒村。皇帝听了以后，心里甚是难过，人们的生活状况与自己的执政理念相差甚远。但是，当他看到村庄炊烟袅袅、民风淳朴，百姓和睦相处，热情待人的一派和谐景象时，感到了些许安慰。于是，他召集来当地的百姓说，我要

告诉你们的土官，以后凡是家中有 80 岁以上的老人减免赋税，每年要给老人赐予一定的布帛、衣物、肉食，我们这个村要好好发展，希望大家平平安安、健健康康，安居乐业，尽享自然赐予的美景，我们村以后就不叫贫寒村了，改为平安村，大家拍手叫好，平安村由此而来。[①]

二、历史沿革与自然环境

平安村因历史上民风淳朴，邻里和睦，与周边民族和谐相处，社会平安，人们健康而得名。新中国成立后，村委会设在辖区中心地带的达勒屯。

平安村在行政归属上属于甲篆乡管辖。甲篆乡地处巴马瑶族自治县西北部，东接西山乡，南连巴马镇，西邻那社乡，北靠凤山袍里乡，乡府所在地距离县城 19 千米。为了更好地管理少数民族事务，唐王朝曾在少数民族地区设置羁縻州、县，历史上，甲篆乡隶属羁縻归乐州管辖。北宋时期，甲篆乡归思阳县管辖，隶属庆远府（今宜州市）。元朝时期，甲篆乡归文州管辖，隶属湖南道思州民安抚司。明朝时期，甲篆乡归文州管辖，隶属东兰府。

公元 1803（即清朝嘉靖七年），清王朝设置篆甲土巡检司，甲篆乡隶属田州治。公元 1729 年（即清雍正七年），清王朝设置哨，甲篆乡归哩喇哨管辖，隶属庆远府。公元 1875 年（即清光绪元年），甲篆乡隶属百色同知。民国初期，甲篆乡归凤山县管辖。

1935 年元月，设立了万冈县，甲篆乡隶属万冈县。1956 年，成立了巴马瑶族自治县，甲篆乡隶属巴马瑶族自治县。

1961 年底改甲篆公社，1982 年 10 月甲篆乡成立并最终独立行使行政职权。甲篆乡下辖 11 个行政村，分别是甲篆村、拉高村、那门村、百马村、平安村、民山村、松吉村、好合村、仁乡村、坡月村、兴仁村。

平安村位于甲篆乡西北部，距离乡政府 4 千米，是一个以喀斯特地形地貌为典型特征的行政村。平安村东与那乙村相接，南与松吉村相连，西与弄林村毗邻，北与坡月村接壤，共有 8 个自然屯，分别是六零屯、平寒屯、拉亨屯、弄劳屯、岜盘屯、达勒屯、周开屯、坡廷屯。据 2014 年 7 月平安村委会统计，全村共有 2219 人。可耕地面积有 5014 亩，其中人均水田面积为 0.6 亩，旱地面积为 1.6 亩。平安村总面积约 13.81 平方千米，南北长约 4.5 千米，东西宽约 3.06 千

① 故事由村民黄妈苏提供，笔者翻译整理。

米。平安村有8个自然屯，分布在盘阳河两岸。该村地质地貌构造复杂，平均海拔在500~800米[①]。群山如黛，岩溶众多，山泉、溪河从岩溶穿流而过，溪河或藏在地下，或者露出地面。“由于地质构造复杂，在其形成的土壤和水体中蕴藏着大量人体必需的微量元素，其中主要食物中锰和硒、锌、锶、活性钙的含量远超过其他非长寿地区，而食物中及其他有害物含量又较其他长寿地区低。其中水pH值在7.35~7.8，长寿地区居民饮用水全部符合国家标准。从长寿地区老人头发微量元素测定分析结果表明，锰的含量比其他地区及国外高2~3倍。”[②]

长寿村位于亚热带和热带地理分界交汇季风气候区，同时也是高原气候和海洋气候交错点，形成高空气候交流，雨热同季，草木繁茂，四季常青，空气清新、含氧量高，气候十分宜人，春秋凉爽，夏无酷热，冬无严寒，平均气温在18~20℃，全年无霜期在308~356天。平均日照每天6.5小时，年降雨量为1578毫米，空气湿度为79%，蒸发量为1401.4毫米。空气中负离子每平方厘米高达1.5万~3万个以上[③]。

全年阳光充足，紫外线较强，夏季雨量集中，大多数百岁老人都居住在山谷河畔，盘阳河从村旁流过。平安村空气清新，无污染，良好的自然生态环境有利于减少疾病，推迟衰老，延长寿命。

平安村过去交通不便，位置又偏僻，山高林密，村民生活方式比较稳定，人口稀少，与外界接触不多，形成天然的封闭或半封闭环境，传染病和原发病传入及发病少。

三、人口、民族、传统文化

平安村有8个自然屯，共2219人（2014年7月），其中，男性1150人，女性1069人。100岁及以上有7人，90岁及以上有36人，80~89岁以上有65人，70~79岁有136人，60~69岁有158人。壮族为2174人，占总人口的98%。汉族为23人，占总人口的1%，其他民族为22人，占总人口的1%。[④]

（一）族源及族称

巴马境内的壮族对外自称“布多”，即意为土著民族，自称为僮族的“布

① 数据由平安村委会提供。

② 河池市人民政府编印：《首届国际长寿论坛论文集》，第56页。

③ 数据由巴马长寿研究所提供。

④ 数据由平安村委会提供。

扁”“布侬”“布衣”“布曼”支系。早在2000多年前的周代，壮族的祖先就以瓯邓、桂国、损子、产里、九菌等名载于古籍。秦汉以至隋唐，复以西瓯、骆越、乌浒、俚、僚等名见称。宋代出现“僮”或“撞”，宋人范成大在《桂海虞衡志》中云：“庆远、南丹溪洞之民呼为僮。”① 南宋李曾伯在给宋理宗的奏折中提及“撞丁”一词，明代又有“俍”称出现。解放后，经过调查识别，并遵照本民族的意愿，统一称为“僮族”。1965年10月，根据周恩来总理的提议，由国务院正式批准，把“僮”字改为强壮的“壮”。

平安村壮族自称“布扁”，以黄姓为主，人们世代以壮语交流，能够从语言、体质特征区分出“我族”及周边的汉族、瑶族。据村民介绍，他们有的祖先是汉朝初年随狄青征战而至；有的是明清时期，因逃难、经商、工作等原因，从湖南迁移而来，外来的其他民族与当地壮族通婚，成为今天的壮族。但由于没有族谱记载，亦尚未发现史料佐证，仅属于村民的历史记忆。

（二）民族关系

平安村周边的西山乡居住着布努瑶，布努瑶约于明代从都安、东兰、凤山等地陆续迁入，最早到西山乡境内定居的有罗、蓝、韦等姓，至今约有500年的历史。在布努瑶的“说亲词”中有一段说到他们族源迁徙的词，原文是“古代住三才，本来共祖宗。古代住三东（三才、三东指古代瑶族的发源地），祖宗共祠堂。王搞地方乱，互邀逃远方。同出那地来，同自那路来。到黑榄三塘（指迁徙休息地方），共坐观地方。树根是黑榄，树枝成奶果。河边四面石，凿石为凭记。边划船边走，边划船边游。到红河就散（红河即是红水河），到那色就分（那色即原都安县与巴马县交界的那色巴龙渡口）。分成路多条，分成人多姓。有的分姓罗、有的分姓韦。罗姓上深山，蓝姓入弄场”②。“入山唯恐不深，入林唯恐不密”是布努瑶居住的特点，素有“四村寨相隔几重山，东边不见日头起，西边不见日落山”之说，“无山不有瑶”概括了布努瑶分布的特点。他们日常说瑶语，会壮语和汉语。以山地种植为主，主要种植玉米和豆类，林木有杉木和茶油，善于制作蓝靛染料。

平安村周边的松吉村、坡月村也居住着部分汉族人。甲篆乡汉族迁入定居年

① （宋）范成大：《桂海虞衡志》，齐治平校，南宁：广西民族出版社，1984年，第25页。

② 巴马瑶族自治县县志编纂委员会编：《巴马瑶族自治县县志》，南宁：广西人民出版社，2003年，第32页。

代较晚，来源也较复杂，传说多数是于清朝年间从贵州、四川、湖南等地，躲避战乱和自然灾害而来，也有少数随军征战到此定居。解放后前来定居的汉族是工作分配而来，也有少数是经商而来，久居成为本地居民。汉族多居住在交通不便的边远山闯弄场里，据汉族谱记载，到甲篆境内定居较早的有杨、陆、张、向等姓，其祖先均于清朝嘉庆年间由湖南逃难到广西，后定居于甲篆乡境，截至2014年，共繁衍9~10代。其以弄场旱地种植为主，主要种植有玉米、豆类和薯类，林木有杉木、茶油、松树，善于经商，主要说汉语，会壮语和瑶语。

由于居住方式、生产方式、语言、风俗习惯等存在差异，当地民族之间通婚较少，主要实行族内婚，壮族很少与周边的瑶族、汉族通婚。近年来，随着年轻人外出务工逐年增多，与其他民族之间的通婚也呈增长趋势。

尽管壮汉族之间、壮瑶族之间很少通婚，但各族人民经济上互通有无，政治上互相合作，文化上互相吸收和借鉴。

经济上，壮族同胞多数居住在依山傍水的平坝上，主要以种植水稻为主，兼种玉米、大豆、红薯、芋头等五谷杂粮。周边的瑶族同胞主要居住在山上，以种植玉米为主，兼种植绿豆、黄豆、饭豆、黑豆等。汉族同胞居住在山冈林立的山弄里，与瑶族的生产方式相同，主要种植玉米和豆类等。壮族家家户户会酿酒，主要有米酒、玉米酒、高粱酒之类。他们常常拿大米、酒与周边瑶族、汉族互换豆类、山姜等。平安村壮族尚青色，服饰上，喜欢着蓝靛染的成衣，瑶族擅长制蓝靛，因此，壮族常常拿棉花、布匹与瑶族互换染料。在农忙时节，由于水稻种植与旱地的玉米、豆类种植时间不同，因此，各民族在农忙时节也互相帮助。

在政治上，巴马境内的瑶族、壮族、汉族等各族人民同祖国大家庭的其他民族一样，不但以勤劳勇敢著称于世，而且热爱祖国，酷爱自由平等，富有革命斗争的优良传统。在新民主主义革命时期，壮族、汉族、瑶族群众不堪忍受繁重的苛捐杂税，揭竿而起，纷纷建立农会，成立革命武装队伍，打土豪、分田地，粉碎敌人的数十次“围剿”，使巴马成为右江革命根据地的中心和腹地。在革命最艰难的时刻，瑶族同胞为壮族同胞送米、送饭，壮族同胞为了躲避敌人的追杀，逃到瑶寨、汉弄里。在革命时期，瑶族、壮族、汉族各民族命运相连，生死与共，他们不分彼此，紧紧团结在一起。

文化上，在许多故事传说中，壮族与瑶族是兄弟关系。相传，平安村过去一片荒凉，只住着瑶族、壮族、汉族三兄弟，他们房屋简陋，有一天，大雨如注，山洪暴发。盘阳河岸住着壮族、瑶族、汉族三兄弟的房子被洪水冲走了，三兄弟

被洪水冲到各个地方。洪水退后，他们牵挂着彼此，于是，到处寻找，历尽千辛万苦，终于团聚。后来，他们决定不能同时待在一个地方，若是以后再遇到洪灾大家都面临灾难，会一无所有，只能靠野菜维生。于是三兄弟商量，他们重建家园后，壮族继续在盘阳河岸边耕田种地，汉族、瑶族分散到别处。这样，不论是旱灾还是洪灾大家都能够互相帮助，共同渡过难关。①

在语言上，各民族互学、互通。瑶族、汉族同胞会壮语；壮族、瑶族同胞会汉语；汉族、壮族同胞会瑶语。民族之间日常以壮语、汉语或者是瑶语交流，没有语言障碍。在习俗上，互相影响。壮族与周边的瑶族、汉族同胞互相结拜兄弟，打老庚，拜寄爷、寄妈，建立虚拟的亲缘关系。每到过年过节，各民族互相来往，加深了彼此之间的感情。每年农历正月初二，各民族有互相走村串寨的习俗，瑶族常到壮汉家做客，壮族也常到瑶汉家走访。

壮族在形成过程中不但吸收了其他民族的民族文化，而且壮族的一部分也融入了其他民族，形成了你中有我，我中有你的关系。他们在经济、政治、文化上互助、合作、吸收和借鉴，并在此基础上，建立了虚拟的亲缘关系，由此形成了团结和谐的民族关系。

（三）传统文化

平安村地处偏远，周边居住着壮、瑶、汉等民族，美丽的盘阳河顺流而下，四周群山环绕，青松翠竹郁郁葱葱。特殊的环境造就了平安村独特的风俗习惯和文化内涵，平和的社会环境对人们的身心健康十分有益。

在调查过程中，据村民介绍，平安村在年轻人外出务工及“外地人”到来之前，人们过着“日出而作，日落而息”的生活。作为稻作民族，平安村是一个以农耕稻作为主的社会，人们还保持着原始的集体观念，一家有事白家帮，凡是遇到红白喜事，人们不请自来，互相帮助，克服生产生活中的种种困难。平日里，大家使用壮语交流，属于北壮方言。在一个风景优美、安定祥和的环境里，村民们努力打造自己的生活。

1. 衣食住

饮食。主要以粥食为主，注重新鲜清淡。当地谚语云：“一人吃饭，饭不香；众人吃饭，饭香甜”。节日里，大家喜欢聚在一起群食。俗语说：“老人当小孩，见饭思儿，见菜念母”，因此，在当地还有给老人、小孩献食的习俗。逢年过节

① 故事由村民黄妈灵提供，笔者翻译整理。

日，或是走亲串友，都要记得给老人、小孩带上一份食物。

长寿村蔬菜、水果丰富，平日里，南瓜苗、红薯叶、雷公根、苦麦菜、小白菜、豆腐圆、白切鸭是村民们桌上常见的美味菜肴，主食是水稻、玉米。水果有芭蕉、李子、番石榴、桃子等。

居住。村民们多选择在背靠大山、面朝溪河，地势平缓的山脚下，建起古色古香、木质结构的干栏式建筑。房子朝向为坐北朝南或者是坐西向东。即便是在平地上建，也建两层的木楼。一层放杂物，二层住人，这样具有防止虫蛇、猛兽袭击、防潮、防瘴的功能。

服饰。平安村民属于壮族的布扁支系，尚青色。过去，人们自种棉花，自己织布，种植蓝靛，制染料。蓝靛染过的布料凉快，同时具有防蚊作用。

2. 节庆

壮族节日繁多，几乎每个月份都有节日。普遍流行的有春节（含元宵节）、二月初二、三月三、清明节、四月八、端午节、六月六、七月十四（中元节）、八月十五中秋节、九月初九重阳节、十月初十丰收节，十一月冬至，十二月二十三的迎灶王节等，其中较大的节日是春节、三月三、清明节、端午节和中元节。

春节。春节是一年中最隆重的节日，人们为了过好春节，常常在三四月份就开始养年猪、养年鸡。在过去，人们常在春节到来之前忙着为一家人缝制新衣、新鞋，尤其是刚刚过门的媳妇，要为夫家的老人、小孩做新鞋，以表孝心、爱心。在长寿村，过年俗称“年节”或“过年”。每年腊月廿十三送灶王上天后，男的准备年货，妇女洗衣洗被，打扫内屋，迎接新年。村里有杀年猪的习俗，每到腊月二十五六，开始陆陆续续有人家杀年猪，人们挨家挨户地轮流吃。人们重视年节的团聚，在外地工作、读书或外出打工做生意的，都赶着回家团聚，年三十晚吃“年夜饭”，谈古论今。大年初一，天还没亮，人们早早就到山泉旁喝伶俐水，寓意着一年聪明伶俐。初二过后，开始走亲访友，到其他民族村寨去探访老庚、寄爷、寄妈。过年期间，人们相见时，晚辈向长辈祝贺“新增寿”、长辈则向晚辈道“新年发财”、“生意兴隆”，同辈之间互道“新年好”，大人要给小孩发“压岁钱”。

三月三。三月三是壮族传统的节日，关于三月三的来历有许多故事传说，其中之一是为了纪念孝女特掘。

相传，有一条小蛇被人砍断了尾巴，爬不动了，一老妇见它可怜就把它

带回家，并为它起名为“特掘”。老妇无儿无女，一生孤苦伶仃，她待特掘如亲生骨肉，每天做各种好吃的食物喂给它。特掘一天天长大，可以自食其力了，于是它离开老妇到野外寻找食物。有一天，老妇去世了，身边无儿无女。天上突降大雨，特掘知道后，变成漂亮的女孩，为老人办理丧事。特掘的孝行感动了上苍，老妇下葬后，天上的雨停了，太阳露出了半边脸，天空出现了一道彩虹。特掘知道老妇生前最爱吃糯米饭和煮鸡蛋。于是她把糯米饭和鸡蛋染成彩虹一样的五彩颜色，拿到坟前祭祀。每年三月三和清明节，她都做五色糯米饭和染彩蛋，祭拜老妇①。

从此，人们纷纷效仿，后来慢慢演变为习俗。因此，每年在三月三那天，家家户户都会用红兰草、黄花、枫叶、紫藤等芳香草料煮汁浸染糯米，蒸成色鲜气香味美的五色糯饭祭祀祖宗，然后全家分食。

三月三在壮族地区也是山花烂漫、争奇斗艳的季节，年轻人也会在这个季节绽放青春的光彩，寻觅爱情。每到三月三，男女青年就会身着节日盛装，赶到甲篆圩，尽情对歌，寻找情投意合的另一半。

清明节。从清明节那天开始十五天内是扫墓期，在外地工作或外出经商、打工者都会在这个时期回家扫墓以示不忘祖宗。扫墓时各家各户都会蒸五色糯饭，杀鸡煮肉，带肉、酒、纸钱、鞭炮等到墓地祭坟。

端午节。这一天，村民们上山采药，五月草药枝繁叶茂，是采摘的最好时期，因此，家家户户上山采药，并在家门口挂上一把由艾叶、菖蒲等组成的草药。据当地人说，这样做可以防病避邪，保佑一家人健康、平安。壮家人时兴制作艾叶馍、三角粑、绿豆粽、杀鸡煮肉，敬祖聚餐，热热闹闹。

中元节。亦称“鬼节”，是壮族祭祀祖先灵神、孤魂野鬼的重大节日，亦是当地壮族的吃新节。平安村一年种植两季，通常，农历七月是收获的季节。作为稻作民族，稻、鱼、鸭和谐共生，它们是当地人节日的美食。因此，从农历七月初七开始，人们就用新米做成生榨米粉，配上鱼肉、螺肉、紫苏等祭祀祖先，迎接祖宗回来过节。外嫁出去的女儿要亲自给娘家送去鸭子，从七月十二开始杀鸡、宰鸭，盛情供奉，大祭列祖列宗，供台上美酒佳肴，应有尽有，虔诚敬孝。七月十四当天，外嫁出去的女儿要回娘家，全家人诵念祖恩，焚烧纸衣，祈求祖

① 故事由村民黄妈念提供，笔者翻译整理。

宗神灵护佑全家人畜安康福寿。此外，还要到村里的社庙祭祀五代以上的列祖列宗，并在门外设台，供奉美食，祭祀孤魂野鬼。村民们认为，这一天是鬼神寻找食物的日子，所以要尽量避免外出。

重阳节。每到重阳节，家家户户都会做各式各样的糍粑互送亲友，外嫁出去的女儿要拿着夫家的粮食回娘家，给父母添粮增寿。

3. 婚姻家庭

婚姻，壮族实行一夫一妻制，多以歌择偶，但在过去受封建思想影响，男女青年多数奉行“父母之命，媒妁之言”而结合。壮族婚姻缔结过程繁杂，主要有问名、合八字、要八字、定亲、结婚等几个程序，任何一个程序都需要红糖和糯米，寓意着夫妻幸福甜蜜，恩恩爱爱、不离不弃。壮族主要有不落夫家、招赘婚、寡妇再嫁等婚姻习俗，过去实行同姓不婚。

妇女，尤其是老年妇女在家中有较高的地位。人们以四代、五代同堂为荣，以兄弟不分家，两兄弟或三兄弟组合而成的联合家庭为美德，深受人们赞扬。在平安村，主要以黄姓为主，占到了98%。过去，人们以兄弟不分家的大家庭为荣，认为只有善良、宽容的人家才会同在一个屋檐下和睦相处，这样的家庭会令人称赞的。

4. 宗教信仰

壮族相信万物有灵，世间的一草一木、一石一水皆有灵魂，不敢轻易冒犯。当地人认为，人的生命是上天赐予的，幼年的灵魂是由花婆管理的，因此，有花婆神的信仰。同时认为，人的苦难幸福、家的兴衰取决于祖先是否保佑，因此，产生了祖先崇拜。在平安村委西南方向500米处，有一座土地庙，每逢闰年，人们都要举行大型的祭祀活动，在遇到干旱或者是洪涝的年份也会进行祭祀。村里人凡是遇到病灾、求子、喜事、丧事都要进行祭拜，体弱多病的人常常会在初一、十五进行祭拜。

此外，作为长寿村重要的敬老习俗十分浓郁，该村尊老、爱老由来已久，在当地已形成一种风俗。主要有祈求老人延寿的“补粮添寿”，为老人保命诞生的“寄树补命”，解决老人后顾之忧的“备棺避邪”等。

四、生产方式及经济状况

平安村属于喀斯特地形地貌，山多地少，村民世代以农耕为主。旱地多于水田。在过去，因人均耕地面积少，村民一年辛苦劳作，也只能自给自足。人们为了酿酒出售，饲养家禽，只能在山上开辟一道道梯田，在石头缝里刨出一个个坑种植玉米。粮食作物有玉米、水稻、黄豆、绿豆、红豆、饭豆等。经济作物类有甘蔗、油茶、八角、油桐、杉木、旱藕等。

长期以来，由于平安村地处偏远山区，距离县城较远，商业不发达，人们种植的粮食少，收入水平比较低。1982 年“分田到户”后，人们的生产积极性得到提高，积极开垦荒地，种植甘蔗、油茶、油桐等这些经济作物，人们的收入也有所提高。20 世纪 80 年代末 90 年代初，大量的年轻人外出务工、经商，与此同时，交通等基础设施得到了较大改善，不外出务工的村民在家发展农业，或者到县城务工、经商，人们的生活有了很大的变化。家家户户盖起了两三层的楼房，并根据自己的喜好进行里外装修。电冰箱、洗衣机等家用电器逐渐普及，部分年轻人开起了小车，老人们也有电动车和三轮车，但逐步富裕起来的人们的饮食习惯并没有太大的变化。

五、平安村特点

因自然环境、历史发展、文化特色等，平安村形成了自己的特点。

（一）革命村

“威武狮子山，雄辉我平安，百姓勇杀敌，敌人闻丧胆”。在平安村，有着太多革命烈士的故事。在新民主主义革命时期，当地的百姓因为不堪忍受各种繁重的苛捐杂税，纷纷加入到革命队伍当中。男性负责杀敌，女性负责以山歌的形式宣传革命。其中平安村的岜盘屯成为当地的革命中心，黄卜新的父亲曾经跟随韦拔群，打倒当地的土豪、劣绅，成为了村农民革命运动的队长。在一次为队伍运送粮食、枪支的过程中，被国民党发现，在敌强我弱的情况下，他坚持战斗，直到弹尽粮绝，当他发现子弹没了的时候，就开始利用壮拳向四位国民党官兵挥去，在这个过程中，他的腿部受到了枪伤。国民党官兵让他说出村里参加革命的人的名单，若是说出就给他一条生路，他拒绝了，于是国民党官兵恼羞成怒，把他杀害了。平安村的农民革命运动参加了五次“反围剿”，并取得了四次“反围剿”的胜利。在“第五次反围剿”过程中，由于国民党加大了兵力，敌强我弱，因此，“第五次反围剿”斗争宣布失败。岜盘屯被烧，村里 200 多人遇难，幸存的其他村民躲到深山继续革命。正是在革命战争中，村民经历了跋山涉水和枪林弹雨，铸就了他们健康的体魄和坚韧的品格。

在村里还流传着许多的革命歌曲[①]。例如：

小平云逸上右江

十月里来桂花香，小平云逸上右江。
百色城里行起义，红军旌旗迎风扬。
右江成立苏维埃，平马成了红海洋。
十月里来桂花香，小平云逸上右江。
铲除封建旧制度，分田分地处处忙。
百色城里行起义，红军旌旗迎风扬。

革命歌

巴暮有俄国，
村村动干戈。
白匪不敢进，
豪绅不敢恶。

韭菜割了又发芽

刀架颈来眼不眨，要行共产不怕杀。
莲藕折断丝还在，韭菜割了又发芽。

西山顶上有蜜桃

西山顶上有蜜桃，要想摘桃莫怕高。
要想翻身就革命，快跟拔哥打土豪。

① 巴马瑶族自治县县志编纂委员会编：《巴马瑶族自治县县志》，南宁：广西人民出版社，2003 年，第 675—682 页。

革命苦中乐

同烤一堆火，野菜共一锅。
跟着韦拔哥，革命苦中乐。
我有马你骑，骑走街走村。
骑到小溪边，溪边有花桥。
桥上人声喧，桥下仙成群。
骑到高山下，山下有清泉。
用银水洗脚，用金水洗身。
洗哥身更白，洗妹脸更红。
像蛋壳白净，像桃花艳红。
王子变年轻，妹仔像芙蓉。

东兰有个韦拔群

天上有颗北斗星，东兰有个韦拔群。
北斗星星照大地，拔群哥哥为人民。
启明星子带福兆，革命带来好福音。
天上有颗北斗星，东兰有个韦拔群。
北帝岩里办农所，魁星楼下立农军。
北斗星星照大地，拔群哥哥为人民。

（二）长寿村

青山绿水，家庭和睦、社会和谐，人们安居乐业，许多老人幸福终老，平安村总人口为2219人，100岁以上老人为7人，80～90岁老人众多，人们称之为长寿村。2013年9月，巴马瑶族自治县长寿研究所对该村40名80岁以上老人病史进行调查，其结果显示，他们除知道全部出过麻疹外，并不知道自己患过其他疾病。有3名百岁以上老人除了服用土药外，均未上过医院。2014年7月，巴马长寿研究所对该村60岁以上老人组进行健康普查，结果显示，高血压患病率为

3.43%，其中，90岁以上老人组患病率为2.59%[①]。由此可见，其特殊的自然环境及和谐社会环境造就了当地人健康的体魄。

从上述平安村的基本情况介绍中可以看到，该村壮族人随遇而安、知足常乐，在特定的自然空间和社会空间里，创造出别具特色的社会文化，而其中的健康长寿文化体现出壮民的社会结构与历史发展。在下面的章节中，笔者基于社会调查和相关文献，主要从文化结构的三个层次，即物质文化、制度文化和精神文化对长寿村的"养老文化"内涵进行探讨。

① 数据由巴马瑶族自治县长寿研究所提供。

第二章　健康养老之物质基础

——衣食住行及疾病防治[1]

养老文化包括物质、制度和精神三个层面，其中物质文化包括衣、食、住、行及疾病防治知识等方面，物质文化是实现健康养老的基础。物质文化是人们为了自身生存和维持生活所需创造出来的，是民族文化中的表层文化和显性文化，是可以直接被观察到的，是区别于其他民族的外在特征。同时，衣食住行及疾病防治文化还反映了一个民族的意识形态、内在心理和价值取向，是制度文化和精神文化的重要载体和体现。长寿村壮族同胞珍惜现世，重视生命，有较强的健康意识，体现在服饰、饮食、居住等方方面面，他们重视对疾病防疫，在长期与自然作斗争的过程中，摸索出一套独具特色的治疗疾病的方法，这些都为拥有健康的体魄奠定了基础，也为拥有健康幸福的晚年创造条件。

第一节　衣食住行

“文化是满足人类生存需要的手段，基本需要满足后，产生次生的需要”[2]，衣食住行最初是为了满足人类基本的防寒保暖、充饥等生存需要，随着社会的发展，在基本生存需要满足后，才产生审美等次生需要。服饰具有防寒保暖，预防疾病的作用，也有“遮羞、审美”[3] 的功能。

① 本章壮族疾病防治知识主要来自于民间长期防治疾病实践中积累的经验，属于地方性知识，如若使用，请遵循医嘱。

② （英）马凌诺斯基：《文化论》，费孝通译，北京：华夏出版社，2002 年，第 17 页。

③ 玉时阶：《壮族服饰图案纹样的文化内涵》，《广西师范学院学报》，2012 年第 1 期。

一、服饰

（一）服装

新中国成立前至新中国成立后合作化时期，长寿村壮族男女老少的着装全部为自种自染自织的蓝靛黑土布服装，布料自种自纺自织，用自制的蓝靛反复泡染后，平叠于光滑石板上，用光滑的木槌精心槌打，直至布面平滑铮亮，方定为制衣布料。男女均着唐装，衣服简洁大方，人们尚蓝，也称为蓝衣壮。自织的棉布有利于吸汗，用蓝靛染成的蓝衣，不仅清凉而且防蚊。

（二）配饰

第一，戴头巾。长寿村壮族妇女有一年四季戴头巾的习俗，男性劳动时也戴头巾。人们喜欢戴头巾，其原因是：其一，与生活环境有关。长寿村地处亚热带，杂草丛生，人们出门常常要穿过灌木丛林，戴头巾不仅可以防止杂草划伤头部，还可以防尘。在寒冷的季节，头巾可以防寒；在炎热的季节，头巾可以避暑。尤其是生了孩子以后的妇女，头巾更是时刻不离。当地人认为，若是不戴头巾，头部被风吹，人到老年，容易出现偏头疼。其二，与生产方式有密切的联系。作为农耕民族，无论是收割稻谷还是玉米，都会产生很多灰尘，戴头巾可以防灰避尘。头巾对于长寿村民来说，不仅是审美的需要，也是自身健康的需要。关于戴头巾的来历还有这样的故事传说：

> 古时候，长寿村常有老虎出没，有的人半夜出门如厕时，被老虎吃掉，因此，人们一听说老虎就害怕三分。有一天，有一个妇女在地里干活，她埋头苦干，竟然不知老虎已经向她靠近。渐渐地她听到老虎的叫声，她想无论如何都逃不了，就用头巾把脸遮起来，躺在草丛里，一动不动。老虎靠近时，突然发现人消失了，莫非她有非凡的神力？所以就吃不了。[①]

因为一块头巾，该妇女幸存了下来。从此，人们在劳动时都养成戴头巾的习惯。头巾可以防尘，防杂草割伤头部，还可以防蚊虫和防蜂。此外，若是遇到毒蛇咬伤或刀伤等意外伤害，头巾还可以用来包扎伤口。

第二，衣服鞋帽饰有“寿”字或代表寿的花纹图案。长寿村有着浓厚的寿

① 故事由村民黄妈红提供，笔者翻译整理。

文化氛围，人们喜欢在衣服上绣上各种代表寿的图案，意在祈求长命百岁，益寿延年。

第三，戴银手镯、银针发簪和药囊。长寿村民认为，银不仅能够避邪，还可以通过随身携带的银饰观察身体的健康状况。因此，在村里，婴儿出生满月，大人就会给他戴上银手镯，一直戴到老。当地人认为，若是一直随身携带的银饰品发黑，表明体内有毒，说明健康出了问题，应该服药或者去医院检查。此外，若是突发高烧或者发痧，可以用随身携带的银手镯不断地擦拭全身，此法可以缓解病情。当地老年妇女喜欢戴银针簪，当闲着没事的时候，老人们在房前晒太阳，一边晒太阳一边用银针簪横着按摩头部，促进血液循环。假如在户外中暑昏迷，还可以用银针簪刺中人中，使患者清醒。此外，体弱多病者，还佩戴药囊。

服饰是人类特有的文化现象，关于服饰的起源，人们一直争论不休，有遮羞说、审美说、护体说等。长寿村的服饰从其材质、花纹、图案、样式均涵盖了健康理念、审美观念、求吉心理。长寿村民从美观、舒适、健康的角度出发，制作自己的服饰，并在遇到疾病或者意外伤害时，巧妙地应用服饰，为自身健康服务。

二、饮食

俗话说“民以食为天”。不同民族因为经济、气候、生态环境、宗教信仰等原因，饮食习惯千差万别。“在特定的民族、社会和文化中，人们吃什么，不吃什么，怎么吃，其背后有特定的机制和规范”①。马文·哈里斯在《好吃：食物与文化之谜》一书中提到，关于饮食的研究有以下三种观点：分别是文化唯心主义、折中主义和文化唯物主义。文化唯心主义认为，人类饮食逻辑不在于从食物本身，而在于人的思维模式。如列维斯特劳斯认为，食物之所以被人们选择，不是因为它“好吃”，而是人们“很想吃”②。折中主义认为，人类饮食习惯大部分很难解释，是任意选择的结果③。文化唯物主义认为，人类食物的选择与生态、环境、人口、经济等方面有关。他提出，“人们选择食物首先考虑它是否有利于

① 张敦福：《文化唯物主义作为一种研究策略：饮食人类学的研究》，《民俗研究》，2012 年第 5 期。

② （美）马文·哈里斯：《好吃：食物与文化之谜》，叶舒宪、户晓辉译，济南：山东画报出版社，2001 年，第 4 页。

③ （美）马文·哈里斯：《好吃：食物与文化之谜》，叶舒宪、户晓辉译，济南：山东画报出版社，2001 年，第 6 页。

吃，食物先填饱人的肚子，再充实其精神。”①

在长寿村，人们对食物的选择与健康、气候、经济、宗教信仰等因素有关，在诸多要素中，人们把自身健康放在首位。俗语云“嘴巴享受，肚子难受”的食物不宜食用，有些食物虽然好吃，但是吃后对身体不利，他们也会拒绝。故选择食物时，要把“吃后身体舒适”放在首位。

“祸从口出，病从口入”，长寿村老人健康长寿与饮食有很大的关系②。长期以来，长寿村朴素自然的饮食文化在历史的发展过程中自成一统，与古代有史记载的饮食、营养与健康长寿的理论相吻合。低脂肪、低动物蛋白的膳食结构类型是长寿村民饮食的特点。总体上看，直到如今，长寿村民饮食结构仍处于“植物性为主，动物性食物为辅”的东方型膳食结构状态。“饮食清淡、规律、有节”历来是长寿村民饮食养生的主要观点之一。

1979 年 8 月，由国家卫生部组织的中国三省（自治区）综合考察组，对长寿村长寿老人的饮食调查结果表明，“村里的老人长寿的因素是多方面的，但其奥秘在于饮食是低脂肪、低动物蛋白、多蔬菜类型。老人主食以玉米为主，喜吃豆类和蔬菜，热量摄入主要来源于碳水化合物，从日常主要食物可以看到，当地人健康长寿与食物结构有密切的关系。”③

（一）饮食的内容

1. 饮品

（1）水。水是人的生命之源，在长寿村，人们日常对水质的要求比较高，通常饮用山泉水。壮族村民所居的地势比较低，水资源比较丰富，人们在寻找水源时，一般要看水源地是否干净，是否有树木，而且人们会自觉地保护水源。关于水，长寿村就有取新年伶俐水和七夕祭水节的两个习俗。

村民认为，每年大年初一的水是最为干净的，故人们一大早就起床去抢新年的第一瓢水，认为此水喝下去后，小孩会变得聪明伶俐，老人也耳聪目明，不痴呆。因此，每年大年初一，村里的人们都竞相来到村边的山泉，品尝新年的第一口甘泉，以希望来年聪明伶俐，身体健康。

---

① Harris, Marvin, “Good to Eat: Riddles of Food and Culture”, New York Simon and Schuster, 1985, pp. 13 – 18.

② 陈进超:《巴马长寿地区人群生存生态环境研究》, 首届河池长寿文化论坛论文集, 2013 年编印, 第 56 页。

③ 资料由巴马瑶族自治县长寿研究所提供。

除此之外，还有关于“七夕”祭祀水节的传说：

相传，古时候，村民得了怪病，通过各种方式治疗都没有效果，村落衰败，良田丢荒，人们贫病交加，到处都是呻吟声。后来村里的族人请麽公来做法术，祈求上天拯救父老乡亲。麽公通过与神灵沟通得知，在“七夕”这一天，仙女下凡到人间游玩，因为天气炎热，她们饮用村里的山泉水。这一天，水神显灵，水神希望水不仅可以为仙女饮用，还可以普惠众生。凡间老百姓饮用后，可以消灾治病，益寿延年，村里人奔走相告。在“七夕”这一天，村民烧香谢拜水神、祭拜七仙女，饮用后，病奇迹般地好了。①

从此，每年“七夕”那天，人们都要到山里打泉水，祈求水神、七仙女保佑无灾无病。此习俗一直延续至今。

对每天所饮用的水，村民也是有讲究。在没有自来水的岁月里，天刚蒙蒙亮，年轻媳妇们就起来挑水。她们在挑水之前，先把水缸进行清洗，水缸盛满水后用簸箕盖住，以确保水的洁净。在长寿村，新娘婚后第三天要到夫家去，给夫家家族的每户人家挑一担水。人们以此来考验新媳妇是否勤快，也让新媳妇意识到，挑水是每天生活所需。所以，在当地，当一个女孩来到人间，人们就说，是生个挑水的。可见，水对于壮族人日常生活的重要性。

如今，已经建了水池，有了自来水，妇女们再也不用天天去挑水了。但是，村里水池的负责人要经常去查看水源地，组织人员定期清洗水池，在水源地周围种上枫树等杂木，并围上护栏。人们深刻地认识到，水质如何，直接影响到全村人的健康，所以，村民们也都自觉地保护本村的水源。

在一般情况下，家里的妇女一大早起来，先烧一壶水供一家人饮用，故当地人大多饮用开水。

水是生命之源，每天喝足够的水，对健康至关重要。长寿村民无论去哪，都会带上水壶。村民认为，要是饮水不足，引起内热，人的身体直接会有反应，例如，尿频、尿急、尿痛、小便发黄，大便干燥、口腔溃疡、口臭、眼睛有分泌物等。若是出现其中的某个症状，则需要饮用足够的水，把毒素排出，身体才能恢复正常。当遇到炎热天气，要是从家里带的水喝完了，他们也会直接饮用山泉

① 故事由村民黄妈珊提供，笔者翻译整理。

水。直接饮用山泉水是有讲究的，比如，先看泉水是否清澈，泉底是否有石头，若泉底部是泥土，人们会认为不宜饮用，因为底部有泥土不仅口感不好，还有可能有水蛭之类的生物。所以，要找到底部是石头的山泉水，饮用时，不能看到清澈的水就直接饮用，还要看打上来的水是否有如水蛭这样的生物。

（采访时间：2014 年 3 月 18 日；地点：长寿村；人物：HMF，女，76 岁）在 20 年前，我因为太渴了，所以，当看到一口山泉，就双手捧起咕噜喝下去。回到家后，总觉得鼻子不舒服，第二天发现鼻子流血。到医院检查后，我吓了一跳，是喝水的时候，不小心水蛭钻到鼻子里去了。所以，无论到哪里喝水，都要小心翼翼的。

水蛭生于水中，到人体后，吸食体内血液，生长繁殖迅速，对人体危害极大。因此，人们直接饮用山泉水时，慎之又慎。

在炎热的夏天，劳动回来后，人们需要喝一些盐水。劳动过程中，会出很多汗，有些人的衣服全都被汗水浸湿，当风干后，有一层白白的粉状物，人们认为，那是人体内的盐分。所以，回到家里，服用一些盐水，以补充失去的盐分。

（2）茶。在长寿村，茶是人们日常生活的必需品，主要有火麻茶、甜茶、金银花茶、枫叶茶、罗汉果茶、茅根茶、葫芦茶、九节茶等。

金银花茶。每到夏天，长寿村漫山遍野盛开着金银花，人们拿着箩筐到山上采摘。摘回来后，晒干，把它放在高处。每天劳动归来，开始沏茶喝。金银花茶味甘、性寒，具有清热解毒、疏利咽喉、消暑除烦的作用。

枫叶茶（每漏）。每年春天，满山枫叶，人们把山上的枫叶摘回，晾干，留着一年饮用。枫叶茶清香可口，喝枫叶茶不仅可以解渴、降火，还可以辟邪，当地流传枫叶避邪的故事。相传，壮族祖先们跟随狄青南下，由于对南方地域不熟悉，加上对气候不适应，很多战士因病死亡。在一次作战中，狄青祭拜一棵大枫树，祈求能够突破重围，并对着战士说，我们能够得到树神的护佑，借助树神的力量必定能走出困境，鼓舞了战士的士气。结果不出所料，狄青在那次战役中取得了胜利，由此，人们认为枫树可以避邪保平安。在长寿村，每到农历的清明节，人们就会从山上摘来枫树枝，插在自家门口以避邪。

火麻茶。火麻仁性平、味甘，可清热解毒、除燥滑肠，用以治胃热便秘。麻是古代的五谷之一，火麻流传至今有着悠远的历史。每到收获火麻季节，人们摘

下火麻叶，洗净后，晒干，制成茶。火麻茶是长寿村民日常喜爱喝的茶，因火麻茶具有润肠通便功效，村民肠胃病较少。

茅根茶。具有清火、润肺、消暑等功效。长寿村炎热，茅草繁密，容易采摘。因此，人们在劳动时，把鲜嫩的茅根采摘下来，洗净、晒干后，可以配以甘蔗煮水饮用，或者直接煮开饮用。

金樱子茶。（勒归）金樱子具有固精、利尿等功效。

余甘果茶。余甘果学名余甘子，又名油甘子、牛甘果、牛甘子。据李时珍《本草纲目》记载："久服轻体，延年益寿"①。余甘子补益强气、黑发，主治气喘咳嗽、风虚热等。

（3）酒。在长寿村，酒既是日常的佐料，也是健身的饮品，更是待客的佳品。当地较为常见的酒主要有：米酒、玉米酒、高粱酒、蛤蚧酒等。壮族大多数家庭都会自酿低度米酒，通常在15度左右。人们劳动归来，每天喝一碗补充体力，村民讲究不空腹喝酒，饮酒不过量，而且与米饭同食。

糯米甜酒。用糯米自酿，是妇女的最佳饮品，一年四季可以做。但是甜酒也是会醉人的，人们每次用勺子舀出后，用开水冲饮用，可以使妇女面色红润。

野生葡萄酒。长寿村盛产野生葡萄，每到成熟季节，人们上山采摘，洗净晾干后，配上一定比例的冰糖发酵，便可以直接饮用。

捻子酒。捻子是当地山上的野果，成熟时，呈紫色，味道甘甜。据《本草纲目》记载："捻子果含有酚类、黄酮甙、氨基酸、有机酸和多种维生素、糖类等；具有养血、活血、乌发、壮髓、固精、止血、涩肠、明目、强筋骨、补血安神、祛风活络、滋阴壮阳功能"②。捻子酒制作简单，人们先把捻子洗净晒干，然后放置酒中浸泡即可。

2. 粮食

（1）大米。壮族作为稻作民族，大米种类繁多，主要有普通大米、墨米、红粳米、五香糯米等。其中，墨米、红粳米具有养生保健作用。每当人们体质虚弱，常常食用墨米、红粳米，配上黑豆、黑芝麻补虚。

（2）珍珠玉米。在长寿村，世代都种植一种传统玉米品种，这种玉米颗粒小、圆且硬，色泽金黄透亮，形似一颗颗珍珠，故被称为"珍珠玉米"。关于珍

---

① 李时珍：《本草纲目》，北京：中医古籍出版社，2008年，第45页。

② 李时珍：《本草纲目》，北京：中医古籍出版社，2008年，第69页。

珠玉米的来历有一段传说：相传，古代两座相近的宝山，在五月二十九日那天，一阵雷响后，先后蹦出密洛陀与布罗西，他们结为夫妻，生育三个儿子。孩子分家时，老大早起，拿走一把秤，外出经商，成为了汉族。老二带着犁、耙以及稻种到河谷平地，开荒拓土，造田耕种，成为今天的壮族。老三忠厚老实，带着母亲分给的玉米到山上去，披荆斩棘，造地种植，成为今天的瑶族。经母亲指点，他精耕细作，辛勤耕耘，那年秋天，满山遍野都是黄灿灿类似珍珠的玉米，这是珍珠黄玉米来历的传说①。如今，珍珠黄玉米不仅在瑶族地区耕种，长寿村也有种植。

在珍珠黄玉米种植过程中，主要施农家肥，用草木灰和石灰混合防虫，不施用化肥和农药，无污染，原生态。它蛋白质含量高，营养丰富，含胡萝卜素、赖氨酸、纤维素和不饱和脂肪酸等多种微量元素。经常食用，容易消化，热量低，具有抗衰老和防癌功效。村民用珍珠黄玉米制成的食物，称之为“长寿粥”或“黄金食”，是百岁老人们一生中常食用的主食。除了玉米粥，人们还把嫩玉米磨成浆，用芭蕉叶包成三角粑粑，蒸熟后香甜软糯，十分可口，成为当地人们的喜爱食品。如今珍珠玉米粑粑已经成为当地著名的特色小吃。

（3）薯类。红薯是长寿村人喜爱的食物，人们往往将之煮成粥，或者放到火里烤，把它当成午餐食用。红薯美味香甜，深受老年人喜爱。或者是农闲时节，人们煮一锅红薯，分给邻居的男女老少，众人吃得好开心，红薯是村民每日必吃的杂粮。

薯类是长寿村村民的主要杂粮之一，年食用薯类占主食类的20%，从当年10月吃到翌年5月。日本防癌研究部门把红薯列为防癌最有效的果蔬食品。常食用薯类可以防止心血管系统的脂肪沉积，避免过度肥胖，防止动脉硬化，维护动脉血管弹性，从而降低心血管病的发生。

（4）豆类。豆类是长寿村老人的主要副食品。长寿村盛产黄豆、竹豆、绿豆、黑豆、饭豆、猫豆、地豆等，年产豆类占粮食的10%～15%。一年四季均有豆类食品，以黄豆居多，其次是饭豆、绿豆。长寿村村民习惯将黄豆做成豆腐，把豆腐捣碎，用瘦肉、葱花、花生等搅拌成馅，包成豆腐圆食用。豆腐圆代表着团圆之意，成为外出游子思念故乡的味忆。它已经成为长寿村村民节日饭桌上的美味佳肴和待客佳品。或把黄豆炒熟，磨碎后与各种蔬菜（尤其是芥菜、白菜、

---

① 故事由村民黄妈民提供，笔者翻译整理。

南瓜苗）混煮，村民称之为“合渣菜”。此种吃法，既可作油料，又可当菜食用，香味可口、不油腻，深受老人喜爱。长寿村大部分家庭备以黄豆作为全年家用油料。也有用黄豆、绿豆发黄豆芽、绿豆芽做菜吃的。饭豆多炖汤食用或与大米饭、玉米粥一起煮，可当主食用。

绿豆富含矿物元素、维生素及蛋白质。喝绿豆汤是当地人夏季消暑降热的常用方法。此外，绿豆还有“安精神、调五脏”和“补益元气”等功效，可降低血脂、护肝解毒。绿豆也可配菊花、金银花、茅根食用，能消暑解渴。用绿豆配黄花菜、大枣煮汤服用，可以治疗上吐下泻。人们常用绿豆做馅，长寿村的“绿豆粽子”闻名县内外。

3. 油

长寿村村民食用的油类繁多，且具有较好的养生功效，日常以植物油为主，主要有火麻油、茶油、芝麻油和黄豆油。

（1）火麻油。火麻油是当地独特的食用油。火麻为桑科植物，其味甘、性平，是能够溶于水的油料。1979 年 8 月由国家卫生部组织的中国三省（自治区）综合考察组，对长寿村火麻仁的化验结果表明：“火麻仁中不饱和脂酸含量丰富，其中十八碳二烯（亚油酸）及十八三烯酸（亚麻酸）均较高，其次有卵磷酸、蛋白质等，可以滋养补虚、润燥滑肠，对老人便秘、高胆固醇和高血压等疾病有特殊的疗效。”① 当地人称火麻油为长寿油。

（2）山茶油。长寿村山上种着绿油油的山茶油，每到冬天榨油季节，村里飘着茶油的香味。山茶油也是当地村民必不可少的生活食用油之一，村民称之为“长寿宝油”。山茶油具有山茶独有的味道，纯正清香。油黄而清亮，素有“东方橄榄油”之美誉。山茶油是从木本植物果中榨取后，能直接食用的植物油。是最典型的单一不饱和脂肪酸，具有防止动脉硬化、保护心血管系统等功效。在长寿村，人们在传统饮食习惯中，重视茶油对人体的营养作用，尤其是孕期妇女食用茶油量增加。

4. 肉类

肉食是也是营养的来源之一，长寿村村民平时以素食为主，但也辅以肉食。主要有：

（1）猪肉。猪肉无论是在人们日常生活中还是在祭祀的场合都需要用到。

① 资料由巴马瑶族自治县长寿研究所提供。

长寿村的香猪名扬海内外，香猪皮薄肉嫩、不油腻，受到人们喜爱。过去，由于长寿村生活贫困，人们油水缺乏，所以，在一般情况下，人们普遍爱吃肥肉，随着生活水平的提高，瘦肉食用量在增加。在长寿村，无论红白喜事人们都少不了食用猪肉。

（2）鸡肉。在长寿村，有无鸡不成席的说法，因此，家家户户养鸡。平日里，人们通常吃猪肉，有客人光临或节日里，鸡肉成了主角。过去，人们宰鸡的时候，经常开玩笑称，是不是外婆来了，也就是说，在长寿村村民看来，鸡肉最珍贵，来了客人都会杀鸡。

（3）鸭肉。长寿村依山傍水，作为稻作民族，鸭子在壮族地区司空见惯。过去，壮族曾普遍有过稻、鱼、鸭的耕作方式，鸭和鸡一样成为家家户户都有的家禽。农历七月十四是壮族祭祀家鬼和野鬼的节日，届时，鸭子是必不可少的，相传，在七月十四这一天，祭祀品通过鸭子运到奈何桥，祖先才能享受到。外嫁出去的女儿要带鸭子回娘家，祭祀祖先。长寿村村民一年四季养鸭，因此，鸭肉也是人们日常重要的肉食。

（4）鱼肉。在盘阳河一带，生长着一种独有的鱼，叫油鱼，在煎的时候自然出油的鱼。在当地，人们形容一家人很穷，就说，这家人有鱼没有油煎。然而，上天赐予人类生命，就会让它找到一条生路，因此，就出现了一种不需要油煎的鱼，即便是贫困人家，也不再为有鱼没有油煎而苦闷。过去，人们生活贫困，肉类很少，逢年过节，常常到河里打油鱼来改善生活。

（5）螺肉。在长寿村，每年插秧过后，田螺悄悄地从泥土里冒出来，孩子们轻轻地踩在田里，慢慢地把田螺捡起，成为一家人的美食。

此外，还有兔肉、羊肉、牛肉等。

5. 蔬菜、水果

长寿村一年四季均产蔬菜，种类较多。春夏天以南瓜苗、红薯叶、苦麦菜、蕹菜、香菇、慈菇、木耳、西红柿以及各种瓜类为主。还有山间自然生长的雷公根、茨藤菜、艾菜、青竹笋、野木耳、枫树菇等。秋冬以生菜、茼蒿、菠菜、萝卜、芥菜、黄豆芽、绿豆芽为主。

人们常常在自家周围种上各式各样的水果，其中有桃子、李子、柑橘、柚子、芭蕉、鸡蛋蕉、香蕉、山板栗、蝴蝶果、番石榴、梨、黄皮果等水果，桃子、李子、黄皮果、番石榴和芭蕉最为常见，芭蕉容易种植，人们在自家菜园或者是田边地头常常种上芭蕉，一方面可以稳固水土，另一方面又可以有水果吃，过去芭蕉还是人们走亲访友的礼品。

（二）饮食方式

1. 少吃多餐

在长寿村，人们提倡少吃多餐，每次吃到七八分饱，认为吃得太饱，会不舒服，以粥食为主，容易消化。所以，人们早上六七点钟吃早餐，干活回来十一二点吃中午餐，下午两三点钟准备劳动之前吃下午餐，到了晚上六七点钟吃晚餐，通常是一日四餐或者是一日五餐。

2. 规律饮食

当地人饮食极为规律。清晨，家庭主妇便开始忙碌，为一家人准备好早餐。无论再忙，人们都要按时吃饭，尤其是早餐，不会空着肚子去劳动，去近的地方就回家吃饭，去远的地方便带饭或者是直接带着锅和米到地里煮，规律的饮食减少了胃病的发生。

3. 群食

当地人有较强的集体观念，平时劳动时，大家互帮互助，吃饭时，也喜欢共享。民间谚语云："一人吃饭，饭不香；众人吃饭，香满屋。"在长寿村，人们喜欢聚在一起群食。壮族节日繁多，每到节日，人们喜欢聚集在一起吃饭，常常是家族相聚或者朋友相聚。在节日里，若是一个家族聚在一起吃饭，且其乐融融，这样的家族被人们所赞赏。春节，从小年，也就是农历的十二月二十三开始，就陆陆续续宰杀年猪，人们挨家挨户地吃，一直到过完年。除了家族、朋友相聚以外，还有就是全村相聚。在长寿村，经常有打平伙习惯，在下雨天气或者农闲时节，人们聚在一起商量，各家出钱一起购买村里的猪，拿到村里的"社"庙祭祀，之后全村人聚餐，剩余的就按照出资的比例平分给每家，故称为平伙饭。人们认为，社庙前祭祀过的食物比较好吃，而且吃了会保佑一家平安健康。

（三）饮食特点

1. 清淡

在长寿村，人们饮食清淡，无论是猪肉还是鸡肉、鸭肉，凡是肉类均喜欢清水白灼。其中原因是：

第一，与气候有关。长寿村春夏天气炎热，容易口渴，人们不喜欢食用咸、油腻、辣的食物。徐建新和王明坷谈到，"食物成为族群区分的符号，这种区分是为了夸耀，目的是分配社会资源。”[①] 在长寿村，辣椒成为区分我族与他族的一种重要食物，由于湖南、贵州、四川等地的汉人喜欢吃辣椒，因此，若是有人吃了辣椒，人们就会说这个人像汉族人一样。在长寿村，人们用辣椒来区分我族和他族，不是一种夸耀，也不是社会资源的分配，当地人没有把辣椒当成商品，他们仅仅强调的是，我族与他族饮食习惯不同。在当地，气候炎热，人们吃上辣椒容易上火、长痘痘、口腔溃疡等，因此，对于刺激性的食物，例如辣椒、麻椒之类的佐料使用很少，甚至都不使用。村民认为吃了煎、炒的菜容易上火，口渴，所以，喜欢清淡的食物。

第二，与壮族食品的生产方式有关。长寿村的家禽、鱼等肉类是自家饲养的，喂食的都是原生态的食物，蔬菜、粮食是用农家肥种植的。所以，清水煮起来才有食物原来的香味。若是加上其他的佐料，则改变了食物原来的香味，大家还是喜欢原汁原味的感觉。

第三，与他们的信仰有关。道格拉斯在《洁净与危险》中专门论述食物与民族、宗教的关系，提出了洁净与肮脏的概念。[②] 在长寿村，人们主要信仰原始宗教、道教和祖先。道教倡导清静无为，返璞归真。所以，村民生活崇尚自然，认为只有清水煮的食物才是洁净的，其他的煎、烤、炒等食物都是不洁的。也就是说，只有清水煮的食物才能放到祖先台上供奉祖先，煎炒的食物不可以给祖先享用。尤其是在红白喜事和逢年过节的时候，人们吃饭前是必须要供奉祖先的，而供奉祖先需要清水煮的整只鸡、鸭或整块的肉。

第四，与他们的周围环境有关。长寿村地处偏远的山区，周围多是壮族聚居地区，而柳州、河池、南宁等地的壮族由于与汉族紧邻，所以，他们的饮食方式受到汉族的影响较深，口味也比较重，例如，柳州螺蛳粉因为香辣而远近闻名。但在长寿村，其饮食文化保持原有的民族特征。由于居住偏远、封闭，因此，在交通不便利、商业不发达的年代，人们想买到一包盐尤其困难，往往要翻山越岭，经过几天几夜马不停蹄地赶路，才能到百色地区买盐。因此，人们在日常生活中，视盐为珍贵的食品，能节约则尽量节约。

105 岁的黄妈文谈到，以前生活真是艰难，家里有鱼、有肉不一定有盐吃。

---

① 徐新建、王明珂：《饮食文化与族群边界——关于饮食人类学的对话》，《广西民族学院学报》，2005 年第 6 期。

② （英）玛丽·道格拉斯：《洁净与危险》，黄剑波、柳博赟、卢忱译，北京：民族出版社，2008 年，第 23 页。

过去我们这里没有人卖盐，只好到百色买，在我们那个年代，道路也不通，只有一条小道。这条小道是穿过一片片大树林的，树木遮天，常常会有蛇、老虎等危险动物出没。每次去买盐都要几个男人一起去才行，因为平时行人少，白天害怕猛兽出没，晚上怕各种孤魂野鬼、山神、树神。来回一趟得需要几天几夜的时间，真的很艰难，所以人们对盐特别珍惜。

在交通不便和经济不发达的长寿村，盐对于人们来说是十分珍贵的。因此，人们只能变通地来解决这个问题，要么食用当地产的，一种有咸味叫盐麸子的果实，要么就是在聚餐的时候，每桌共用一个盐蘸，久而久之，就养成了少吃盐的习惯。

可见，长寿村村民清淡的饮食习惯，是与当地的气候、环境、信仰和周围环境有着密切的联系。

2. 新鲜

在长寿村，人们主张新鲜饮食。菜园在自家的房前屋后，一般一餐一摘，每天天刚亮，老人们便起来，去菜园子摘菜，这成为他们一天中重要的劳动。在主食上，通常，人们不吃陈米，新米出产后，陈米用来饲养家禽。人们很少食用隔夜的饭菜，一般按照人数来确定饭菜的量，若是剩余，直接喂家禽。人们很少吃腌制的酸菜，熏肉较少。每年吃的油都是当年开榨的茶树油或者火麻油。新鲜蔬菜一年四季都有，即便偶尔做一些酸菜或者是腌制的萝卜，食用时，也要配上新鲜的绿色蔬菜。年猪在 100 斤左右，一部分作为走亲访友的礼品，另一部分留着过年食用，剩余的用来制成腊肉。相比于腊肉，人们更喜欢吃新鲜肉，过去由于距离集市较远，购买不方便，所以，宰杀比较大的年猪，腌起来，亲友来访时，就拿出来招待。现在生活改善了，人们习惯吃新鲜的猪肉，腊肉越来越少了。

3. 原生态

无论是粮食还是蔬菜、水果，种植时均使用农家肥。在种植作物过程中，施放草木灰，使粮食、豆类颗粒饱满。同时当地还采用草木灰、石灰等方式灭虫，很少使用农药。在蔬菜水果的选择上，多选择不招虫子的品种，例如，夏天人们常常吃南瓜苗、红薯叶、冬瓜、黄瓜；冬天吃萝卜、菠菜、茼蒿、生菜等这些很少有虫子叮咬的蔬菜，即便有，人们稍微洒些草木灰即可灭虫。房前水果房后菜，水果无须喷洒农药。家禽、家畜以放养为主，主要以粮食、蔬菜喂养。在禽畜疾病预防上，用捻果树根等中草药熬成汤，再用汤水煮大米、玉米喂食。此外，人们还常常食用茨藤菜、野蘑菇、雷公根等原生态的野菜。人们日常使用的餐具也主要是用洗米水清洗。

4. 五谷杂粮搭配

“人是杂食动物”①，长寿村生产红薯、芋头等杂粮。一日三餐，人们除了主要吃大米、玉米之外，还食用红薯、芋头之类的杂粮。

5. 以素食为主

过去，由于土地稀少，人均耕地有限，粮食收成不多。除去上缴各种赋税，粮食所剩无几，尤其遇到灾年，人们面临饥饿的威胁，因此，饲养的家禽、家畜很少，即便是养些鸡、鸭，也舍不得食用，拿到市场上卖掉换回一些盐巴等生活必需品。因此，人们很难吃上一餐肉。只有在家里有客人时或节日里才能吃上。久而久之，人们养成了素食的习惯。如今，随着生活水平的提高，人们注重荤素的合理搭配，在当地，三天一次圩日，村民赶圩的时候买些肉回家，于是就形成“两天素菜，一天肉”的饮食特点。无论是否有肉，人们每餐都食用绿色蔬菜。对于村民，尤其是老年人来说，他们经历过艰苦的年代，长期食素，若是连续吃几餐肉，人就没有力气，也没有精神，故需要荤素的合理搭配。

6. 以粥食为主

当地人喜食粥，早餐、中餐、午餐均有吃粥的习惯。直到晚餐，为了避免深夜如厕频繁，影响睡眠，人们才吃干饭。当地有各式各样的粥，粥的种类繁多，无论是什么粥都配有大米在其中。

（1）火麻粥。把火麻磨成粉，放到锅里煮，当烧沸后，加入大米或者玉米，慢火熬制而成，火麻粥具有润肠通便功能，深受当地人的喜爱。

（2）菜粥。菜粥因容易制作而深受人们喜爱，先摘来鲜嫩芥菜、白菜，切好，等大米粥快熟了就把菜放进去，不停地搅拌，加入少许食盐即可食用。

（3）汤粥。煮汤粥是当地民间一种古老的饮食习俗。所谓汤粥，是指人们在宰杀家禽家畜时，将动物肉清水白灼，取其肉汤煮粥的统称。长寿村民常做的汤粥主要有以下几种：

第一，混合汤粥。逢年过节或祭祀活动时，人们杀鸡宰鸭时做的汤粥。通常，人们将这一餐所食用的猪肉、鸭、鸡放在一锅煮，其肉做白切，和着盐蘸吃。而肉汤，则在除去浮出的油后，加入大米、粳米或者墨米熬成粥。待熟后，

---

① （美）马文·哈里斯：《好吃：食物与文化之谜》，叶舒宪、户晓辉译，济南：山东画报出版社，2001年，第9页。

加入些许食盐，使之食用起来，有淡淡的咸味。

第二，单汤粥。通常有鸭肉粥、鹅肉粥、猪肉粥、鸡肉粥、全羊粥等。一般将某一小动物一锅清水煮，如鸡、鸭等。若是不能一锅煮的大动物，如猪、羊等，则要从头到脚，各取适量一起煮。待煮熟后，取出汤，除去浮油后，加入大米或红粳米煮成粥，同样加入适量食盐和喜爱的佐料，就成汤粥了。

汤粥特点及功效：汤粥取动物肉汤做成各类靓粥，提取了动物的精华，不仅营养丰富，而且味道鲜美；同时，动物肉用清水煮，白切食用，既保持了动物肉原汁原味又保留了其本身的营养，此粥因美味又营养而深受人们的喜爱。

（4）玉米粥。通常，玉米粥不是纯粹的玉米粥，而是玉米与大米混合而熬成的粥。玉米粥的制作有两种方法：一种是剥掉嫩玉米粒，磨好后过滤去渣，待锅里大米粥烧开后，分三次加入玉米浆，不停地搅拌，直到感觉粥黏稠便可以停火。另一种是把老玉米磨成细小的颗粒，按照一定的比例，直接与大米一同熬粥。

（5）花生粥。花生粥制作方法与玉米粥相似。

（6）红薯粥、南瓜粥、芋头粥、山药粥。这类粥制作的方法类似，先把南瓜、红薯、芋头、山药切片，然后煮烂，捣碎，加入糯米，慢火熬制，并不停地搅拌，直到米粒熟即可。

（7）豆腐粥。豆腐是长寿村村民比较喜爱吃的食物，节日里或农闲时节，人们常常将黄豆磨成浆，把豆浆放到布袋里，再往布袋里加入热水，不停地挤布袋，取出豆浆，加入大米，熬成粥。此外，还有瘦肉粥、黄鳝粥等。

在长寿村，一年四季，都以粥食为主，人们喜爱喝粥。村民会根据季节的变化，煮各式各样的粥，调整粥的温度来适应气候的变化。在春夏秋季节，天气比较炎热，尤其是夏天，家里的主妇早早起床，开始熬一大锅粥，煮好后冷却，为一家人的早餐、中餐、午餐做准备。早饭过后，人们带着粥到劳动地点去，既可以充饥又可以解渴。冬天，天气寒冷，人们最期待的是一早起来就可以喝上热气腾腾的粥，热粥可以御寒。若是劳动的地点较近，他们会在吃饭时间，回家吃过热粥，再继续干活；若是距离远，他们会带着小锅和一些米到地里煮。喝下热气腾腾的粥，可暖遍全身。在古代，就有“糜粥自养”① 的说法。粥容易消化，在夏天可以消暑解渴，在冬天可以保暖御寒，故成为了人们喜爱的主食。

① （宋）陈直撰：《寿亲养老新书》，王均宁译，北京：中华出版社，2013 年，第 238 页。

7. 喜食血制品

在长寿村，人们对于血制品有特殊的爱好，其中血肠、血豆腐、血糯米、活血、鸭血浆是人们常常吃的食物。

（1）血肠。当地人叫“龙鹏”。每当杀猪，人们就用米饭或者糯米饭晾干制作成阴米，或者用舂把猪龙骨舂碎拌进猪血，加入葱、姜，灌入猪肠中烹制而成。

（2）血糯米。每当杀鸡宰鸭，人们把糯米放入盘子里，把血均匀地淋到糯米上，然后用芭蕉叶或者竹叶包起，烹制而成。血糯米因为香糯可口而深受人们喜爱。

（3）鸭血浆。每当杀鸭，人们便在碗里放入少许盐，加入米醋或酸笋水或酸梅汤，把鸭血淋入碗中，不停地搅拌。然后把血煮开，放入蒜末、香菜做成鸭浆，把煮好的白切鸭肉蘸着吃，美味可口。

（4）血豆腐。人们把鸡、鸭、猪血做成豆腐块，然后加入佐料熬制成汤，或者加入青菜、豆腐煮成菜食。

因动物血爽滑可口，容易吸收，具有补铁功效，而深受人们的喜爱。在过去生活艰苦的年代，人们就靠着买便宜的动物血补充营养。如今，生活改善了，人们喜食动物血的习惯依然没有改变。

（四）烹饪方式

长寿村村民，珍惜生命，珍惜现实生活的享受，即便贫穷，也要变着花样做各种丰富的食物。比如，糯玉米，人们可用来煮粥、饭，或直接煮来吃，或者放在火上烤，这是最基本的，此外人们还可以磨成浆并加工成玉米糕、玉米粉粒、玉米糊、玉米粑粑、煎成玉米饼等。在做糍粑时，会用花生、芝麻拌糖做成甜馅，用豆角、木耳、竹笋拌上肉沫做成咸馅，各式各样的口味供家里人选择。他们不怕麻烦，常言道：“做吃容易，做织难”。相比于纺织的烦琐，做吃的算不了什么，他们会把这当成享受的过程，沉浸在打造自己美好的小日子里。村民喜爱的糖粽子，就是用当地生产的猫豆加工而成，先是把猫豆撬开，然后煮熟、浸泡、换水、再换水、碾磨、过滤、拌糯米粉，前前后后需要四五天的时间，可是老人们一点都不嫌麻烦，认为能够吃香甜细腻的糖粽才算是过年。丰富多样的烹饪方式，可以不断地调整人们的口味，激发人的食欲。无论老人，还是小孩，很少有厌食、偏食现象，确保了营养的均衡，人们在清淡饮食中，享受着食物的美味。

三、居住

长寿村八个自然屯坐落在地势较高、背靠青山、面朝盘阳河的风景秀丽的地方。群山如黛，盘阳河沿着村子顺流而下。当地房屋以向阳为佳，坐西向东，或坐北朝南。习俗认为，东方是太阳升起的地方，象征生活蒸蒸日上；向南风和日暖，人畜兴旺，吉利呈祥。村民认为，房子向阳、采光好，屋里不阴暗潮湿，人住着不压抑，而且还可预防风湿病。长寿村居住房分全楼式干栏、半楼式干栏两种建筑。

全楼式干栏多见于地势平坦的地区，主要构件为木料，分下层、中层、阁楼三部分，下层高二至三米，用作牛栏、羊圈、猪舍、鸡鸭房及厕所或堆置柴草、农具等；中层住人，一般分为三开间或五开间，中间为厅堂，两侧用木板或竹篱作屏风，分隔卧室或客房若干间；阁楼多用于放置粮食、家具、杂物等，若家人过多，阁楼也可作卧间。为避风吹日晒雨淋，主房两侧多建偏厦，紧贴两面峰山，偏厦宽度小于一个开间，一般作厨房及贮存杂物、谷仓，亦作卧室等用。晒台建在屋外向阳处，与居住层平齐相连，主要作晒粮食之用，平时用作洗涤、乘凉、闲谈等，进屋门梯或以石砌，或以木制。

半楼式干栏多建于地势较陡的地区，与全楼式干栏不同点为前半部砌成平台，后半部为板楼，与全楼式干栏装饰无异。分下层、中层、阁楼三个部分。

干栏式建筑一层放农具和杂物，二层为住人的居住格局，既防止猛兽袭击，又通风防潮，可预防因湿毒引起的各种疾病。

当地村民认为，房子的地理位置十分重要，民间谚语云，“一屋定一家，一坟定一族”。房子的位置决定一家人是否平安、健康。因而，村民建房前，必请地理先生择定地基，选“龙脉宝地”，并定吉日破土开工，梁木一般由舅家送给，染成红色，上梁时在房梁上吊红布、谷穗，祈求平安健康、人丁兴旺，五谷丰登。

新中国成立前，壮族住宅明显有贫富之分，以瓦盖或草盖区分贫富，财主和较富有的人家多住砖屋瓦房，多数贫穷农户为木草结构，以木料为架，茅草盖顶，竹篱为墙，相当一部分的特困户住房只有 3 根木头搭架，顶上盖茅草称“三叉茅草房”。新中国成立后，尤其是进入 20 世纪 80 年代后，这种“三叉茅草房”已逐渐减少，相当一部分住茅棚的农民大都起了木架瓦盖或石砌瓦盖的房屋，经济条件较好的农户陆续建起钢筋水泥的平顶楼房。如今，家家户户盖起了两三层的现代建筑，但还保持干栏式的建筑风格，主要是为了“通风、防潮，预防疾病而设计”①。

四、起居和交通工具

由于四面环山，村民从小开始，就经受爬山的锻炼，往往一出门就要上坡下坡。由于住地附近土地稀少，村民往往要翻山越岭，到较远的山谷或河谷地去耕种。那里的长寿老人，从小到大，从大到老，在生产季节里，均在户外劳动，如犁田、耙地、栽种庄稼等。由于山高坡陡，石多土少，劳动量比平原、丘陵地区高数倍，即便是日常生活中的挑水、砍柴也不容易。但劳动已经成为他们的习惯，劳累时，躺在阴凉的树荫下，喝着清凉的泉水，放开歌喉，唱起山歌，做到劳逸结合。

当地人认为，人的身体分为上、中、下三部分，头部是天，胸部是人，腹部以下是地，人自身就像一个小宇宙，跟随自然律动。若是逆天，黑白颠倒，人体功能会紊乱，内部器官将受损，因此，人们养成早睡早起的作息习惯。平日里，人们早上 7 点之前起床，晚上 10 点之前休息，每天的作息时间都有一定的规律。他们均以“起居不时”，如违反规律视为影响健康长寿的一大忌。当地百岁长寿老人传统的生活习惯是“日出而作，日落而息，早睡早起，一日四餐”。

他们根据自己的生理、生活规律，做到不妄劳作、饮食有节，作息规律。并不是过度劳累，或者说劳动越少越好，而是在不超出自己能够忍受的程度，适当劳作，并且注意劳逸结合，这对保持健康长寿具有重要作用。长寿村村民从来都是勤劳刻苦，一般男女从十三或十五岁，有的甚至从八九岁便开始参加户外的劳动。大多数人从十多岁直到 60 多岁甚至 100 多岁还从事体力劳动。百岁老人黄卜新，出生于 1904 年（即清光绪五年）9 月，2015 年为 111 岁，还能做些简单家务。活到老做到老是当地人的生活写照。

过去，人们出门主要是步行，有时候以牛马代步，如今，主要是电动车、自行车，富裕起来的人们也买了小汽车。但人们重视健身，每天依然步行上山下山、加强锻炼。

当地人有很强的健康观念，表现在衣、食、住、行等方方面面，服饰简洁、干净；饮食清谈、新鲜、丰富多样；房屋向阳、通风；作息规律，劳作有度，人们十分重视疾病的预防。

---

① 覃彩銮：《论壮族干栏文化的现代化》，《广西民族学院学报》，2000 年第 1 期。

第二节 长寿村疾病防治知识

生病吃肉肉不香，健康喝水水甘甜。人在生病时方知健康的可贵，人在弥留之际方知生命的珍贵。“防患于未然”是当地人的健康观念，健康、平安就是福，不要等到老了，动不了，才悔恨年轻时挥霍生命。当地村民认为，老年的很多疾病是年轻时不注意身体埋下的祸根。人一生病，不仅自己痛苦也拖累家人，尤其是在孩子数量渐少的今天，若是家中有老人生病，自己不仅要经受病痛的折磨，还会增加儿女的负担。因此，他们注意疾病预防，平时更注意饮食起居。

长寿村属于亚热带地区，春季阴雨绵绵，夏季潮湿炎热，冬季潮湿寒冷。壮族地区，山岭叠嶂，溪河纵横，草木茂密，虫蛇出没，故疫疠瘟痧、瘴疟风寒等时有发生。人们对疾病的传染性早有认知，如《镇安府志》载：“天保县，山深箐密，气候多戾，居此者，多中虚，四时均易感冒，或晴雨偶行，即疾疫流染。”[①] 长寿村村民在长期的生活实践和治疗实践中，根据他们所处的自然环境、生活方式、风俗习惯等，总结出一套具有当地特色并行之有效的办法。

一、预防自然因素引起的疾病和意外事故

长寿村，地处巴马县西北部，村里的各个自然屯分别坐落在盘阳河两岸，以河为界，一边是土坡，一边是石山坡，在土坡与石山坡之间夹着狭小的平地。属于亚热带季风气候。春季阴雨连绵，夏秋炎热，雨量充沛，冬天露霜持续，潮湿寒冷。因此，潮湿、炎热、寒冷等因素容易侵犯人体而发病。在炎炎夏日，阴雨连绵、气温攀高致使虫蛇死亡，草木腐败，瘴气丛生。隋代巢元方在《诸病源候论》中提到瘴气是由“杂毒因暖而生，皆由山溪源岭瘴湿毒气故也”。[②] 壮族地区因潮湿炎热的天气而素有“岭南多瘴毒”之说。一指岭南气候潮湿炎热，常年草木繁茂、虫蛇繁多，因此，各种有毒动植物也多；二指草木枯萎、死后的动物腐败后，经过日晒雨淋而产生的污浊之毒气。

在长寿村，人们容易发生毒、瘴、痧等地方性疾病，潮湿温润的天气因有利

① 羊复礼修：《镇安府志》，光绪十八年刊本，台北：台湾成文出版社，1967 年影印版，卷二十三。
② （隋）巢元方：《诸病源候论》，北京：人民卫生出版社，1956 年，第 39 页。

于昆虫繁殖，也易于诱发各种肠胃疾病和肝病。此外，潮湿阴冷的冬季还容易诱发风湿病、关节病等病症。总之，人们的发病与当地所处的环境，如潮湿、炎热、寒冷这些因素有关。在长期与自然做斗争的过程中，为了防止各种疾病的发生，人们摸索出了一套预防疾病的办法。

（一）防潮

潮湿炎热的气候，容易引发风湿病、关节病、皮肤病，甚至一些食物因为潮湿霉变，食用过后，容易引起癌症。所以，在日常生活中，人们十分注重防潮。在建筑上，过去是干栏式建筑。如今虽然是楼房，但依然保持过去干栏式的建筑风格。村民在建房时，注意防潮排水，通风透气。如，在建第一层的时候，人们用沙石把地基填高，要高出房前的路面。在房子的两侧，前后都留有排水沟。而且在设计上，门窗都比较大，楼层较高，这些都有利于通风透气。为了便于粮食保存，村民习惯于在房顶上建粮仓。房子一般坐北朝南，朝向阳面，主要是为了有充足的日照，同样地，是为了通风透气、防潮防湿。

从人体自身来说，防潮是必要的，否则到老年的时候，容易患上风湿病、关节炎、骨质增生等疾病。因此，人们从小就养成防潮的习惯，采取多种措施防潮除湿：

其一，游泳。清清的盘阳河沿着村子顺流而下，春夏秋季，孩子们喜欢在水里嬉戏玩耍。长寿村的孩子是在水里长大的，每当放学过后，一群群孩子到河里游泳。大人们劳动归来，晚饭过后，也到河里去游泳，久而久之，对潮湿具有了抵抗力。

其二，泡热水脚。无论是夏天还是冬天，人们在入睡前，都要泡热水脚，热气腾腾的水不仅可以促进血液循环，还可以驱除体内的寒气。

其三，住干燥处。一般情况下，人们都居住在二层以上，一层一般放置杂物，除非是活动不太方便的老年人，若是不得已住一层，也要住阳面，而且把床垫高。

其四，保持房子、衣物干燥。在梅雨季节，人们通过各种方式，尽量保持房子通风透气，若是房间太潮湿，则用草木灰或木炭吸潮。冬天，为了防止衣服潮湿，人们常常穿雨鞋、带围裙，路过草丛，先用一根木棍把草丛的露水打落，再走过去。若是出门衣物受潮，回家后，人们将立刻更换，保持身体的干燥。在天气晴朗的日子里，打开门窗，并拿出被褥、衣物到太阳底下晾晒。

（二）防霉

当地村民认为，食物霉变，食用了，容易致癌；衣物霉变，穿了，容易患皮肤病。因此，人们在日常生活中十分重视防霉。

1. 粮食

天气潮湿，食物也容易发生霉病，在当地人的理解中，食用生霉变质的食物容易致癌。故在谷物的保存上，过去人们把收割的粮食挂在房梁上，以防止发生霉变。如今，家家户户的房顶上都有晒台，人们把收割回来的粮食放在晒台上晒干，再放置到粮仓里。新米晒干后，先对仓库进行清扫，把陈米搬出，再放入新米。人们经常检查粮仓，遇到晴天，不定期地把粮食搬出晾晒，以避免粮食受潮而发霉。大豆、玉米、花生等也采取同样的防霉方式。

2. 油类

无论是火麻还是茶籽油，人们采收回来后及时晾干，晒到一定程度即开榨，防止留久返潮霉变。人们习惯于当年收获，当年榨油，当年食用。

3. 衣物

人们认为，穿潮湿发霉的衣物，容易患上各种皮肤病。因此，为了防止衣物发生霉变，村民们通常使用木质衣柜，在衣柜里放置用布包着的木炭，以吸潮。遇到晴天，村民经常在晒台上晾晒衣物，每家每户都有晾晒衣物的竹竿，老人们把家里的衣物拿到太阳底下暴晒。遇到潮湿的天气，人们常在穿衣服之前，先拿到火边上烤热，直到干燥了再穿。在梅雨季节，人们常常在火塘边架起晾衣竿，把当天洗的衣服烘干，以防霉变。

（三）防暑

人体热有外热与内热之分。外热是指天气炎热引起的体表热，内热则是由多种因素引起的，例如，外热引起的内热，体内缺水引起的内热，食用容易上火的食物引起的内热等。在外热的预防上，人们避开正午时分劳动。所以，当地人早早出工。正午时间回家休息，晚上收工较晚，于是，披星戴月是他们的生活写照。若是在农忙时节，需要在正午赶工，妇女们戴斗笠，并用头巾把颈部围住。男子戴草帽，并用树枝围成一个圈，套住帽檐，且不时地跑到有水的地方，用冷水洗脸降温。若是内热，人们可以通过喝凉茶降温。长寿村村民通过喝火麻茶、雷公根茶、茅根茶、菊花茶、枫叶茶解暑降温。

（四）防瘴气

据《岭外代答》记载，“盖天气郁蒸，阳多宣泄，冬不闭藏，草木水泉，皆禀恶气，人生其间，日受其毒，元气不固，发为瘴疾”。[①] 长寿村潮湿炎热，死后的动植物腐败后，经日晒雨淋而形成污浊之气，因此，人们外出劳动常常会遇到瘴气，而导致头晕、呕吐等症状。因而，当地人十分重视瘴气的预防。措施主要有：佩挂药驱瘴法。在村民看来，每年端午节，是药物枝繁叶茂，枝壮叶肥的时候，届时，在端午节那天，人们到山上去采药，感受药物带来的灵气，预防一年四季不生病。同时，把采摘来的艾叶、青蒿叶、菖蒲叶等扎在一起，挂在门旁或者放置房中，以驱瘴辟秽。另外，在盛夏瘴气流行的季节，人们还把木香、苍术、檀香等制作成药囊，随身携带，以防瘴避邪。长寿村村民虽没有嚼槟榔的习惯，但日常生活中，常常吃黄瓜、西瓜、苦瓜，喝火麻茶、金银花茶来防瘴。

（五）防虫

生活在亚热带地区的人们难免受到虫蛇的侵扰，长寿村也不例外。人们常常要防止蚊子、红蚁、马蜂、蜈蚣这些昆虫的叮咬，尤其要防马蜂、蜈蚣这些有较大毒素的昆虫。凡是潮湿、藏污纳垢的地方都容易滋生昆虫，因此，为了防蚊、防蚁，人们常把屋里屋外打扫干净，包括鸡鸭猪圈。打扫成为老人们每天的必修课。为了防蚊，人们常常穿长衣长裤，过去用蓝靛染成的棉布也有防蚊的作用。如今，人们在身上涂风油精、清凉油防蚊。

除了防止蚊虫叮咬，马蜂是壮族地区常见的毒虫，一般喜欢在草丛和灌木丛里筑巢，在夏季，人们上山时，稍不注意，就会被蜇伤，马蜂蜇伤人的事件常有发生。因此，为了防止马蜂蜇人，人们上山劳动时，禁止携带橘子、柚子、柑子、柠檬之类的酸甜水果，认为这一类的水果容易招蜂。若是一不小心，被马蜂追上，则躺下用衣服、头巾之类盖头部和脸部，并且不能动。若是被马蜂蜇伤，则立刻把毒液挤出，回家后，用酸笋水涂上或者敷上捣碎的苦麦菜。

（采访时间：2014 年 3 月 20 日；地点：长寿村；人物；HYH，女，70 岁）我前几天上山去除草，结果有一窝马蜂在草丛里，我一下子就蒙了，立刻用头巾把头和脸包住，一动不动，但是手上还是被蜇了几处。回到家里，我把腌了三年的酸笋水涂上去，很凉快，一下子就好了。

除了防止被毒虫叮咬，还要防蟑螂、苍蝇之类的昆虫，以防疾病传播。因

① （宋）周去非：《岭外代答》，杨武泉校，北京：中华书局出版社，1999 年，第 133 页。

此，除了把生活区打扫干净外，人们及时处理家里的剩饭剩菜，清理家禽粪便。尤其是厨房，保持常打扫、干净整洁，碗筷用开水烫洗，砧板分生熟，在用之前，先用热水洗净。

（六）防蛇

在草木茂盛、山岭林立的长寿村，夏季经常有蛇出没。因此，防蛇是当地人需要掌握的一项生存技能。白天无论去哪，人们都习惯带一根木棍和一把镰刀，在走过草丛或者林间，拿着一根木棍边走边打，称为打草惊蛇。人们尽量减少夜间行路，即便行路，也要带上手电筒照明。夏季的雨前雨后，是蛇出没较多的时候，故人们外出时，带上一些雄黄粉之类的驱蛇之物。当遇到蛇时，原地不动，一般情况下，蛇不会主动攻击，若是惊动了蛇，当它准备攻击人时，则把头巾或者衣服扔向别处，将蛇的注意力引开。当被蛇追的时候，不是直线逃跑，而是以S形的曲线逃跑，以混淆蛇的视线。有些蛇是会喷出毒素的，所以，当人中毒时，会出现昏迷。关于蛇的故事，在当地曾经有这样的传说：

相传，有个漂亮的女孩叫阿农，在七月十四那天，吃完早饭后，跟同伴们上山摘捻果。当到山上时，她们被满山遍野又紫又大的捻子果给迷住了。于是她们忘情地摘果，没过多久，同伴们累了，想到大树底下休息。阿农说你们先去歇歇，山上还有那么多果，我想多摘一会，回去分给邻居的叔叔婶婶。由于摘得太专注了，她只顾得看树上的果实，而忘记了树下的蛇。一条大蛇往她脸上喷毒，她昏迷了过去，大蛇把她围住了。小伙伴们等了好久，没有发现阿农回来，于是往回找，她们发现阿农被蛇盘住了，吓得腿直哆嗦。她们不敢靠近，惊恐过后，有个机灵的女孩把随身携带的饭菜朝蛇的方向扔去，饭菜里有鸭肉，蛇的嗅觉很灵敏，当它闻到鸭肉的味道，就往肉的方向爬行，阿农这才得救了①。

当人们提起这个故事时，对蛇仍有几分惧怕。人们不仅在户外防蛇，在室内也需要防蛇。村民居住的干栏式建筑具有防蛇的功能，但有时，菜园里种植果树，若是树枝繁茂，有时蛇也会进家里，因此，在房前屋后，人们不种爬山虎、夜来香、竹子之类招蛇的植物。若是有蛇进家里，人们会在家的四周撒些石灰

① 故事由村民黄妈干提供，笔者翻译整理。

粉、草木灰、雄黄之类，或者是在家门口种上防蛇植物，当地人认为一物降一物，既然有招蛇的植物，必然有驱蛇的植物，在长期的实践总结中，他们得知灭蛇门、野决明、凤仙花、大蒜等植物可防蛇。

在村民看来，每年清明节一到，万物复苏，蛇也开始苏醒。因此，在清明节那天，人们会从山上采摘防蛇的植物枝叶插在房子的四周，当地用得较多的植物为“果得”。据说“果得”可以驱邪避蛇，在清明这一天插在房子四周，可以防止一年内毒蛇不进门。

（七）防寒

长寿村的冬天时间不长，但是在每年冬季尤其是下霜露、雨雪的季节，也是寒气袭人。若是防寒不好，会引起关节炎等症状。尤其是老年人，每到冬季，对他们来说是较大的挑战。在农村，由于条件所限，人们尚未使用空调取暖。在此情形下，人们通过多种方式来取暖。一是烤火取暖。烤火是有效的防寒措施，因此，当地人把玉米棒杆，茶油果皮，烂树根储存起来，每到冬天便拿来烤火。二是喝热粥取暖。喝热粥也是当地人，尤其是老年人最常用的防寒方式。每天劳动前后，人们喝下热气腾腾的粥，有时再配上姜片，可暖遍全身。三是洗热水澡、泡热水脚取暖。在冬天，晚饭过后，家家户户都要烧一大锅水，供一家人使用。洗过澡、泡过脚，可以抵御凛冽的寒风，促进睡眠。四是劳动取暖。在寒冷的季节，南方与北方不同，南方冬天的屋里比屋外还要冷。因此，人们认为，最好的防寒方式是到户外劳动，人一不动，就会觉得冷，而人到户外劳动，自然就不觉得冷了。

二、预防自身生活习惯引起的疾病和意外事故

（一）饮食

首先，根据季节变化调整食物，以粥食为主，注重新鲜、清淡。常言道：“病从口入”，所以，在长寿村，人们会根据个人身体状况和季节变化调整饮食，主张饮食有节。在长期的生活实践中，人们逐渐认识到食物的性质，是平性，或是温性或是寒性。在炎热的夏季，饮食以凉性为主，人们通过喝各种凉茶来降暑；在湿寒的冬季，人们以温性的食物来补充能量。同时，为了保持消化顺畅和营养吸收，人们喜爱食粥。无论是什么食物都提倡新鲜和洁净。长寿村依山傍山，水资源丰富，这为洁净的饮食创造了条件。如人们喜欢到河里洗菜，因为河里水多，任意洗，这样菜就比较干净。即使今天有了自来水，这一习惯依然没有

变。就新鲜来说，无论粮食、肉类还是蔬菜、水果，人们都特别注重食品的新鲜度。在长寿村，人们所食用的蔬菜，一餐一摘；所用的火麻油，一餐一榨。每餐控制食物量，若有剩余，则用于喂养家禽。即便是在电冰箱普及的今天，当地人也很少食用隔夜菜。少吃腌制的咸菜、酸菜，有时人们为了调一下口味，也会腌制一些酸菜，但不经常食用，只是偶尔食用，而且在食腌菜、酸菜时，他们会配上绿色的蔬菜。发霉变质的食物则一概不食用。

其次，饮食规律、适量。人们每天必吃早餐，吃饭七分饱，一日四餐，饮食规律。当地男子常饮酒，以自己酿制的低度酒为主，以每天一碗为宜，喝醉酒者被人嘲笑。提倡适当饮酒，在饮酒前，需吃米饭。女性饮用糯米甜酒、捻子酒等，不经常饮用，只是在过年过节时饮用，提倡适量饮酒，不宜喝醉。男子抽烟的较少，女性不抽烟。在饮食方面荤素、五谷杂粮合理搭配。当地每隔三天一次圩日，每月一次节日，在圩日和节日时，人们吃荤，平时吃素。如今，即便人们的生活条件逐渐改善，富裕起来的人们也不会大鱼大肉，在当地养生已经成为一种风气。

最后，预防食物中毒。食物之毒，包括野菌毒、木薯毒和与食物搭配不合理引起的中毒。每年春夏季节，田地里、草丛堆、烂木丛会长出一些野菌，野菌的美味令人向往，尤其是春雨过后，人们常常上山下地寻找野菌，但是，有些野菌是有毒的。通常，人们根据世代相传的经验，知道哪些野菌可食用，哪些不可食用，人们知道有些野菌有剧毒，对于前人没有食用过的菌子是不敢尝试的。但有些菌子因为长得很相似，因此，当不太确定的时候，会询问村里有经验的老人来判断，或者先把一些喂给鸡吃，观察鸡的反应，之后再决定是否食用。

在长寿村，除了野菌毒之外，还常发生木薯毒。过去，人们种植木薯主要用于喂猪，但老人小孩在家里也会烧着吃。木薯烧熟后，香甜可口而深受人们的喜爱，然而木薯也有毒，若是吃太多，或者烤不熟等极容易中毒，轻则出现头晕反胃，重则死亡。因此，为了防毒，不熟的不吃，即便是熟了有苦味的也不吃，没有苦味的也不能吃多。人们吃了木薯之后，接着吃一些红糖预防中毒。日常生活中，人们已经学会服用甘草、黄藤来预防食物中毒。

（二）居住

壮族干栏式建筑具有防虫蛇野兽侵扰和预防疾病的功能。据《桂海虞衡志》记载：“民居苫茅为两重棚，谓之麻栏，以上自处，下蓄牛豕，棚上编竹为栈，但有一牛皮为裀席。牛豕之秽，升闻栈罅，习惯之；亦以其地多虎狼，不尔则人畜俱不安”。① 过去的壮族地区，人口稀少，野兽出没，为了防野兽的侵扰，人们设计了干栏式建筑。同时，干栏式建筑也是为了防止疾病所需。壮族地区春冬季潮湿寒冷，人们容易患上风湿、关节炎等疾病，夏秋季节，草木茂密，炎热多雨，容易患上痧病、瘴等疾病。干栏式建筑分上下层，下层贮放农具等器物及圈养牛、猪等，上层住人，距地面若干米。即便房子建在平地上，人们也建成两层，一层作为客厅和放置农具，二层住人。这种建筑不仅通风、采光、照明功能良好，而且还可抵御野兽、蛇、虫袭击，有效地防避瘴气，减少风湿病的发生，这是先民预防疾病知识的体现。虽然现在楼房已经普及，但是人们依然保持干栏式建筑风格。

（三）服饰

壮族人尚青，过去的服饰都是用蓝靛染色自织棉布而制成的。壮族穿戴简单整洁，男女均着裤子装，女子不着裙装。即便是在夏季，村里人也不穿短袖衣，此装束与当地的自然环境相适应。服饰用蓝靛所染，具有避邪、清毒、防蚊虫叮咬的功能，棉布可以吸汗。由于染织布程序烦琐，如今，人们很少穿自制土衣，而是直接从集市上买成衣，在材质上以棉布为主。

（四）作息及卫生习惯

人们作息规律，早睡早起，在卫生上也十分讲究。在当地，由于气候潮湿炎热，人们一活动就容易出汗，所以长期以来，人们逐渐养成了良好的卫生习惯。在历史上，就有关于壮族断发的记载。现代人理发洗头是一种卫生习惯，男子经常理发和刮胡须，女子经常洗头。在当地有用茶油麸洗头的习惯，茶油是当地生产的植物油，每年到冬天开榨后，人们把油麸做成饼状，贮存起来，成为天然的洗发剂。老人们养成了常洗头、常梳头的习惯。无论冬天还是夏天，村民每天都要洗澡，换洗衣服，对于被褥之类也经常换洗。若是有人不勤洗澡、洗衣，身上散发汗味，则被人称为“吼瓮”，也就是散发臭气的意思。按照当地人说法，若是一天不洗澡，就感到身子痒，睡不着觉。

在当地还保留着古老的裸浴习俗。裸浴是古代习俗遗风，据《尚书大传》记载：“吴、越之俗，男女同川而浴。”② 相传，过去盘阳河一带村民集体患皮肤病，奇痒难忍，苦不堪言。在农历七月十四鬼节那天，仙女下凡来到人间，当她

① （宋）范成大：《桂海虞衡志》，齐治平补校，南宁：广西民族出版社，1984 年，第 25 页。
② （汉）伏胜：《尚书大传》，付腾校译，北京：商务印书馆，1937 年，第 69 页。

看到村民全身是脓疮，痛苦万分时，就把药物撒于盘阳河中。仙女化成凡间美女，告诉村民说，河水可以治疗皮肤病，人们欢呼雀跃，到河里浸泡，皮肤病奇迹般地好起来，此习俗一直延续至今。每天傍晚，夕阳西下，人们陆陆续续从田地里归来，为了洗掉一身的污垢，降热解暑，便在河流中裸浴，其中男女分开在不同的地点。有淤泥和水流缓慢的地方常常有蚂蟥。所以，人们通常选择在深浅、水流速适中，且河底有石头，无淤泥的河段。男女互不打扰，和谐有序。劳累了一天的人们到河里洗浴，放松肌肉，缓解疲劳。身上干净、清爽，有助于睡眠。裸浴有助于预防感冒、皮肤病等疾病。

（五）夫妻生活

过去，壮族男女青年虽然早婚，但由于实行不落夫家，因此女子婚后还要在娘家度过一段时间，少则两三年，多则五六年。因此，形成了早婚晚育的习俗。在结婚当日，因为过度疲劳，夫妻不同房。婚后也是隔两三年才落夫家。孩子出生后，夫妻分床而睡，这样有效地控制了夫妻生活，做到节欲有度，保存精力和确保睡眠质量。

（六）劳作

在长寿村，人们认为劳动可以预防疾病，达到锻炼的目的。由于基础设施落后，人们的体育运动比较少，最为重要的运动即是劳动。在他们看来，劳动不是生活中的负担，而是必需的，也是一种乐趣与依托。生活在土地资源匮乏的长寿村民，为了生存，需要靠着双手，辛勤地劳动。他们一年四季很少歇息，除了过年过节。他们每天一出门，就要爬坡，人们一天在地里劳动，加上来回上下坡，运动量很大。对于他们而言，即便是老了，如果不劳动，浑身就不舒服，需要通过劳动，活动筋骨。若闲在家里，他们会认为不容易消化，没有食欲，吃什么都不觉得香甜，只有劳动回来，即便是白饭也有味道。因此，人们在一年当中，几乎忙个不停，而且乐在其中。在长寿村，大部分年轻人外出务工，家里就剩下老人和小孩。部分老人除了带孙子/孙女，还要下地干活。在田间地头，常常看到七八十岁的老人在辛勤耕作。对于他们来说，这是运动的最好方式，90 岁以上的老人，也要帮忙做些轻活。即便是在下雨天，他们依然不闲着，男性老人会利用下雨的空闲时间，在家里编织篮子、箩筐之类的。女性老人利用下雨的空闲时间帮孙子/孙女缝制鞋子、做各种美味小吃等。因此，按照当地人的说法，根据自己的能力，适当劳动，有助于健康。

111 岁的黄卜新老人这辈子没有上过医院，一生都在劳动，身体硬朗，已经百岁高龄的他，生活依然能够自理。

108 岁的黄妈干老人这辈子没上过医院。在她的记忆中，只是在 16 岁那年，不小心掉到河里去了，有惊无险。除了平时患一些小感冒外，没有患过什么疾病。100 多岁高龄了，依然耳聪目明，思维清晰，煮饭菜、扫地之类的轻活还可以做。

活到老做到老是他们一生的写照。人到老年，依然健康、硬朗，这与他们经济强调“未病先防”的预防保健观念是分不开的。同时也说明壮民早已意识到锻炼身体可以增强体质、预防疾病。

三、预防社会关系引起的疾病和意外事故

（一）防打架斗殴

在长寿村，打架斗殴的现象很少，人们吵架一般不积怨，不记仇，吵完后，不计前嫌马上就和好，因此，减少了因打架斗殴而引起的意外伤害。

（二）瘟疥疫疠的预防

隋代巢元方《诸病源候论》认为，瘴气是由“杂毒因暖而生”[①]。以“发热”为主症的瘟疥之症在壮族地区是常见之病。故在民间，有防瘟疥的习俗，如通过喝板蓝根、金银花、野菊花等药物来预防，或者用艾草、青蒿来洗身预防。若是村里有人患上传染病，则到田地或者地里搭棚居住，主动隔离。人们从发生疫情的村子回来进家前，则要先趟过火盆，更换衣服后，再用柚子叶洗手消毒。为了防止疫情的发生，村民经常打扫村子，疏通下水道，清除污积。杜绝蚊蝇滋生之源，防止瘟疫发生。在长寿村，平日里，人们探望病人或者参加丧事，进家门前，家人要把火盆拿到门口，迈过火盆后，立即更换衣服，挂在房外，然后用柚子叶洗手消毒，据说这样可以防毒避邪。

过去，地处偏远和贫穷落后的长寿村，尽管人们十分重视疾病的预防，但也避免不了疾病的发生。在长期的生产生活和治疗实践中，人们总结了一套行之有效的治疗办法，并以故事传说、歌曲等形式口口相传，一代又一代地发扬光大。

① （隋）巢元方：《诸病源候论》，北京：人民卫生出版社，1956 年版，27 页。

第三节 长寿村壮族医药发展因素及疾病治疗知识

长寿村村民在长期的生活实践中，十分注重利用当地的中草药材应对各种疾病，经过长年累月、世代相传，已经总结出一整套行之有效、较为系统的治疗办法。究其传承发展的原因，主要包括如下几点：

一、壮族医药发展的因素

（一）自然因素

长寿村地处亚热带季风季候，夏季潮湿炎热，草木繁茂，经过日晒雨淋，各种毒气滋生，人中毒而致病的现象时有发生。而冬季阴冷潮湿，人受寒气袭击，易患关节炎、风湿等疾病。为了生存，当地人不断摸索，寻找各种治疗疾病良方。《本草拾遗》曾记载“岭南多毒物，亦多解物”①。人们认为，事物是相生相克的，一物降一物。长寿村繁茂的草木蕴藏着各种解毒药方，成为当地居民丰富的药库。“‘神农尝百草，一日而遇七十毒’，也是壮族医药起源的写照。”② 长寿村村民通过尝百草，逐渐积累治疗经验，总结出治疗药方。

（二）社会因素

过去，部落之间的争夺、土司之间的战乱较多，人们在斗争中难免受伤。为了保住性命，逐渐发现了治疗刀伤、箭伤等外伤的治疗方法。土司时期，壮族医药得到了一定程度的发展。农民革命运动时期，长寿村作为著名的革命村，人们在斗争过程中患病、受伤也主要依靠土医治疗。在民间，还流传着韦拔群动员村里的土医师为战士们治病疗伤的故事。新中国成立后，政府大力倡导民间医药的发展，鼓励各民族把本民族的秘方展示出来，供大家学习使用。这一举措增进了民族民间医药的交流，促进了当地医药的发展。虽然现在医疗条件大有改观，人们生病时也会求助西医，但村民认为，西医治标不治本，且有一定副作用。所以，患者通过西医治疗之后，仍然借助当地土医来调理，尤其是中老年人的慢性疾病，如风湿病、慢性支气管炎等，常常通过土药来治疗。

---

① （唐）陈藏器：《本草拾遗》，尚志钧校译，合肥：安徽科学技术出版社，2004 年，第 125 页。

② 黄汉儒：《中国壮医学》，南宁：广西民族出版社，2000 年，第 17 页。

（三）宗教因素

在长寿村，人们信仰原始宗教和道教，原始宗教是壮族本土宗教，道教自唐代传入。道教素来追求长生不老、得道升仙。过去，人们一直在追寻长生不老之道和延年益寿之药，这在一定程度上促进了当地医药医学的发展。

（四）个人因素

过去，地处边陲的长寿村村民，对权力的追求没有显现出强烈的渴望，大部分寒门子弟没有上学机会，他们把更多的精力集中在营造自己美好的生活上。人们注重养生，追求现实世界的幸福。故主动尝试百草，寻找各种治疗疾病的药方，以通过延长寿命的方式来延长对现实世界幸福的享受。这成为当地医药发展的根本原因。

二、疾病治疗知识

关于壮族医药，黄汉儒等提出了“两路、三道、三气同步、毒虚致病”① 等病理理论。长寿村村民对疾病的认识比较简单，在长期的治疗实践中，他们总结出了“体虚中毒、毒致百病”的致病原理。在诊断方法上，采用了问诊、目诊、脉诊、甲诊等方法。在治疗方法上，常常是采用排毒与补虚、内治与外治、医药与巫术相结合的方法。

（一）病因认识：体虚中毒，毒致百病

在生活实践中，当地人认识到，“体虚中毒，毒致百病。”毒有多种，如气毒、食物毒、药物毒、虫毒、蛇毒、矿毒、水毒等，体内有毒，导致人气血流通不顺畅，气血不足，人体虚弱无力，就容易犯病。因此，治病要先排毒。中什么毒，患什么病，当地人有自己的诊断方法。

（二）诊断方法：问诊、目诊、指诊、脉诊、腹诊、甲诊等

1. 问诊

主要询问病情情况，吃了什么、去过哪里、中了什么毒，等等。然后根据患者的回答，对症下药。

2. 目诊

就是通过眼睛观察患者面色、嘴唇、皮肤、大便、小便等。例如，人的嘴唇很红，小便很黄，表明体内有热毒。人的面色苍白，手脚冰凉，表明体内有湿寒

① 黄汉儒、黄景贤、殷昭红：《壮族医学史》，南宁：广西科学技术出版社，1998 年，第 48 页。

毒。人的面部蜡黄、嘴唇发紫，四肢无力，表明此人体内有热毒，患有肝病。

3. 指诊

通过观察患者手指的颜色和形状来判断疾病。从手指颜色上看，小指发黑为肾病，无名指黄色为寒湿病症或肝脏湿热，中指发白为阑尾炎，食指发白为肠胃炎，拇指发青为胃寒痛。从手指形状看，小指肿被视为肾炎前兆，手指枯瘦为血虚，手指形如梭，为类风湿性关节炎等。

此外，还有脉诊、腹诊、甲诊等。

（三）治疗原则：排毒、补虚

（四）治疗方法：内治与外治结合、巫与医结合、补虚增强体抗力

1. 内治与外治相结合

（1）水治疗。当地人认为，毒致百病，水可以冲洗污物，亦可以排走体内毒素。身体感到不适初期，尤其是感冒、发烧、腹痛等小病小疼时，可以通过多喝水的形式来排毒，并辅以按摩、拔罐等方式促进血液循环。

> （采访时间：2014 年 3 月 21 日；地点：长寿村；人物；HMH，女，68 岁）我感冒、发烧之类的小病很少吃药、打针。是药三分毒，一般通过多喝水就好了。有一次，我拉稀几天，我以为拉稀是因为体内水多的缘故，就没怎么喝水，老是不好。后来邻居们说，拉稀是因体内有毒，应该多喝水，再喝热稀粥，水可以把体内毒素排出来，热粥可以暖胃，这样就好了。我就照着做，真的好了。从小到老，很少吃药，一发现身体不适就喝水，还是挺有用的。等到病重了，才喝水是没有用的。因为很少吃药、打针，所以，抵抗力还是比较强的，没生过什么大病。

喝水能排毒，是当地人一种普遍认知。人们认为，爱自己才能爱家人。故时刻关心自己身体的变化，一旦出现不适，就寻找治疗之道。水是生命之源，可以去污除垢，当然也可以排毒。是药三分毒，无论是中药还是西药，概莫能外，能不用则不用。在日常生活中，当地人以水排毒，经常按摩全身，促进血液循环，尽量少用药，久而久之，人的抵抗力增强。

（2）食物治疗。食物不仅可以给人类提供营养，还可以用来治病。王柏灿指出，作为稻作民族，壮族在潮湿、炎热的岭南地区在与自然做斗争的过程中，创造出来的饮食文化与医药有着密切的联系，食药同源是壮族治疗疾病的一大特

色。食物不仅能充饥，还能治病，在当地，人们巧妙地应用谷物、水果、蔬菜、调料来治疗各种常见疾病。

第一，谷物类。谷物不仅是人们的主食，还可以入药。长寿村村民常用大米、糯米、绿豆、火麻、玉米来治病。壮族地区曾被称为瘴疠之地，被人们视为畏途。夏季，当人们中瘴气，出现上吐下泻症状时，通常服用炒米、草纸灰、黄花菜、枫叶煎熬成的药汤，可以止吐停泄。

炒阴米用水煎熬成药汤可以治疗慢性荨麻疹。人们蒸熟糯米，晒干制成阴米，把阴米炒熟，加水熬成汤，服用后可以排毒，治疗慢性荨麻疹。

（采访时间：2014 年 3 月 21 日；地点：长寿村；人物；HYQ，女，78 岁）我在 12 岁那年，身上老是长红色的包包，一抓一大片，我用薄荷来涂，好了一阵子又犯，后来听村里人说是慢性荨麻疹，体内有毒所致。我妈妈就用阴米来炒，然后加水烧开后给我吃，连续服用一段时间就好了。

其余谷物也不无裨益，如长寿村民用玉米须汤预防高血压，喝绿豆粥、火麻粥可以清热解毒，润肠通便，可以治疗便秘、痔疮等病症。

第二，果类。长寿村高温多雨，盛产热带水果，主要有李子、桃子、柚子、番石榴、芭蕉、橙子、柑橘、甘蔗等。水果不仅可以给人补充维生素，还可以解毒。例如，在日常生活中，人们使用最多的是用番石榴叶熬成药汤止泻。

（采访时间：2014 年 3 月 22 日；地点：长寿村；人物；HGF，男，65 岁）前几天，我可能是吃错东西了，肚子疼，腹泻。我就到果园里摘一把番石榴叶，洗净后，用一瓢水慢慢煎熬，熬到汤浓了，只剩下一碗，就打上来服用，好得很快。村里人腹泻大多使用这个药方，方便，见效快，也没有副作用。

此外，人们还用橙子来解鱼蟹之毒；用橙核炒研冲酒服，可治闪挫腰痛；用甘蔗解酒精中毒；用柠檬治疗积食，用黄皮果治疗痧病等。当地人不断认识到各种水果的药用价值，并探索出各种不同的果疗手段，有直接吃、榨汁饮、腌制吃或配合其他壮药服用，等等。

第三，蔬菜类。长寿村蔬菜种类繁多，这也为当地人治病疗伤提供了重要药

方。红薯是当地经常食用的杂粮，它不仅具有防癌通便的功能，被火烧伤时，可将红薯磨成浆，涂在伤口处。同时，干红薯叶、黄花菜煎熬成汤还可以治疗上吐下泻。酸笋水可以治疗虫毒、蜂毒。蕹菜汁可以解葛毒。菠菜解酒毒。苦麦菜解蛊毒。鱼腥草、雷公根解热毒，可以治疗咽炎、口腔溃疡等热症。马齿苋，清热利湿，可用于治疗痢疾、角膜薄翳。其中，用木瓜叶来退烧是当地人常使用的治疗方法。

（采访时间：2014 年 3 月 23 日；地点：长寿村；人物；HMY，女，85 岁）我们村里人常常用木瓜叶来退烧。有一次，我发烧了，就到菜园里摘几片鲜嫩木瓜叶。摘回后，先把叶子放到火上烤一会儿，然后在背上、额头上不停地拭擦，直到背部发红发热。多喝开水，到床上休息，出汗后，就退烧了。

可见，作为与人们接触最为紧密的物种，蔬菜无疑在当地人的药用史上扮演着极其重要、又广为人知的角色。

第四，动物类。动物是血肉有情之物，动物肉不仅可以提供人们所需的营养，还可以治疗各种疾病。长寿村村民认为，虫类药可祛风去痛；鱼鳞之品可活血化瘀、疏通经脉；软坚之类可消肿解痛等。例如，长寿村村民利用蛤蚧泡酒治疗肺病。山羊心血治疗跌打损伤。蜂巢治疗急性荨麻疹。山羊胃部尚未消化的草，治疗胃病。吹风蛇、蚂蚁治疗风湿；烤鸡蛋治疗胃寒、胃痛等。

第五，调料类。长寿村村民所用调料主要有：油、盐、酒、醋、蒜、葱、姜、砂姜、八角、糖、椿芽、薄荷等。这些调料有一部分还具有药用价值，并深为当地人所知。如：茶油不仅具有润肤防裂功效，还能治愈皮肤擦伤、烧伤。盐可治疗刀伤，伤口经过碘酒消毒后，不断地用盐水清洗，三五天伤口自然愈合。盐水还可以润肠通便、洁牙固齿。酒能活血化瘀，具有御寒气、通血脉、醒脾温中等功效，凡是肌肉出现酸疼，均用酒来涂抹。醋可以解酒精中毒。蒜可以治疗湿寒引起的腹痛。八角可以治疗胃寒引起的呕吐、寒湿脚气等。薄荷清热解毒，内服可以治疗咽喉痛、口臭等，外用可以治疗皮炎。姜可解鱼蟹之毒，发汗解表治感冒、温胃止呕等，是当地人用得较多的佐料药，如姜粥治疗胃寒、生姜红糖水治疗风寒感冒便是村民常用的药方。

（采访时间：2014 年 3 月 24 日；地点：长寿村；人物；HGX，男，87 岁）我们这一辈人呀，兄弟姐妹比较多，大人也顾不来。所以，自己就很注意身体了。通常身体不适，像感冒、发烧之类的病，就立即跟父母说。我母亲常用姜跟粥一起煮，连姜带粥一起吃下去，姜要多吃一些。吃完以后，盖上两床被子。出汗后，洗一个热水澡，就好了。我们这里很多人都是这样过来的，很少吃药。

“活早做，病早治”是当地人的生活理念。很多大病都是由小病日积月累而造成的，所以，在生病早期，他们通过吃姜排汗的方式来杀菌、排毒。这是在疾病早期的情况下使用的土方土法。

民间常流行着这样的说法，“生病不用慌，食物来帮忙”。食物养育着人类，是人体营养的来源，同时，食物吃错了可以致病，食物巧用可以治病。人是善于应变的物种，长寿村村民生病时，往往先从厨房着手，活用、妙用各种食物，对症下药。食物药一般而言较为安全、无副作用，故而是人们治病的首选。遇到病急、病重，则要到山上去寻找其他的药方。

（3）药物治疗。当地繁茂的草木为人们提供了丰富的药物资源，为了生存，村民敢于尝百草，在长期与各种伤病做斗争的过程中，摸索出各种治疗疾病的药方。因为病种药方繁多，笔者不能一一赘述，仅介绍当地常见疾病的治疗方法。

第一，因为湿热毒引起的疾病。

发烧。遇到发烧，当地人就用生姜或用番石榴叶煮熟鸡蛋，取出蛋白和纯银首饰包在一起，不断地擦拭、按摩全身，然后服用救必应、金银花煎熬成的药汤，上床休息，用被子盖住，直至出汗排出毒素，通过内服外擦的方式排毒退烧。

发痧。当有人发痧时，人们对患者进行按摩，再用生姜片或者野山芋擦拭背部、颈部，直至发红，露出痧点。再用瓷片刮痧，排出痧毒。之后服用板蓝根、金银花、山芝麻煎熬成的药汤，服用后，上床休息，用被子盖住，直至出汗排毒。通常，人一旦发痧，常常出现口干、口苦，没有食欲，所以人们常食用黄皮果、柠檬、捻子果来开胃。

中暑。遇到中暑，则到阴凉处，用风油精、清凉油擦拭额头、颈部、胸部。如果中暑晕倒，神志不清，则用蒜汁滴鼻。用蒜汁点鼻尚未苏醒，则用针刺人中，使其清醒。清醒后，用生姜或者野山芋擦拭全身，解表毒，然后服用野菊花、金银花熬成的药汤。

角膜炎。当患上角膜炎时，人们向正在哺乳的妇女讨要一些乳汁，然后滴入眼睛，或者是用湿毛巾敷眼部，再服用穿心莲、双黄连煎熬成的药汤。

咽喉炎。患上急性咽炎，人们服用金银花和穿心莲煎熬成的药汤。患上慢性咽炎，则要拔罐，然后服用茅根、山豆根、葛根煎熬成的三根药汤。

鼻炎。遇到鼻炎，则先用鼻子吸水蒸气，使其通窍，然后服用苍耳草、鹅不食草煎熬成的药汤。

牙龈炎。患上牙龈炎，先用药棉蘸蛤蟆酊或者薄荷汁，涂抹牙龈，然后服用穿心莲、野菊花煎熬成的药汤。当地人常常生食西红柿来预防牙龈炎。

肝炎。当地人认为，肝炎患者面色蜡黄，故采取以黄治黄的办法。患上肝炎，则服用田基黄、姜黄、益母草、金钱草、白花蛇草煎熬成的药汤。另外，多食用西瓜、甘蔗，以利尿排毒。

肺炎。患上肺炎，服用不出林、冰糖、虎杖煎熬成的药汤。

肾炎。患上肾炎，服用无根藤、半枝莲煎熬成的药汤。

胃炎。患上胃炎服用救必应、岩黄连煎熬成的药汤，或者服用当地的羊瘪汤[①]。

痔疮。若是患上了痔疮，就用大黄、无花果、冰片制成的药膏涂上，平时服用麻仁、芦荟熬成的药汤。

皮炎、脓疮。患上皮炎、脓疮，用千里光、青蒿、艾叶煎熬成药汤，涂于患部。若是脓疮已发白，则用柚子树上的刺把脓疮刺破，排出毒素后，用柚子叶、艾叶煎熬成药汤清洗。

为便于记忆、流传，当地人还以山歌的形式把药方变成歌曲，如：解毒消炎药歌诀："壮乡天气热，痧瘴病常发生，清热又解毒、消炎又消肿，药物多又多。救必应，金银花，清热又消炎，发烧就找它们俩。双黄莲、穿心莲，解毒又消炎，患了角膜炎，记得找双莲。山豆根，一点红，抗菌又排脓，咽炎肿痛就管用。苍耳草、鹅不食草，鼻炎用了就是好。穿心莲、野菊花，清热解毒，人人夸，牙龈炎症不用怕。田基黄，岩黄莲，治疗肝胆炎，退黄又消炎。不出林配上冰糖加虎杖，清肺止咳效果好。无根藤、半枝莲，治疗肾炎真显灵。岩黄莲、救必应，胃炎用了就除病。麻仁和芦荟，润肠通便是良方。艾草、千里光，清凉又

① 羊胃部尚未消化的草。

清香，脓疮、皮炎全跑光。”①

长寿村夏季潮湿炎热，湿热会引起各种炎症，当地人在治疗过程中，掌握了辛行气血能解表，苦寒清热又解毒的治疗方法。所以，遇到热症，常常用生姜、野山芋解表，用苦寒性药物排出体内毒素。辩证的治疗方法为当地人所常用，若是湿寒引起的疾病，则主要服用温热、辛辣的药方。

第二，因为风寒毒引起的疾病。

感冒。如是较严重的风寒感冒，当地人先用生姜擦拭全身，不断地按摩，然后服用生姜、萝卜、红糖和盘磨草煎熬成的药汤，再喝上生姜热粥。

腹疼。当受寒引起腹疼时，人们采用热敷法，即用布袋包住热火灰捂住腹部，尤其是肚脐处。现在多用热水袋装上热水，捂住腹部。或者是用罐子压住肚脐处，把腹部中的寒风抽出，然后内服十大功劳、旱莲草煎熬成的药汤，再喝姜片热粥。

寒泻，患上寒泻，可用生姜、番石榴叶熬成药汤服用，或者是用野牡丹根煎熬成药汤服用止泻。

风湿骨痛。患上风湿病，当地人用针灸或者拔罐的方式除风去湿。人们认为，患了风湿骨痛，是因为体内有风毒和湿毒，血液流通不顺畅所致，所以要经常按摩全身，促进血液循环。每天晚上睡觉前，用热布袋反复捂住痛处。当地人治疗风湿的原理是以风治风，所以，除了按摩、针灸、拔罐、热敷外，还服用地枫皮和麻骨风煎熬成的药汤。

当地人根据治疗经验，把治疗药方编写成歌曲传唱：

“生姜、萝卜、盘磨草，风寒感冒不怕了。十大功劳、旱莲草，受凉腹疼用就好。生姜、番石榴叶，暖胃又止泻。麻骨风、地枫皮，治疗风湿最适宜。龙骨风、藤杜仲，腰酸背疼是良方。八角枫、过江龙，腰痛不用慌。防风加茯苓，除风又祛湿。海风藤和过山风，治疗风湿真管用。”②

第三，意外事故引起的伤病治疗方法。

刀伤。意外刀伤，人们首先是想方设法止血。一般是用嘴吸住伤口止血，把随身携带的头巾或者衣服撕烂成布条，紧紧地绑住伤口，防止血液流出。或者把野牡丹叶或者扶芳藤捣碎，敷在伤口处，即可止血。止血后，用盐水清洗伤口，

---

① 歌曲由村民黄娅楠提供，笔者翻译整理。

② 歌曲由村民提供，笔者翻译整理。

再涂上茶油或敷上捣碎的刀伤草。

跌打肿痛。遇到跌打肿痛，先用冷水冷却肿痛处，后用酒不断地按摩，再把姜黄、灵香草和隔山香捣碎敷在患处。

骨折。当发生骨折时，先用薄木板把骨折处固定好，再用小驳骨、大驳骨和大罗伞、小罗伞捣碎，敷在骨折处接骨。

烫伤、烧伤。若是不小心烫伤、烧伤，先用冷水冷却，后涂上茶油，再敷上用人的头发烧成的发灰或者敷上捣碎的虎杖、通泉草、酢浆草即可。

马蜂蛰。不幸被马蜂蜇伤，先挤出毒素，再涂上酸笋水或者敷上捣烂的苦麦菜、鸭舌草。

毒蛇咬伤。不小心被毒蛇咬伤，则先用随身携带的绳子或者毛巾紧紧地绑住伤口的周围，防止毒素扩散，再把七叶一枝花、半边莲、八角莲捣碎敷在伤口即可。

酒精中毒。喝酒酒精中毒，若是轻微的情况，吃上甘蔗可以解毒。若是比较严重的情况，则先喝醋，再喝红糖水可以解毒。

食物中毒。不小心食物中毒，则服用红糖、醋、甘草、黑豆和雷公根煎熬成的药汤可以解毒。若是中毒较严重，则采用肥皂水催吐的办法。

解药物中毒。长寿村常用的解救中毒的药物是姜、醋、红糖、防风、白点秤、金银花、甘草、糖等，特别是甘草、黑豆和红糖，在民间有“通用解毒剂”之称。此外，对于某些急性药物中毒，在民间，立即服用鸡蛋、大量的豆浆、黏稠的米汤，往往也起到解毒的作用，因为这些含有丰富蛋白质的食物能与某些未吸收的毒物结合成沉淀物，如与汞化物结合成汞蛋白而沉淀，然后再用催吐的办法将胃排空而达到解毒的目的。催吐也是常用的一种解药物中毒的办法，多以肥皂水、尿液、红薯叶加黄糖，猪油、米醋、垂鞭草、三十六荡捣烂取汁催吐。长寿村村民还经常使用山豆根治病解毒，《开宝本草》云：“山豆根，主解诸药毒。”①

为了便于记住一些药方，在没有文字的情形下，人们通过山歌的形式来增强记忆，如：止血请用扶芳藤，刀伤请用刀伤草。灵香草和隔山香，跌打肿痛不用慌。骨折先要固定好，大小驳骨来帮忙。虎杖、酢浆草，烫伤、烧伤少不了。苦麦菜、鸭舌草，治疗蜂毒是良方。半边莲、八角莲，毒蛇咬伤最相宜。甘草、黑

① （宋）卢多逊、李昉：《开宝本草》，尚志钧辑校，合肥：安徽科学技术出版社，1998年，第78页。

豆、雷公根，食物中毒真管用。三十六荡能催吐，药物中毒就用它。村民正是通过口诀、山歌的形式，使得壮族许多药物得以代代传承，尤其在老年人中，文盲占大多数，他们记住口诀、山歌，就可以上山采药，治疗各种疾病。

此外，在长期的医药实践中，长寿村村民还通过观察药物的外观颜色视情形用药。如：

以白治白。若是产妇的乳汁少，则食用白色豆浆，或者是用猪蹄和白浆木瓜炖汤食用。

以黑治黑。若是青春白发，为使头发变黑，则使用黑豆、黑芝麻、墨米、何首乌等泡酒后服用。

以红治红。天青地红治红痢，鸡血藤治贫血，月月红治月经不调。

以黄治黄。当地人用黄根藤、木黄连、黄姜、田基黄等治疗黄疸性肝炎。

以风治风。如患上风湿病，则用麻骨风、大风艾、吹风藤、地枫皮、八角枫、海风藤、半枫荷等治疗。

以毒攻毒。如患上毒疮、猪头肥等，则用有毒的蛤蟆皮外敷治疗。

2. 巫与医结合

过去，人们对大自然充满未知，面对疾病的恐惧，需要精神上的安慰，医学便和巫术紧密结合在一起。玉时阶认为，壮医起源于巫术，壮族医学经历了由巫术到巫医再到民间医生的发展历程。巫术与壮族医药关系密切，巫术和巫医是壮族医药发展过程中不可跨越的历史阶段。[①] 生活在生产力水平低下的壮族先民，面对各种自然现象，诸如洪水、地震等，甚至日常生活中的日出、日落、闪电、雷鸣、刮风、下雨等变化无穷的自然奥秘无法解释。特别是对生老病死更是感到神秘莫测，人们开始幻想有一股神奇的力量支配着自然和社会。风调雨顺、年丰人寿是自然神秘力量发善的表现；干旱洪涝、饥荒瘟疫是神秘力量愤怒、凶狠的发泄。于是人们通过祭祀等方式祈求超自然的神力驱瘟除病，从而产生了巫医结合的治疗方式。

直到今天，长寿村村民依然认为，人生病除了体内有毒，需要吃药排毒外，还认为与命中缺粮、缺五行抑或是触犯了祖先、山神、树神、水神等神灵有关。当人们患病时，往往会思考：为什么是我生病，我为什么会生这种病？因此，面对疾病折磨的痛苦，除了反思自己平常的饮食起居，还反思自己的行为是否触犯

① 玉时阶：《壮族巫术、巫师与巫医》，《世界宗教研究》，2011 年第 2 期。

了神灵，需要从神灵那里得到合理的解释，并祈求神的护佑，借助神灵的力量，战胜疾病。

（采访时间：2014 年 3 月 25 日；地点：长寿村；人物：HHX，男，78 岁）我很喜欢研究壮族医药。治好过很多人，现在医疗条件好了，人们生病后通常先去医院，来找我治病的不少患者，都是去医院治疗没有效果，被医生劝回来的。一般别人来找，我都不会拒绝。但我要先询问患者的情况，判断他患的是什么病，然后点上三炷香，看看还有没有治愈的可能。中间那炷香代表祖先，两边分别代表病人的本命星辰和三界药王。男左女右，若是代表本命星辰那根先灭，我就跟病人家人说，你回去找块好地给他吧，他要先走了，我无力回天；若是家属要求医者治疗，我也会尽力。如果代表患者的那根香与其他两根同时灭，或者后灭，则代表还有希望。我就开始上山去采药，尽最大的努力治疗。

医者通过询问患者的情况，判断患者的病情。同时还通过烧香问星的形式，占卜患者的命运。在古代，人们可以通过观察斗柄的指向，知节季，行农事。先秦道典《鹖冠子·卷上·环流》有记：“斗柄东指，天下皆春；斗柄南指，天下皆夏；斗柄西指，天下皆秋；斗柄北指，天下皆冬。斗柄运于上，事立于下；斗柄指一方，四塞俱成。”①。在农业社会，人们安排农事是否妥当，关系到粮食丰歉，而粮食丰歉又关系到人们的幸福与苦难，因此，人们把日常生活和命运与北斗星紧紧联系在一起。北斗星不仅可以帮助人们把握季节、推定时间，还可以帮助人们明确方位，成为人类生存的辅标，由此产生了对北斗的崇拜。当地人认为，人命归斗府，每个人因出生时辰不同，在北斗上，都有一颗对应的本命星辰，若是人的本命星辰暗淡无光，快要陨落，表明人的生命很快就要走到尽头，因此，没有治愈的希望。

在调查过程中，笔者曾经遇到一位黄姓的善治眼病的民间壮医，患者求治时，医者先询问是左眼还是右眼。采好药后，径直往病患者家里走去，期间不能与他人交流。病在左眼者，药放在右边门缝齐眼高处，病在右眼者，药放在左边门缝齐眼高处。放药时，屏气默想，放药后立即离开。医者不能向患者索要钱

① 黄怀信：《冠子汇校集注》，北京：中华书局，2004 年，第 76 页。

财，回去后，通过他人转告患者的一些生活禁忌，例如，不能参加丧事，不能去探望病者等。等到疾病治愈后，患者及家人再带着五色糯米饭，三十六元钱或者七十二元钱及一只大公鸡前往医者家里答谢。治疗其他疾病也用类似的做法。

（采访时间：2014 年 3 月 26 日；地点：长寿村；人物：HBM，男，74 岁）我在 40 岁那年，患上了风湿病，是比较严重的那种。后来我就找了一位土医给我治。他问是左腿疼还是右腿疼。我告诉他是左腿后，他就拿药放在我右边的门缝处，屏住呼吸默念了一阵子就走了。我服用他开的药方后就好了，是家传秘方，至于是什么药，我也不清楚，药碾磨得很细。他还吩咐我，三年内不能去参加红白喜事，我就照着做了。等病好了以后，我就拿着几斤五色糯米饭、大公鸡和一些钱去答谢他。

至于为什么不能交流，对此，药师的解释是，家传秘方是祖先代代传承下来的，医者在送药给患者的过程中，在与自己的祖先对话，祈求祖先保佑患者康复。为什么在放药的过程中屏住呼吸默念，药师认为，那是在念咒语，祈求药王三界公的护佑，使药显灵，治好疾病。在长寿村，有关于药王三界公的传说。相传，过去有一个药王名叫三界公，他医术高明，治疗患者无数，所以，医者给人治病时，都要默念到三界公的名字，祈求三界公保佑，治愈患者。

巫医结合是当地人治疗疾病的一大特色。无论是什么病，除了服药外，还要祈求神灵的护佑。例如，当一个人晚上发烧时，除了服药，人们认为，可能是最近做了什么对不起祖先的事情，所以要买回猪头肉祭祀祖先。当一个人去河里回来后感冒了，除了喝生姜、红糖水外，还认为是水神作怪所致，故要用鸡肉或者是猪头肉祭祀水神。刘锡蕃《岭表纪蛮》对巫医结合的治疗方法曾记载道：“蛮人以草药医治跌打损伤及痈瘟疮毒外科一切杂疾，每有奇效，然亦以迷信出之。”并有亲眼目睹为证。“予尝见一患痛者，延憧老治疾，其人至，病家以雄鸡、毫银、水、米、诸事陈于堂。术者先取银纳袋中，脱草履于地，取水念咒，喷患处，操刀割之，服血迸流，而病者毫无痛苦。敷以药即愈。”[①] 这是历史上对岭南本土人治病较为客观的记载，直到现在，长寿村村民仍然保留着这种独特的治疗方式。通过神药两解，人们的心理得到安慰，有助于疾病的治疗，也有利于病

① 刘锡蕃：《岭表纪蛮》，上海：商务印书馆，1934 年，第 56 页。

人的康复。

现代科技推动了医疗技术的发展，许多疾病找到了治疗方法。然而，科技仍然无法解释所有疾病的病因，许多疑难杂症仍待解决，如艾滋病、SARS、禽流感、埃博拉等新出现的疾病，以短的、快的方式传播，让人措手不及。情感受到挫折，或者人际关系紧张，诸如此类因素的存在都会促使人们需要寻求心理的依赖，而宗教以其富有想象的解释力和可借助的超自然力量，成为人们的精神食粮。从某种意义上来说，巫术作为一种心理治疗方式，与现代医学并行不悖。面对疾病，人们在借助土医、现代医疗的同时，也依赖神灵消除内心的恐惧，树立战胜疾病的信心。

3. 补虚防复发

当地人还认为，人之所以生病是因为体虚所致，人的身体虚弱，抵抗力不强，就容易被各种毒素侵袭，也就容易犯病。体虚主要有两方面原因：一是先天不足，父母身体虚弱或者是怀孕期间营养不足，或者早产等原因导致。二是后天过度劳累、作息不规律、饮食不当等原因引起。为了巩固治疗成果，增强抵抗力，防止再次犯病，就要补虚。人们常常采用药物、食物、调整作息的方式来补虚。

第一，药物补虚。

在长期的生产生活实践中，当地人总结出了补虚的药方。村民们常常将土党参、土人参、绞股蓝、黄精、倒水莲、千斤拔、何首乌、野灵芝等药物晒干，煎熬成药汤服用，或者是配上食物熬成汤服用。

第二，食物补虚。

除了药物，当地人还常常用食物来补虚。

刀伤、手术初愈等，村民常用野生鲶鱼、黄花鱼、黄鳝等熬汤或者煮粥喝，既可补虚又利于伤口愈合。

妇女体虚宫寒，以墨米、红粳米为主食，配合麻雀肉、田鼠肉、竹鼠肉、黄豆和芝麻食用。当地有“一鼠等三鸡”的说法，认为竹鼠营养丰富又滋补，故常用竹鼠来补虚。

气血虚弱，并伴有肢节、腰、颈疼痛的风湿患者；长年治疗不愈，每逢天气变化疼痛加剧者，进食吹风蛇汤、穿山甲汤，饮用乌猿酒，以除风去湿。

气血不足，贫血、低血糖者，常常食用猪肝粥，猪血、鸡血、鸭血制成的血豆腐等。

浮肿患者，常食用黑芝麻，并喝鸽子汤、土鸡汤。

阴伤干咳，主张食用老母鸭、猪肉、水鸭配上莲藕汤。

肝炎、肾炎等面色蜡黄，食用黄鳝粥、田鸡粥补虚。

头晕眼花、耳鸣目眩者，食用黄豆、花生炖土鸡汤，或者是鸡蛋和野生西红柿汤。长寿村的长寿老人有每天食用一个土鸡蛋的饮食习惯，上了百岁，依然耳聪目明。

当地人认为，血（勒）是四肢百骸、骨肉脏腑营养极为重要的物质，得天地之气而化生，赖天地之气而运行，血肉有情之品容易被人体吸收，故人们常用血肉有情之品来补虚。

在以食物补虚的过程中，要根据自身的状况调整饮食，采用辩证的饮食方法。例如，体寒者，少食寒凉食物，多食温热食物；体热者，少食温热食物，多食寒凉食物。村民认为，水能排毒，无论是什么病，都要多喝水。在养病的过程中，当地人形成了一系列的饮食禁忌。调养期间，患者禁食李子、柚子、菠萝、公鸡肉、母猪肉等。人们认为若是食用这些食物，病会复发，之前的治疗将会前功尽弃。

第三，调整作息。

健康是幸福快乐的源泉，要是过度劳累引起虚弱，则需适当休息。辛勤劳动，努力改善生活，是人们的愿望。当地人认为，为了金钱，不能拿生命作赌注，特别是生过病的人，繁重的活少做。如是活动不足引起虚弱，就要加强锻炼，尤其是老年人。机器不用就会生锈，人不活动，身体机能就会加快退化。故提倡老年人，活到老，做到老。在没有养家压力的情况下，老年人适当劳作，对身体健康有益处。

当地人还根据治疗经验，以歌诀的形式把药效编成歌曲传唱。

补虚药歌诀："土党参、土人参，补血补气，力量增。绞股兰，滋补也防癌。玉竹和黄精，补血又补阴。何首乌，倒水莲，滋补很值钱。土蜂蜜、野灵芝，益寿又延年。蛤蚧酒，止咳又补肾。黑豆、黑芝麻，滋补消肿又黑发。"①

总之，人们重视疾病预防，同时也加强医药知识的学习和教育，当地人掌握解药毒的秘方，敢于尝试各种药物。在上山劳动的过程中，一边教育孩子劳动技能，一边教育孩子认识各种草药，并告诉孩子治病的原理和方法，以口诀、山

① 歌曲由村民黄焕香提供，笔者翻译整理。

歌、案例等生动形象的方式进行教育，经过长期的耳濡目染，当地的防病、治病知识得以代代传承。是药三分毒，人们时刻注意自身的健康，一旦出现一些不适，则采用食物进行治疗；要是病情继续发展，则用中草药治疗；若是病情比较急、较重，则先用西药治疗，再用土医调理。在治疗实践中，当地人认识到了体虚中毒，毒致百病的致病原理，采用内外结合、巫医结合的辩证治疗方法，总结出了自己的本土经验，“能不用药则不用，需要用药先用食物药，病急先用西药治表，再用土药治本，防止疾病复发需补虚，适当劳作身体壮。”他们从青春年少起，注意饮食起居和疾病防治，善于利用、改造环境为自身健康服务，年少时的强壮体质为晚年健康打下了基础。

第三章　健康养老之制度保障

——婚姻家庭与村规民约

长寿村老人通过饮食、健身等各种方式预防疾病，增强体质，尽量延长自养的时间，缩短不能自养的时间。然而，随着人体机能的退化，人到老年，尤其是进入高龄阶段，完全依靠自己的力量满足全部生活所需，是难以做到的，因此，需要借助他人的力量来走完一生，由此产生了一系列的制度文化。制度是人类为了生存和社会发展的需要而创造出来的有组织的规范体系，包括法律制度、社会组织和婚姻家庭制度等。人类有同情弱者的天性，养老自古有之，古代氏族部落为了保护老人和儿童的生存聚群而居。以农耕为主的社会向来以家庭养老为主。家庭是婚姻的产物，是育儿和养老的重要场所，是老有所依的重要保障，是老年人的重要归宿，孝是家庭养老的重要维系。本章主要探讨在老人众多、养老保障尚未健全的长寿村，其婚姻、家庭制度的运行机制和安排，如何保障老人做到老有所依，老有所养。

第一节　婚姻习俗

长寿村壮族依歌择偶，人们以健壮、勤劳为美，一夫一妻制为当地的主要婚姻形式，婚后不落夫家，直至怀孕生子。

一、婚姻形式与择偶

婚姻的缔结是家庭产生的重要前提。从法学角度看，婚姻是一种社会契约，根据这种契约生下的子女具有合法性。并且在这种契约之下，建立了新的权利和义务关系，也就是姻亲关系，同时能够得到社会的认可。从社会学角度看，婚姻

是一种制度性联盟。从人类学的角度讲，婚姻是人类种族延续的需要[①]。

婚姻的意义是在确立双系抚育，也就是让出生的孩子能够有父有母。婚姻不仅是两个人结成连理，还是两个大家庭或者家族之间的联姻。如果是跨民族婚姻，还会涉及两个民族。因此，男女个人间的婚姻关系弄成了一桩有关公众的事情了。[②] 每个民族都有自己特殊的婚姻形式，壮族在历史发展过程中，其婚姻形式有显著的特点。

（一）婚姻形式

“一夫一妻制是壮族婚姻的主流，个别经济落后、交通闭塞的地区长期保留一些群婚制残余，这仅仅是支流。”[③] 在长期的历史发展过程中，长寿村的主要婚姻形式是一夫一妻制，同时也存在招赘婚等婚姻形式。

1. 一夫多妻制

在过去，长寿村壮族富裕人家，为了增加人丁，存在一夫多妻的现象。或者是在一般家庭，第一任妻子没有生育能力或孩子夭折的情况下再续娶，以生育孩子传宗接代、养老送终为目的，新中国成立后已被禁止。

2. 一夫一妻制

一夫多妻是少数，由于爱情具有排他性的特点，相爱的人希望携手一生，即便在允许一夫多妻的漫长岁月里，一夫一妻制仍然是长寿村壮族婚姻形式的主流。新中国成立后，法律规定一夫一妻的婚姻制度，长寿村壮族严格遵循法律，一夫多妻制也就此画上休止符。

3. 童养媳

新中国成立以前，壮人贫苦之家或因天灾人祸，或因女儿过多无法营生，则忍痛割爱将未成年的女儿许配给别人家为童养媳，少年时与婆家同住，长大后方与男方同居，成为夫妻，此习俗新中国成立后已经消除。

4. 鳏夫再娶，寡妇再嫁

壮族青壮年男子妻室亡故或离异可再婚。若原配亡故，再婚妻被看成原配的继承人，要以“女儿”身份孝敬丈夫原配父母，逢年过节，要像探望自家父母一样，去探望丈夫原配父母，夫婿也要对原配父母及叔伯兄弟尊敬如初，否则会

① 费孝通：《乡土中国与生育制度》，北京：北京大学出版社，1998 年，第 29 页。

② 费孝通：《乡土中国与生育制度》，北京：北京大学出版社，1998 年，第 129 页。

③ 李富强：《壮族传统婚姻制度》，《广西大学学报》，1992 年第 4 期。

被看成“忘恩负义”而受社会舆论谴责。青壮年妇女丧偶或离异亦可改嫁，若丧偶的要待守孝期（三个月、一年、三年等）满，并征得家公家婆同意后方能改嫁，子女一般留原夫家“继承香火”，也有“跟母下堂”。丧夫女子再嫁，一般不举行婚礼，改嫁他人后，过年节依然回去看望原公公婆婆。

5. 招赘

长寿村壮族村民，若是没有男孩，则有招婿上门的习俗，以繁衍香火。赘婿者依风俗享有与岳父家男孩同等的义务和权利，即继承和供奉岳父家香火，赡养岳父岳母。继承岳父家的全部或部分财产，所生育子女大部分从女家姓氏。

6. 未婚生育

长寿村壮族把未婚生育视为伤风败俗，大逆不道。母子备受歧视和惩罚，临产前被赶到岩洞去野居，产后回家要另搭茅屋居住，直至嫁人。一辈子被人另眼看待。

（二）通婚圈

通婚圈是配偶的选择范围，主要是指某一婚姻个体在择偶时可能选择的地域或群体范围，包括通婚的地理距离、地域范围、族群范围、姓氏范围等。

第一，从族群范围来看，因为语言、文化、宗教习俗等方面的差异，历史上，长寿村壮族以族内通婚为主，很少与周边的瑶族、汉族通婚。即便是在今天，外出务工人员增多，民族之间交往频繁，年轻人仍然与本民族通婚为主。在调查过程中发现，与本民族通婚的占92%，与其他民族通婚的占8%。

（采访时间：2014年4月8日；地点：长寿村；HAY，男，25岁）我高中毕业后就去外面打工了，期间也在外面谈过女朋友。由于语言、文化的差异，总觉得本民族的比较好沟通，因为有共同的成长背景、共同的文化，容易找到共同的兴趣和话题，生活习惯也差不多，不容易起冲突。在农村都说壮语，找本民族的女孩容易与父母交流。所以，很多外出务工的年轻人喜欢回本地找本民族的女子为妻。

第二，从地域范围来看，无论是过去还是现在，人们首先选择近距离的，认为近距离兄弟姐妹之间来往方便，有什么事情，大家互相照应，有安全感，最为重要的是便于照顾双方父母。

第三，从姓氏范围来看，长寿村壮族可以同姓通婚，但三代以内禁止通婚。

从通婚圈的选择上隐含着以下几层意义：①人们在选择通婚对象时，还是倾向于民族内部通婚。共同的文化背景减少了文化调适，易于沟通，在与双方父母相处时，减少不必要的文化冲突。②在距离选择上，以近距离为主。近距离可以更好地照顾父母，不用天天挂念、担忧父母。在交通不发达的年代，壮族地区沿路虫蛇猛兽多，回家一趟何其艰难，因此，人们常用“丢簸箕过墙，一去不复返”来形容远嫁的女儿，表示对女儿远嫁的无奈和父母的凄凉。即便是交通发达的今天，较高的交通成本和亲情成本使得人们首先考虑近距离通婚。③在姓氏选择上，在长寿村，一方面，人们出于子孙后代的健康考虑，禁止三代以内通婚；另一方面，村民认为，亲人太亲，反而不好处理婆媳关系，都是亲戚，在日常生活中，有什么矛盾、不满亦不好直接表达，矛盾藏着、掖着，久而久之问题积多了，不利于家庭和睦。由此看来，人们的通婚规则除了考虑自身的幸福、后代的健康，还要考虑与老人的相处状况。

二、择偶标准及方式

壮族依歌择偶，通过对歌，相识、相知、相恋，人们以是否勤劳、健壮、孝顺等为主要择偶标准。

（一）择偶标准

男大当婚，女大当嫁。村民认为，任何事物都是成双成对的，均要经历生根、发育、开花、结果、凋零的过程。对于人来说，人的眼、手、脚是一双的，人的肺、肝、肾是一对的。而人的头、心、胃是单一的，所以，要找另一个人来相配成双，才能成为完整的人。人们认为男女经过生长发育，到了一定的阶段，寻找异性作为伴侣，这是人的一生必须经历的过程。恋爱既是满足人们生理的需要，也是满足人们情感的需要。相濡以沫、白头偕老的爱情被人们赞颂。尤其在今天，孩子长大成人自立后，相继离开父母到远方谋生，陪伴自己度过余生的是自己的伴侣，因此，拥有美好的爱情，相互扶持，共度夕阳是人们的美好向往。

在长寿村，上了六七十岁的老年人，他们曾处在物资匮乏的年代。他们择偶标准具有那个时代的历史烙印。通常，村民认为双方拥有健壮的身体、良好的品行和心态，才能相伴到老。

男性择偶标准是健康、勤劳、孝顺。在长寿村，健康是美的，人们选择媳妇要“三大，一笑脸”。第一，眼睛要大。眼睛是心灵的窗口，大眼睛的女孩比较聪明伶俐。第二，嗓门要大。长寿村群山环绕，上山劳动时，山底呼唤山顶上的人，这边山呼唤那边山的人，必须要大嗓门才能听清。此外，声音也是衡量一个人身体是否健康的因素之一，细声细气的人被认为有气无力，声音洪亮是精力充沛的表现。第三，身板要壮。从两种生产理论来说，人们既要完成人类自身的再生产，又要完成生产资料的再生产。女性既要务农，又要做家务，带孩子，照顾老人，瘦弱的身躯承受不了繁重的劳动。另外，身板壮的女性所生的孩子也比较健壮，有利于后代的繁衍。而面部表情是一个人精神面貌的反映，人们认为，面带微笑的人，心比较宽，容易与家人相处，能够给家人带来快乐，与这样人的结合，家庭比较和谐。故而理想的媳妇是，面带笑容，脸色红润、身体健壮，勤劳能干、体贴孝顺的女孩。

女性择偶标准与男性相似，要求健康、勤劳、人品好，此外，还要考虑男方父母是否健在。无论是过去还是现在，村民均认为，家有一老，如同一宝，若是男方父母年轻健康，女孩嫁过去有老人帮忙照看孩子，就比较轻松、自在。若是没有老人帮忙照看孩子，女孩嫁过去后，要背着孩子上山下山劳动，如此生活太艰辛。即便现在很多年轻人外出务工，也认为有老人看家，去哪都比较安心。

（二）择偶方式

按传统习俗，当地人婚姻或是依歌择偶或是遵循“父母之命，媒妁之言”而缔结。壮族青年男女在十六七岁时就赶歌圩，每年三月三，人们从四面八方赶来盘阳河畔对歌，在对歌的过程中寻找自己的意中人。因此，有人说，“山歌是壮族青年男女的第一媒人。”素不相识的青年男女以歌结识。壮族山歌多种多样，壮族情歌通常包含“相见歌、催请歌、赞美歌、盘歌、结交歌、分别歌、重会歌七个程序”①。壮族山歌没有固定的格式，人们多数是即兴而作。例如，男方试探女方：“初相见，不识名，妹妹你是哪个村的花?”女方回应：“首见面，不识君，哥哥何处是你的家?”若是男方有意则相约下次见面，并送头巾、手帕作定情物，若是女方也有心，则送一双亲手制作的千层底布鞋给男方。他们通过对歌，相识相知，因歌结缘。在当地流传着许多美丽的爱情故事。

相传，有一个瞎子，叫阿特，思才敏捷，是当地有名的歌手。在一次歌圩上，一位年轻貌美，名叫阿农的女孩，被阿特的歌声所折服。于是，就向阿特下战书比歌，若是输了，就许诺嫁给他。于是，她们在对方伙伴的陪同

① 覃录辉：《广西壮族“歌圩”情歌的分类》，《中央民族学院学报》，1990 年第 3 期。

下，唱了七天七夜，阿农最后输了，她父母知道后，极力反对，但是在她的抗争下，终于如愿嫁给了阿特，他们相互扶持，相伴到老。[①]

这个故事至今仍然成为人们的美谈，渴望美好的爱情是人类共同的追求。60岁以上的老年人都经历过以歌择偶的青葱岁月，歌如其人，他们通过对歌试探对方的才华、智慧、品行、兴趣、爱好，从而冲破封建思想的藩篱，找到情投意合的爱人。因而，在当地还流行着许多关于爱情的山歌。

吃水就吃滩头水

吃水就吃滩头水，莫吃滩尾水推沙；
连情就连穷家女，莫连财主打冤家。
哥也乖来妹也乖，情哥愿死妹愿埋；
桐油点灯棺材底，想到情妹哥醒来。
长颈葫芦装糯饭，装进容易倒出难；
若要我俩情义断，鸭蛋碰烂大石山。[②]

山歌是壮族男女表达爱情的方式，这首山歌表达了人们的择偶观和爱情观，无论贫富，人们追求坚贞的爱情，通过对歌表达爱慕之情，情到浓处便有结婚生子、相伴一生的渴望。

二、婚姻缔结过程

通过对歌，双方情投意合，男方便找到媒人到女方家提亲。无论是依歌自由择偶还是“父母之命”都要通过媒人作为桥梁，沟通婚姻缔结事宜。在长寿村，没有专业的媒人，通常人们会找能说会道、儿女双全、品质良好的人做媒人。由于婚姻缔结程序复杂，一般从问名到结婚前后经历一年的时间，做媒人就需要付出很多的时间，且没有任何报酬。但是，在他们看来，愿意为人做媒的，是那些

① 故事由村民提供，笔者翻译整理。

② 巴马瑶族自治县县志编纂委员会编：《巴马瑶族自治县县志》，南宁：广西人民出版社，2003 年，第 677 页。

乐于助人、善良的人，因此，很受到人们尊重。而媒人自己也认为，给人做媒是为自己积德积阴功，促成一对美好姻缘能增寿，故也乐于做媒。

当地壮族婚姻缔结，需要经过一系列复杂的过程。是为“八礼”，即“探亲”、“合命”（看生辰八字）、“问名”（看媳妇）、“背命”（要八字）、“认亲”、“报喜”（订婚）、“择吉”（定结婚日期）、“亲迎”（归亲成婚）。

探亲。若是男方看上哪家女孩，便请媒婆带着两三斤肉，饼干一两包，红糖一两斤到女方家说明来意，介绍男方家里的情况，试探女方家长是否同意这门亲事，女方家则需征求家族及舅家的意见是否同意这门亲事。在长寿村，虽然没有姑舅表婚，但是舅舅在外甥女的婚事上有一定的决定权。一般情况下，女方家首先要打探男方及其家人的为人，若是在村里口碑不好，则不予考虑。若是健康，为人诚实、勤劳才答应这门亲事。若是同意后，要看双方的生辰八字是否相合。

合命。人们认为事物是相生相克的，八字互补的人在一起才幸福，因此，合命在婚姻缔结过程中起关键作用。如果两命相克，即便再相爱，人们也不会在一起。若是相合，则意味着婚姻成功了一半。

问名。合命了以后，媒婆要安排男女双方见面，互问对方姓名。在过去，男女青年在双方朋友的陪同下，相约在圩日见面。届时，男方准备一条头巾或者手帕作为见面礼，若是女方不收，表明不同意；若是收下，表明女方默许。

背命。就是请求岳父母要女方生辰八字的意思，要是男女双方同意，男方带着猪肉、红糖、糍粑等礼品来到女方家。道公把女方的生辰八字写好，包到自制的黑土布里，让男童背回男方家。一路上撑着伞走路不能回头。

认亲。女方的八字到男方家以后，就算是男方家的人了，男方则要携带礼物到女方家认亲，表明是未来的女婿。

报喜。双方认亲后，意味着婚事已定，男方父母即备酒肉烟糖等礼品，上女方家去订婚，俗称“报喜”，男方送若干“定金”，女方回赠翻底布鞋和布匹之类的礼品。一般情况下，订婚后，半年或者一年之后就举行婚礼。在这期间，女方父母开始着手准备女儿的嫁妆。在长寿村，女孩出嫁是否隆重，要看娘家人准备的嫁妆是否丰厚，在过去，除了棉被、衣柜、金银饰品、自行车外，有些人家还送牛送马。在村里，大多实行嫁娶婚，只有8%的招赘婚。以往，由于生活贫困，加上重男轻女思想的影响，女孩很少有机会上学，她们从小就开始跟随父母务农，为家里做出了很大的贡献。即使有些女孩上了学，但因家庭困难，为了供哥哥或者弟弟上学而主动退学。因此，当女孩出嫁时，父母尽量给其更多的补

偿，准备丰厚的嫁妆。女孩嫁妆的多寡也决定着她在婆家的地位。女方在准备婚礼期间，准新娘也会织布缝衣，接受接人待物、孝敬公公婆婆的礼仪教育。

择吉。男方备好彩礼后，经双方父母同意，选择吉日迎亲。选择吉日有讲究，不能是双方的本命年，双方家庭当年也不能有丧事，亦没有其他兄弟姐妹结婚。

亲迎。壮族婚俗有“出嫁要唱哭嫁歌，迎亲要唱迎亲歌，新娘过河水手背，不会对歌娶嫁难”。吉日选好后，人们便开始亲迎。壮族婚礼分两天举行，头天中午，男方派年轻力壮的小伙子送来猪、肉、米、酒、红糖等彩礼，女方则回赠嫁妆，一般情况下，女方回赠嫁妆的价值要比彩礼多，否则被人视为卖女儿。女方嫁妆除了家里父母准备外，亲朋好友都会赠送，嫁妆多寡与女方婚后在家庭中的地位有关，若是嫁妆太少则被妯娌小视。壮族嫁妆包括五谷六畜，代表着五谷丰登，六畜兴旺。因此，嫁妆小到锅碗瓢盆，大到家电、交通工具。在过去，富有的人家还赠送牛、马等畜力，作为嫁妆。在嫁妆中，布鞋是必不可少的，这些布鞋除赠给丈夫外，大部分敬赠给男方的父母和叔伯姑婶作为新媳妇过门的“见面礼品”。男方亲戚中，凡是上了一定年纪的老人都有一双鞋。这些鞋子是女孩及其堂姐妹亲手用自织土布制作的。男性老人的鞋子统一制成黑面，丈夫的鞋子附上一双新娘亲手绣的鞋垫。女性老人的鞋面绣上各式各样的花和鸟。鞋子一方面显示姑娘勤劳富有和多才多艺，另一方面也是尊老、爱老的表达。在当地，有给老人献食、献物的习俗，结婚时当然少不了。给男方亲戚老人送鞋，是让女方了解男方家一共有多少老年亲戚，过门后，逢年过节要记得给这些老人献食、献物。

在婚礼头天晚上，女方因为对父母不舍，特别是在过去，很多女孩因没有上学机会，从八九岁便开始跟随父母上山下地，开荒拓土，与父母感情深厚，不舍得离开父母。担心自己出嫁后没人帮助父母，父母劳累。因此，有感而发，情不自禁在大喜的日子里真情流露，这从“哭嫁歌”中可见一斑。

女儿哭父母

种禾半年才抽穗，九月怀胎女才生；
满年隔奶又喂饭，父母养儿多艰辛。
出工回来你先吻，晚上就寝抱怀中；

好比鸡蛋夹石缝，逐月长高才欢心。
生得三月会翻身，养到六月才坐稳；
上山砍木来做凳，见儿坐稳笑盈盈。
哪时不安妈就惊，哪时不见爹就寻；
七月抱女走出村，求师拜友起花名。
十月女儿学走路，扶着爹妈过后屋；
左手拉着妈的衣，右手扯着爸的裤。
喊饥喊渴妈就喂，头昏拉肚父就背；
高高低低学走路，十年栽稠瓣藏未。
逢酒逢茶妈赴宴，还留一串带回屋；
宁愿自己来吃素，决不给女等空腹。
若是肉包分不足，先给女吃爸空肚；
如今成人嫁别处，难忘父母的恩福。①

女儿在出嫁前，通过哭嫁歌的形式，追忆父母从怀胎十月到养育成人的艰辛，以及身为女儿不能赡养父母的遗憾，面对即将出嫁，与父母分别，表现出不舍与无奈。

父母哭儿女

父母扯住女儿手，心肝我儿叫几声；
一要夫妻多和顺，二要敬奉二双亲。
三要辛勤便待客，四要堂前不乱行；
五要妯娌莫枉闹，六要和气一家人。
丈夫讲你莫乱应，忍让几句莫枉争；
父母今日吩咐你，你要牢牢记在心。
说不完的苦情话，道不尽的思念情。②

① 巴马瑶族自治县县志编纂委员会编：《巴马瑶族自治县县志》，南宁：广西人民出版社，2003 年，第 675 – 676 页。

② 歌曲由村民黄娅宏提供，笔者翻译整理。

常言道，女儿是父母贴心的小棉袄，父母含辛茹苦把女儿养大，女儿在家里关心、照顾父母，并帮助父母打理家里家外，跟随父母日出而作，日落而息。在女儿出嫁时，有太多的不舍。很多父母在女儿出嫁时，一下子突然感到房子空荡荡的，人的心里也是空空的，因此，通过歌曲的形式；父母表达出了对女儿的不舍与想念，也表达了女儿对家庭做出的贡献和关心以及照顾父母得到的赞扬，并教育女儿家和万事兴，善待丈夫、公公、婆婆、妯娌和兄弟姐妹。通过这样一唱一答的形式更加深了父母与子女之间的感情，同时也是对女儿的孝德教育。

婚礼的第二天，新郎派几个未婚的姐妹来接亲，接亲的姐妹代新郎向岳父岳母唱接亲歌，以表达对岳父岳母的谢意。

接亲歌

来问岳母要枝花，来求岳父娶侬达；
岳父岳母有心意，愿嫁侬达愿移花。
花开枝头红艳艳，花开丛里放彩霞；
今日花种拿回家，园里栽下盼发芽。
岳父岳母把女嫁，好比心头被刀刮；
割心割肝不变卦，成全儿女待花发。
今日送女去成双，嫁妆齐全众人夸；
还谢舅父和姨妈，齐心搭桥传佳话。
岳父岳母手艺多，从小带女学干活；
学会几时把种播，学会何时该收获。
教女织布怎飞梭，教女种靛染彩缪；
教女绣花能引蜂，教女绣河扬起波。
女儿三岁就教歌，学会山歌几大箩；
十七十八去对歌，几多小伙无奈何。
教女接客摆仙桌，教女倒茶敬友喝；
龙生龙来凤生凤，女儿乖巧赛嫦娥。
养儿育女几奔波，刚会干活就离窝；
如今花轿让女坐，骨肉难合又难割。
儿女哭别声声诉，爹妈胸脯似刀戳；

叔伯哥嫂也难过，泪水像雨簌簌落。
叫声岳父和岳母，莫要伤心坏身骨；
我们围园又培土，定让花开香四处。
种子落地它就生，种子落田它长绿；
沐着日光和雨露，花开红艳更夺目。
再叫一声你阿姨，再送一语给阿舅；
今日喜事别心忧，亲家依旧花满楼。
我们栽莲为收藕，收下藕子再谢酬；
同心搭桥两边走，两家欢乐永不休。[①]

岳父岳母含辛茹苦把女儿养大成人，还要准备超过男方彩礼的丰厚嫁妆，因此，作为男方代表，通过迎亲歌表达对岳父岳母的感激之情。同时，岳父岳母对前来迎亲的姐妹作答：

我女年小不知礼，姐姐妹妹别在意。
女儿刚到陌生处，须依姐妹常相助。[②]

作答完毕，母亲开始为女儿梳妆打扮，出门当天是不允许掉眼泪的，认为当天哭了不吉利，应该打扮得漂漂亮亮、高高兴兴地出门。过去，壮族新娘喜着黑色盛装，在当地人看来，黑色代表纯洁、稳重和吉祥。

新娘出门前，由“牙属”[③] 挽扶新娘来到堂屋中央，三拜祖堂。新娘把一条象征吉祥的红绸彩带挂在胞兄或胞弟的脖子上，表示兄妹骨肉难合难分，好比彩带一样紧相连，站在旁边的堂兄弟立即烧炮，祝贺婚事如意，双方兴旺发达。这时，新娘面朝长辈，按班排辈一一跪拜亲人们。之后，由“牙属”挽着新娘朝大门走去，头不能转回后望，以免有损娘家的福分。别离时，新娘将手中事先抓好的一把米粒往后抛撒，由身挂红绸的同胞兄弟接拿，接得的米粒越多越好，意味着妹妹虽已出嫁，娘家仍五谷丰登、六畜兴旺。

---

① 巴马瑶族自治县县志编纂委员会编：《巴马瑶族自治县县志》，南宁：广西人民出版社，2003 年，第 675 – 676 页。

② 歌曲由村民黄妈汉提供，笔者翻译整理。

③ 男方的迎亲队，通常由男方两位未婚的堂姐妹或表姐妹组成。

待吉时进新郎家门后，新娘、新郎要拜堂，旁人来唱《祝新娘拜堂调》，唱词大意是新人来家后，万事吉利，“生男继父业，生女接母班”。最后是《赞新娘调》，主要是赞扬新娘貌美，心灵更美，尊老爱幼等。

四、不落夫家

新娘结婚当天与“牙送”① 当日返回娘家。直到第三天婆家派人来接，新娘在两个姐妹陪同下前往夫家，夜里在媒婆家住下。次日清晨，由小姑带着新娘给丈夫家及其亲戚挨家挨户地挑水，新人挑新水，以显示新娘的勤劳能干。当地有“不落夫家”之俗，新娘成婚后，即回娘家常住，只有逢年过节或农忙季节，夫家派人去接，才到夫家住上几日，后又返回娘家居住，屡次往返，直到怀孕四五个月后，才往夫家待产，常住下来，成为夫家名副其实的成员。

至于为什么不落夫家，原因有多种：

其一，早婚晚育的措施。

（采访时间：2014 年 4 月 9 日；地点：长寿村；人物：HYM，女，68 岁）我 16 岁结婚，在娘家住 3 年，怀孕快要生孩子后，才长期住夫家。我们这里壮族女孩结婚早，大多十六七岁就嫁人，年纪那么小，生理、心理都还不太成熟，还不能撑起家庭的重担，在娘家住上三四年，父母教我如何为人妻、为人母、为人媳妇，待到心理、生理逐渐成熟后，知道怎样学会忍耐，怎样与丈夫、公公、婆婆相处，才落夫家。如果年纪太小就去了夫家，自己还是个孩子，怎能育小养老呢？心理不成熟，经常吵架，不利于家庭和谐。

不落夫家有几个优点：第一，早婚晚育，有利于妇女身心健康。在长寿村，女孩大多在十六七岁结婚，不落夫家三四年，就是在 20 岁左右生儿育女，在这个阶段，身体、心理趋于成熟，有利于子女的生长发育，也有利于妇女自身的健康。第二，女子怀孕时，住在娘家，得到娘家人的细心照顾，从母亲那里学到育儿知识。因此，从一定意义上来说，不落夫家有利于优生优育、妇女身心健康及

① 女方的送亲队，通常由女方未婚的堂、表姐妹、朋友组成，人数为十五人或者十七人。送亲队人数为单数，加上新娘成双数，代表好事成双之意。

家庭和谐。

其二，提高女性地位。

> （采访时间：2014 年 4 月 10 日；地点：长寿村；人物：HYM，女 87 岁）我们这里有民谚，“自来狗不要，自来人不行”。男人嘛，容易得到的东西是不会珍惜的。不落夫家也是显示女性地位的表现，若是结婚后立刻落夫家，被人笑为“饿夫”，没教养。除非是那些未婚先孕、家庭条件差、自身条件不好的才急于落夫家。急于落夫家的人，容易被夫家小视。女性应该保持固有的矜持和地位，农忙时节和节日里婆婆来接，让夫家人明白娶媳妇的艰辛，以后丈夫才会珍惜自己，婆婆才会善待自己，落了夫家后不会低三下四，才会有地位。

长寿村壮族女子以不落夫家的形式来提高自己的地位，其目的是让丈夫更加珍惜自己。在不落夫家期间，婆婆以较低的姿态，在农忙时节、节日里来接媳妇，在这个过程中，婆媳之间有了相互了解的缓冲过程，也有利于处理婆媳关系。

其三，孝敬父母。

> （采访时间：2014 年 4 月 11 日；地点：长寿村；人物：HMN，女，45 岁）女孩总是要嫁人的，不能像男孩那样一生陪伴、照顾父母。父母含辛茹苦把我养大成人，刚刚学会干活，能帮他们分忧解难之时，却要离开，感到于心不忍。他们为了我婚后在夫家有地位，竭尽所能地准备嫁妆，所以，觉得应该多待在家几年，分担一些家务。我结婚后，在家里帮助父母 3 年，才落夫家，期间，丈夫也常常过来帮工，他们很欣慰，也催着我赶紧生孩子。但是我就是看到他们太辛苦了，很舍不得。其实我们这里很多女孩都是自愿的，认为早早嫁人，带着嫁妆离开父母，没有能够为他们做些什么，太不懂事了。要是村里有女孩，一结婚就直接落夫家，则被视为不懂事、不孝顺。

在以嫁娶婚为主要婚姻形式的壮族社会里，女孩婚后，要居住在夫家。赡养父母由儿子来承担，父母以嫁妆的形式把部分财产分给女孩，女孩以不落夫家的形式来孝敬父母。

在长寿村，女孩在不落夫家期间，其社交也是受到限制的。若是在这期间再与其他男子交往，父母得知后，会遭到严厉批评。若是被村里人得知，会受到社会舆论的谴责，认为该女子作风不好。若是被丈夫得知，则面临退婚。

长寿村壮族以歌择偶，婚姻缔结过程复杂。婚姻既是两性结合的过程，也体现出当地人的孝德教育。如父母教育女孩为人处世的道理，如何相夫教子，孝敬老人，这为和谐的家庭关系打下了基础。

第二节　家庭结构及养老

在长寿村壮族看来，妻子生育孩子落夫家，才是一个家庭的开始。家庭不仅是爱情的延续、情感的港湾，也是育儿养老的重要场所，家庭承担着“抚幼养老”[①] 的重要功能。

一、家庭类型

家庭是基于婚姻、血缘以及收养关系而形成的社会共同体，通常由夫妻、子女、父母、兄弟、姐妹和其他亲属组合而成的。它是社会的细胞，是人口再生产的基本单位，更是抚幼养老的重要场所。因划分标准不同，家庭类型也存在差异。依家庭规模分，可分为小家庭和大家庭；依家庭关系分，可分为和睦家庭、不和谐家庭和解组家庭；依权力构架分，可分为母权家庭、父权家庭、平权家庭、姑权家庭和舅权家庭。按照婚姻、血缘关系以及人口状况来划分家庭，是人类学常常使用的划分方法，一般可分为：核心家庭，即由夫妻二人及其未婚子女组成的家庭；主干家庭，即不断代的两代或两代以上，并且每代不超过一对夫妻构成的家庭；联合家庭，任何一代人中由两对以上夫妻构成的家庭。其中，单身妇女及非婚生子女组成的单亲家庭也属于核心家庭的范畴。[②]

随着人口寿命的延长和外出务工人员的增多，长寿村还出现了隔代家庭和留守家庭。隔代家庭是指由断代的两代或两代以上，并且每代不超过一对夫妻构成

① 费孝通：《生育制度》，北京：北京大学出版社，1998 年，第 35 页。

② 阎云翔：《私人生活的变革：一个村庄里的爱情、家庭与亲密关系（1949 ~ 1999）》，上海：世纪出版集团上海书店出版社，2006 年，第 145 页。

的家庭。留守家庭是指年轻夫妇双方或者一方外出务工，其他人员留守在家的家庭。

根据人类学家对家庭的划分，结合长寿村实际，笔者对长寿村的家庭类型进行了统计，结果显示，该村 450 户家庭中，核心家庭为 112 户，占总数的 25%；主干家庭为 144 户，占总数的 32%；联合家庭为 36 户，占总数的 8%；隔代家庭为 54 户，占总数的 12%；留守家庭为 104 户，占总数的 23%①。不同家庭类型因人口数量、家庭成员关系等因素存在差异，对养老也产生了不同的影响。

二、不同家庭类型对养老产生的影响

（一）核心家庭

核心家庭主要由夫妻二人及其未婚子女组成。在长寿村，人们通常是十八九岁结婚，二十二三岁生育，孩子结婚生子时，父母才四五十岁。按照当地 60 岁步入老年的观念，大多数核心家庭无老人赡养。只有少部分，如父母晚婚晚育、孩子夭折后再育，或者孩子晚婚，这些家庭总计仅有 15 户，占核心家庭总数的 13%。核心家庭只有两代人，家庭成员关系简单，主要处理父母和子女的亲子关系。

（采访时间：2014 年 4 月 12 日；地点：长寿村；人物：HAW，男，25 岁）我爸爸一共有 5 兄弟，他是长子，为了供叔叔们上学，他到 33 岁才结婚。36 岁生了我，38 岁生了我妹妹。现在他都 61 岁了，我妈妈跟他一样年纪。爸妈他们虽然 60 多岁了，但他们身体还很硬朗。在家里种田地，卖茶油，一年收入够生活开支和人情开支。经济上不需要我们支持，生活也不需要我们照料。就是看到同龄人抱孙子了，他们比较着急，希望我们快点成家。我也理解他们的心情，自己努力吧，了却老人的心愿。

核心家庭需要赡养的主要是低龄老人，多数老人经济独立，生活自理，养老负担较轻。在核心家庭里，父母眼看着自己渐渐老去，子女未婚，他们内心着急，时刻牵挂着子女的婚姻大事。所以，子女早点成家成为他们最大的心愿。

① 数据由平安村村委会提供。

（二）主干家庭

主干家庭由不断代的两代或两代以上，并且每代不超过一对夫妻构成的家庭。此类家庭在长寿村占比较大，由于人们寿命延长，所需要赡养的老人较多。在主干家庭中，三代户有84户，占59%；四代户有51户，占35%；五代户有9户，占6%。主干家庭的养老特点是，儿孙满堂，老人尽享天伦天乐，但是要处理比较复杂的代际关系。在长寿村，村民认为惟仁者寿，只有仁慈的家庭，积阴功，建阴德，才会有长寿老人，故四代、五代同堂的家庭被人羡慕和称赞。在这样的家庭里，高龄老人的物质供养一部分来自子孙，另一部分来自国家。

大多数老人在生活上能够自理，低龄老年人尚可参加农事，高龄老人还可以从事家务劳动，如表3－1所示。只有很少一部分因为腿脚不方便等原因，需要照顾。

表3－1　长寿村各个年龄组老年人活动能力状况表

活动能力		生活能够自理		能摘菜、煮饭菜、扫地		能照看孩子、喂养家禽、家畜		能参加割稻谷、收豆、晒玉米等轻农活		能犁田、耙地、挑、扛重物	
年龄组	总人数（人）	人数（人）	比例（%）	人数（人）	比例（%）	人数（人）	比例（%）	人数（人）	比例（%）	人数（人）	比例（%）
60～69岁	158	154	98	153	97	150	95	146	93	142	90
70～79岁	136	130	96	130	96	126	93	125	92	115	85
80～89岁	65	61	95	60	93	60	93	57	87	46	70
90～100岁	36	34	95	33	92	32	88	28	79	21	58
100岁以上	7	6	85	6	85	3	43	2	29	0	0

数据来源：笔者对本村402位老人进行问卷调查，并根据调查结果进行整理。

（采访时间：2014年4月13日；地点：长寿村；人物：HPS，男，85岁）我爸爸今年108岁了，他以前跟随韦拔群一起参加革命，他命硬，躲过枪林弹雨，逃出数次包围。他这一生很勤劳，一年到头都在劳动。没生过什么大病，除了去医院看望别人，他自己没有去医院打过针。100多岁的人了，生活上还能自理。现在，我们家五代同堂，老人比较多，只要不生病，年轻人有什么老人吃什么，也没有太多负担。我还可以做家务，轻的农活也还行，父亲身体不适时就由我来照顾，年轻人可安心地出去挣钱。

在四代同堂、五代同堂的主干家庭里，需要赡养的老人数量较多，通常是低龄老人照顾高龄老人。村民认为，养老是否成为负担，主要与老年人的身体状况有关，而不是老人数量的多寡和寿命的长短。如果老人生病，不仅需要人力照顾，还要承担一定的医疗费用。若生活能够自理，老人也可以帮助年轻人做一些力所能及的事情，例如照看孩子、煮饭菜等，从而减轻年轻人负担。同时，子孙们认为，家里有80岁以上的老人，是全家人不断积累阴德的结果，故在日常生活中，对老人关爱有加。在四代同堂、五代同堂的家庭里，老人可以享受其乐融融、子孙满堂的家庭氛围。

（三）联合家庭

过去，在长寿村，几兄弟结婚生子后，不分家组成的联合家庭，被人称赞。村民认为，联合家庭成员关系复杂，只有相互理解、互相宽容的几兄弟才能生活在一起。在联合家庭里，老人享受着儿孙绕膝、子孙满堂的浓浓亲情。通常，在联合家庭里，几兄弟共同赡养老人。老人生病时，孩子们共同承担医疗费，媳妇们轮流照顾。

（采访时间：2014年4月15日；地点：长寿村；人物：HMM，女，25岁）我老公有三兄弟，他是老小，有两个哥哥。因为三兄弟一起在县城做生意，白天都去城里，晚上回来住。所以，尽管我们都有孩子了，但是没有分家。家里有公公、婆婆和太婆婆三个老人。三个老人照顾三兄弟的孩子。平时一大家子十几口人一起吃，很是热闹，不过老人煮饭菜还是挺累的。当老人生病时，三兄弟平分医疗费，我们三妯娌轮流照顾。以前村里这样的家庭较多，现在像我们这样的家庭较少。责任明确，大家自觉，一大家子其乐融融。

在联合家庭里，家庭成员关系复杂，老人既要处理婆媳关系还要处理祖孙关系，年轻人要处理公婆媳关系、兄弟关系、妯娌关系等。在长寿村，联合家庭的养老方式是：物质供养上，兄弟平分。在生活照料上，要是老人身体不适，需要照料，则妯娌之间轮流照顾。他们责任明确，各司其职，减少矛盾发生。你喜欢吃生菜，我喜欢吃南瓜，在联合家庭里，众口难调。按照当地老人的说法，一天要准备十几口人三四餐的饭菜，还要照看孩子，着实不易。在联合家庭里，老年人的负担较重，但当地和谐的大家庭氛围，可以让老年人享受到了儿孙满堂的天伦之乐。

（四）隔代家庭

长寿村人均寿命较长，故相应的所要赡养的老人较多。于是分家时，便出现了弟弟赡养父母的主干家庭和哥哥赡养祖父母或曾祖父母的隔代家庭相并存。人们常说隔代亲，所以在隔代家庭中，老人与孙辈有着天然的亲密感。

（采访时间：2014 年 4 月 16 日；地点：长寿村；人物：HSJ，女，20 岁）我爸爸有两兄弟，家里祖父母，曾祖父母都还健在。爸爸是长子，分家时，我和弟弟都很小，为了有人照看，也为了减轻养老负担，曾祖父母就跟我们住，祖父母跟叔叔一家住。就这样，我们家成为隔代家庭。

在所需要赡养老人人数较多的家庭里，为了减轻负担，常常是几兄弟共同承担养老责任。在四代同堂、五代同堂的家庭里，通常，长子成家后，祖父母或者曾祖父母选择与他共同居住。原因是长子已经成婚，生活压力较小，但有孩子需要照顾。祖父母或者曾祖父母随着年岭增大，已经无力从事繁重劳动，但还可以照看孩子、煮饭菜等。故分家时，按照当地习惯，祖父母或者曾祖父母与长子居住。而父母尚能从事较繁重的劳务，可以扶持未婚的弟弟成家，因此，他们常常与幼子共同居住。在隔代家庭里，祖辈虽年事已高，但仍尽其所能地帮助孙辈做力所能及的事情，孙辈感激他们，祖孙之间的关系比较融洽。

（五）留守家庭

在长寿村，年轻夫妇一方或者双方外出务工，出现了留守家庭。根据长寿村的实际情况，笔者把当地的留守家庭分为三种类型：一是留下一个年轻人照顾老人和孩子的家庭；二是留下老人照顾孩子的家庭；二是仅仅留下老人的家庭。

1. 留下一个年轻人照顾老人和孩子的家庭

即年轻夫妇一方外出，另一方留下照顾老小，此类家庭有 78 户，占留守家庭总数的 75%。在长寿村，在有老人和小孩的家庭里，人们会留下一个年轻人照顾老小，通常是媳妇留下。由于一方外出，另一方要承担较重的劳务，故更加珍惜与老人的感情。年轻人与老人互相协助，在四代同堂、五代同堂的家庭里，六七十岁的低龄老人可以协助做农活，八九十岁的高龄老人可以帮忙照看孩子。老年人与年轻人相互扶持、互相依靠，共同各司家庭事务。

（采访时间：2014 年 4 月 17 日；地点：长寿村；人物：HM，女，30 岁）我有两个孩子，丈夫在外面务工，我也想出去，但孩子还小，而且家里太婆婆已经 93 岁了。所以，丈夫说让我在家里照顾老人和小孩。我婆婆 67 岁，公公 71 岁，他们两个都挺健康的，体力很好，犁田耙地的重活都是由公公来做。婆婆跟我一起耕种田地也挺辛苦的。太婆婆虽然已经 90 多岁高龄，但依然耳聪目明，生活能够自理，在家里帮我照看孩子、煮饭菜之类。因为丈夫不在身边，所以，很多事情，只好跟公公、婆婆商量。我觉得他们年纪都那么大了，一天到晚跟我上山下山，耕田种地，一刻也不停，也挺辛苦的。我公公、婆婆也觉得我挺不容易的。好在大家都健康，所以可以平安和睦地过日子。有时候太累了，我不太舒服，婆婆会帮我熬汤、煎药，慢慢地就成为了相依为命的人了。

年轻人一方外出，家庭重担落在另一方身上，若是老人能够帮助，年轻人会很感激。在长寿村，活到老做到老，六七十岁的老人仍然是家里的重要劳动力。在儿子或者媳妇外出务工后，他们尽自己所能帮助另一方完成各项农事。高龄老人在家照看孩子，煮饭菜。老年人与年轻人相互协作、相互扶持、相互理解，共同经营家业，营造和谐的家庭氛围。而在外面的另一方可以安心工作，努力改善家庭经济条件。

若是丈夫外出，媳妇在丈夫外出期间，怠慢老人，那么她不仅会受到村里人谴责，还会受到神灵的惩罚。在当地就流行着《善婆婆与恶媳妇》[①] 的故事传说：

从前有个媳妇在丈夫外出期间，谎称家里没米下锅了，于是天天让老人吃米糠。有一天，媳妇到河里洗衣服去了，家里来了一位陌生人。他衣衫褴褛，可怜兮兮地问婆婆："老人家，我太饿了，能给我一口饭吃吗？"婆婆就把米糠盛给他，他吃完后。把一包东西递给婆婆，一包东西放在桌上留给媳妇。婆婆打开一看，是黄灿灿的金子。媳妇回来了，看到桌上有一包东西，打开一看，是一条毒蛇，她被毒蛇咬了，奄奄一息。那天晚上，婆婆做了一个梦，梦里看到一个英俊少年朝自己走来，对她说："婆婆，

① 故事由村民黄娅会提供，笔者翻译整理。

我就是今天到你们家讨饭的那个人，我知道你们家里有很多粮食，但你媳妇不给你吃，那些金子，你就拿去买粮食吧，你媳妇太恶毒，她被毒蛇咬是报应。”

这个故事说明了，恶有恶报。媳妇在丈夫外出期间欺负婆婆，最后受到毒蛇咬伤的报应。在当地，人们相信因果报应，尤其是虐待老人，不仅受到众人的谴责，还受到神灵的严惩。村民认为，老人是家庭的根，是家庭财富的创造者，生产生活经验的传承者，他们对家庭有功。虐待老人者，将被众人唾弃，同时也会受到上天的惩罚，轻则生病，重则死亡。正是这种来自社会性控制和心灵的惩戒，无论在什么情况下，人们均不敢对老人不恭不敬。

2. 留下老人照顾孩子的家庭

年轻夫妇外出，留下老人照顾小孩的家庭，此类家庭为 17 户，占留守家庭的 15%。一方面，年轻人外出，农活、家务活，照看孩子等所有活都落在老年人身上，老年人的负担较重。另一方面，在这样的家庭里，两个年轻人外出务工，却可以不断改善老年人的经济条件。同时，婆媳、父子之间因为长期分离，年轻人过年过节回家，见面时间短暂，人们更加珍惜彼此的感情。

（采访时间：2014 年 4 月 18 日；地点：长寿村；人物：HYH，女，68 岁）我们家里田地少，在家务农只够吃饭，没有余钱。盖房子、送孙子上学，都需要钱。农村红白喜事多，现在随礼逐年增多，结个婚也要随 100 元、200 元，生活压力大。儿子和媳妇只好外出务工了，我和老伴在家务农、带孙子。只有老人、小孩在家，媳妇、儿子每天都打电话关心我们。每个月也会寄钱回来做生活费和人情开支。他们每年春节才回来几天，儿子、媳妇过年好不容易回来一趟，疼都来不及呢。

一方面，年轻人外出务工，家里家外都由老人打理。老人既要务农，又要照看孙子/孙女，的确艰辛。在精神上，他们也忍受着思念儿女的痛苦。另一方面，距离产生美，在这样的家庭里，婆媳、父子长久的分别，日夜思念忘记了对方的缺点。每年短暂的见面，彼此珍惜相聚时光，有利于改善关系，加深感情。更为重要的是，在外务工的收入能够缓解生活上的压力，应酬人情随礼。

3. 只留下老人的家庭

年轻夫妇外出，只留下老人的家庭，此类家庭也称为空巢家庭。这种类型的家庭在长寿村较少，只有14户，占留守家庭总数的10%。此类家庭又分为三种情形：一是低龄老人照顾高龄老人；二是老年夫妇互相照顾；三是老人孤身一人在家。

在这些家庭里，老年人普遍感到孤独。前两种情形的老人孤独感相对较弱，因为他们还有个伴，后一种孤身一人在家的老人，孤独感相对较强。

结构能动理论认为，在一个社会结构里，人可以能动地做出选择，发挥其主观能动性。由于土地稀少，当地提供的工作机会有限，经济收入受到极大限制，为了改善生活，年轻人不得不外出谋生。面对这种情况，长寿村老人表示无奈和理解，在子女外出期间，他们通过唱山歌、下象棋、刺绣、编织等娱乐活动充实自己，排除寂寞，努力做到独而不孤。

三、分家

民间谚语云："树大分杈，儿大分家"。在过去，长寿村民以几兄弟成家后组成的联合家庭为荣。人们认为，几兄弟能够相处的大家庭表明父母教子有方，儿女、媳妇宽容大度，是互相包容、团结互助的体现。然而，在生产力低的情况下，家庭成员中可供支配的资源并不多，人们相互团结协助，可以克服生产生活中的困难。但随着社会的发展，生产力水平的提高，大家庭成员众多，关系复杂，常常因为财产分配的问题产生矛盾和冲突。随着社会的发展，"精耕细作的农耕经济决定了壮族以小家庭为主"。① 随着人们思想观念的变化，年轻夫妻越来越希望拥有自己的"私人空间"②，故联合家庭日渐衰落，分家成为必然。

"父权代替母权后，壮族继嗣主导原则是父系继嗣，儿子继承财产，留有养老田，其余实现诸子平分制。"③

在长寿村，壮族家庭以父系继嗣为主，分家时，家庭财产主要由儿子继承，女儿以嫁妆的形式分出一小部分。如果有女无子，女儿招赘，财产由女儿继承。长寿村家庭财产的继承，实行的既不是幼子继承制也不是长子继承制，而是诸子

① 李富强：《壮族家庭制度简论》，《广西民族研究》1995年第2期。

② 阎云翔：《私人生活的变革：一个村庄里的爱情、家庭与亲密关系（1949～1999）》，上海：世纪出版集团上海书店出版社，2006年，第157页。

③ 李富强：《壮族家庭制度简论》，《广西民族研究》，1995年第2期。

平分制。每个老人留有一份养老田，其余家庭财产由诸子平分。分家时，邀请族里的叔伯以及村里德高望重的老人来做财产公证，众人做证，避免兄弟之间因财产分配不公而产生矛盾与纠纷。有疑义者，当众提出，兄弟进行协商，让大家裁定，尽量做到公平、公正。一旦确定，日后不能反悔。

在有几兄弟的家庭里，老人与谁居住，遵循他们的意愿。随着人口寿命的延长，在有老人较多的家庭里，一般而言，祖父母、曾祖父母与长子居住，父母与幼子居住。负责养老者，继承养老田。

第三节 家庭教育

家庭是育幼养老的重要场所，分家后各自抚幼养老。“小树不扶正，长大成弯钩。”[①] 民间云，“少年不教子，老年不孝子”。孩子在青春年少时，父母不加强教育，到老年时，便会出现不孝子。为了孩子的健康成长，也为了到老年时，孩子健康、自立、孝顺，无须为他们操心，当地人十分重视家庭教育。长寿村不仅因为长寿老人众多而闻名，还因为它深厚的文化底蕴而闻名，在当地被称为教师村。家长是孩子的第一任老师，也是终身老师，孩子身上或多或少都留有父母的印记，家庭教育对孩子的成长起着重要的作用。在文化氛围浓厚的社会里，人们重视孩子的各方面教育。

一、生命健康与技能教育

每个父母都渴望拥有健康活泼的孩子，健康是孩子成长成才的前提条件，拥有了健康的身体和掌握了生存技能，才能创造财富，独立于社会，不啃老，也有能力孝老。

（一）生命健康教育

在寿文化氛围浓厚的长寿村，孩子从小就接受生命健康教育。在饮食上，家长教育孩子要经常喝玉米粥，不仅皮肤细腻，而且身体健康，抵抗力增强；要吃新鲜、清谈饮食，隔夜的食物、不新鲜的水果不能食用；要饮食规律、有节，一日四餐，不能过饱，容易伤胃；要常食用五谷杂粮，下午放学回家，食用烤好的

① 梁庭望：《壮族伦理道德长诗传扬歌》，罗宾译，南宁：广西民族出版社，2005 年，117 页。

红薯和芋头，以润肠通便。在作息上，父母以身作则，规律作息，监督孩子早睡早起。在疾病预防上，家长鼓励孩子多运动，故劳动时，带着孩子一起上山下山；劳动归来，带着孩子到河里游泳；平日里，他们任由孩子在田地里游戏玩耍，到河里抓鱼，到树上摘果，通过运动来增强孩子的抵抗力。家长还培养孩子养成良好的卫生习惯，无论夏天还是冬天，坚持天天洗澡，勤换洗衣服，男孩勤理发，女孩勤洗头。此外，还教育孩子一些生存技能。例如，教孩子学会游泳，学会防虫蛇，认识中草药和常见疾病的治疗方法，以山歌、谚语等形式教育孩子防治疾病知识。从年少起，养成良好的生活习惯，练就强壮的体魄，为老年健康打下基础。

（二）劳动技能教育

在长寿村，村民认为，“三百六十行，行行出状元”，孩子成绩固然重要，但是也要加强劳动技能教育。男孩到十二三岁时，家长便开始教授耕田、种地，识别天象，植物培育和动物饲养，植物虫害防治和动物疾病防治等技能；女孩八九岁时，就开始教授洗衣、做饭、缝制衣服、喂鸡鸭等技能。

孩子健康、能干固然重要，为人处事也不能忽视。若是聪明不用在正道上，那他的危害更大。村民认为，一个人的修养与家庭教育有着密切的联系，因而，孩子从小开始，就要接受一系列的德育教育。

二、品德教育

（一）勤劳、努力

“人穷志不穷，家穷双手在，黑夜不溜门”①。壮族崇尚勤劳，憎恨懒惰。在长寿村，父母从小开始就对孩子灌输自力更生的思想。家长教育孩子要勤劳，孩子从八九岁起就做力所能及的事情，放学回家帮父母洗衣、做饭、喂猪、放牛。他们认为，“勤不富也饱，懒不死也饿，宁做苦力工，不做行乞人。”当地流行着许多赞扬勤劳，贬斥懒惰的故事，其中《的甲和阿特》的故事广为流传：

从前有个女孩，名叫的甲。九岁时父母撒手人寰，留下她和六岁的弟弟。每天，她除了做家务，还要下地干农活。的甲为了穿衣，自己开荒种植棉花、织布、染布。尽管日子艰难，但是姐弟两个平平安安地度过。弟弟渐

① 梁庭望：《壮族伦理道德长诗传扬歌》，罗宾译，南宁：广西民族出版社，2005年，第121页。

渐长大了，她带着弟弟跟她耕田种地，日子一天天好起来。有一天，一个白发苍苍的老人对的甲说，“甲呀甲，我有一块地藏着黄金，你挖完，就可以见到了。”于是两姐弟天天去挖，每挖完一小块就种上玉米，他们挖呀挖，总算挖完了，可是没有见到黄金。她就去问老人家：“怎么没有见到黄金呢?”老人家笑着说：“孩子，你看看，到收获季节，这些玉米黄灿灿的，它们就是黄金。如果给你们一块黄金，很快就花完了。现在你们挖完了这块地，以后年年有收成，日子就好过了。”兄妹两个终于明白了，他们继续开荒，满山种上各种粮食、瓜果，成为村里最富裕的人。①

人们通过这个故事告诉孩子，要勤劳才能致富。村民认为，只要身体健康，通过辛勤劳动便可以改善生活。民谚云：“开叉的双手，能刨出黄金。”财富的获得要靠自己努力争取，父母养育孩子，送孩子上学不容易，长大后要自立，靠勤劳致富，不能依赖父母，抱怨父母无能。

（二）诚实、勇敢

长寿村壮族尚来视诚实为美德，憎恨坑蒙拐骗的奸商。人们赶集买东西，会随身携带一杆秤，若是短斤缺两，则被当场揭穿。过去，人们还用山歌来嘲讽欺诈者。

相传，有一个卖茶油的商人，他用水和油进行勾兑。茶油和水是不相容的，故在水和油之间，有一条明显的分界线。一位老妇看不下去了，唱歌嘲讽道“是油不是水，是水不是油，油水两分界，莫欺老实人”。撒谎总是会被人揭穿的，撒谎的人，朋友渐渐远离，故从小要学会诚实守信，常言道“诚实朋友成堆，狡诈人人远离”。村民认为，偷盗、坑蒙拐骗者不仅人人喊打，还会受到神灵的惩罚，作恶事者将折寿。

诚实不是懦弱，而是敢于跟各种邪恶力量做斗争，敢于创新，敢于面对各种困难。长寿村是当地著名的革命村，家长从小开始，就教育孩子要学会坚强、勇敢。在当地流传着这样的故事:②

相传，以前有两个姐弟，到山上去找父母，一不小心掉到山洞里。他们

① 故事由村民黄妈帆提供，笔者翻译整理。

② 故事由村民黄详灵提供，笔者翻译整理。

晕过去了，醒来后，发现他们深居四处无人的黑暗山洞里。弟弟因为太害怕，哭了。姐姐安慰弟弟说："别哭，我们想办法出去。"于是他们在黑暗中爬呀爬，终于看到一点亮光，他们激动地说，有救了。于是继续往前爬，饿了就喝山洞里的水，经过五天五夜终于爬到另一个洞口，得救了。

人们以故事传说、山歌的形式教育孩子，敢于面对生活、学习和工作中的困难，因而塑造了孩子坚强的性格品质。

（三）知礼、宽容

在长寿村，人们十分注重孩子的礼仪、礼节教育。《三字经》有"养不教，父之过"的名言。长寿村壮族认为，孩子的品行很重要，若是一个孩子没有教养，则被人们称为"有娘生，没娘教"。无论是娶媳妇还是选女婿，人们都特别注重对方的品行。一个不讲究礼节的人被人们视为粗俗、蛮横和愚蠢。村民认为，生产生活技能容易习得，但是为人处世关系到孩子的将来。有些孩子很聪明、能干，但是不会尊重他人，也将被人唾弃。人们注重孩子礼仪、礼节的教育和培养，在路上遇到行人要打招呼，家里来客人要拿凳子，端茶倒水。帮客人端洗脸水，铺被褥。平时善于倾听别人，不要打断别人的说话，拒绝别人语气要委婉。吃饭时，不要吃出声，饭菜不要掉到地上，若是先吃完，要对其他人说"你们请慢吃"等。

同时，家长教育孩子，对人对事要持宽容的态度，"心窄堵得慌，心宽人舒畅"。教育孩子学会宽容，学会发现别人的优点，并真诚地赞美，设身处地为别人着想。"不计旧仇，不翻旧账"成为他们为人处事的态度，尊重他人的文化习俗、生活习惯、宗教信仰。

人的品行不是一朝一夕养成的，需要从青春年少起加强教育。从孩子的角度来看，在年少时，养成良好的品格，学会包容、理解、尊重他人，才能与他人和谐相处，拥有良好的人际关系，人到老年才会获得尊重。从父母的角度来看，孩子健康、勤劳、自立，懂得为人处世，不需父母操心，这是人到老年的安慰和期盼，也是孝道的表达。

在长寿村，村民认为，人可以因贫困不能上学、不识字。不识字，并不代表一个人不明事理。如果他明事理，懂得为人处世，也同样受人尊重。如果一个人即便他的学历再高、学识再多，但不懂礼、不识大体，那也会被人们小视。一个人无论其财富有多大、地位有多高，如果在节日里，不回家看望父母，人们认为

此人忘了本，不屑一顾。孩子是否明事理，是否孝顺与父母有很大的关系。当地人认为，父母是孩子的第一任老师，孩子可塑性大，他们会模仿父母的行为，父母的言行举止对孩子产生重要的影响。若是孩子不孝，人们常常会埋怨自己没有教育好，常言道："子不孝，父之过。"因此，人们重视对孩子的孝德教育。

三、孝德教育

在长寿村，孝德教育包括孝的起源、孝的内容、孝的奖惩等。

（一）孝的起源

壮族孝道源远流长，在当地流传着许多关于孝道来源的传说，在众多故事中，人们常常用《童灵葬母》的故事来告诉孩子孝道的起源。

> 相传，在远古时代，壮族先民有食人肉之风。当老人死后，乡亲们就前来分肉吃。有个名叫童灵的小孩，在上山放牛时，目睹了母牛分娩的痛苦。母牛在生牛仔时，苦苦嗷叫，时而爬地，时而跪下，才艰难地把小牛生下。他回家后把母牛生仔的经历告诉了母亲，并问母亲生自己时，痛不痛苦。母亲告诉他，牛仔头小身子大，人头大身子小，人分娩比牛分娩更加痛苦，母亲生你时，痛了三天三夜。童灵听后，难过极了。从此，他再也不去吃别人的肉了。他母亲死后，他偷偷把母亲埋葬在自家的地里。当人们前来讨肉吃时，他把母牛生仔的痛苦经历告诉了大家，然后把牛肉分给大伙。从此以后，人们纷纷效仿，不食人肉，还给逝去的亲人守孝。[①]

这个故事赞扬了孝了童灵为了报答母亲的生养之情，改变了食人肉的风气，反映了壮族先民从野蛮、蒙昧到文明的进步，孝道从无到有的历程。

在具体的日常生活中，人们的孝道则来源于对父母养育之恩的报答。壮族民间歌谣《父母苦情歌》中唱道："鸦有反哺恩，羊有跪母情"，"孝顺是本分，照顾理应当"[②]。壮族伦理长诗《传扬歌》也提到"莫忘父母恩，辛苦养成人。如今能自立，当孝敬双亲"。[③]

---

① 故事由村民黄妈文提供，笔者翻译整理。

② 南宁师范学院广西民族民间文学研究室编：《广西少数民族与汉族民歌民间故事（第二集）》，1983 年，第 303 – 307 页。

③ 梁庭望：《壮族伦理道德长诗传扬歌译注》，罗宾译，南宁：广西民族出版社，2005 年，第 133 页。

长寿村壮族以故事传说等形式来教育孩子要知父母恩。民间谚语云："十月怀胎，母日夜担心，一朝分娩，母经历生死。"母亲经历十月怀胎，小心呵护，担心胎儿是否平安、健康，经历生死之关养育了孩子。在长寿村，无论是玉米还是稻作，一年两季，农业生产季节性很强，农忙时节，人们都在忙着抢收抢种。怀孕的妇女也要参加劳动，直到临盆时，才会在家休息几天，妇女在田间地头生产的现象时有发生。母亲怀孕期间，还要上山种地、下田插秧，除了担心是不是撞上了哪个孤魂野鬼，把孩子的魂给勾走，还要承受着孩子健不健康、是否会流产、早产等心理压力和妊娠生理变化带来的痛苦。在潮湿、闷热的壮族地区，劳动过程中，常常汗流浃背，常人参加劳动都感到疲惫，更何况是孕妇呢？

十月怀胎，到分娩时期，母亲也要承受巨大的痛苦。过去，在长寿村，由于医疗条件落后，很多妇女在家生产，凶吉未卜，每到分娩时期，她们就犹如过一次鬼门关。在壮族的《行孝歌》中写道："生育我们那时候，天色尽是红血。母亲生儿落地面，母亲身体的肉色苍白发青。母亲生儿落到脚下，叫周边邻里来喂奶。"[①] 这表明母亲生育的艰辛，是母亲的血换来孩子的新生。壮族有不落夫家的习俗，很多妇女怀孕期间依然居住娘家，而在壮族社会里，女儿出嫁后不允许在娘家生产，故部分临盆妇女还要忍受疼痛赶回夫家。

孩子出生后，父母要承担起养育儿女的重任。当地谚语云："孩睡干处，母睡湿处，闻孩哭声，母彻夜难眠""见饭思儿，母忍饥饿""儿吃完肉，母吃骨，儿吃米粒，母喝汤""哀哀父母，养我劳猝"，生动地体现了父母抚育儿女的艰辛。人们以谚语、山歌的形式告诉孩子养育的艰辛。从母亲怀孕开始就要经历各种痛苦，尤其是在贫困的山区，人们在缺衣少穿的情况下，抚养孩子更加艰难。村民认为，自从孩子出生，几乎没有睡过安稳觉，时刻注意孩子的状况，是否尿湿，是否着凉，是否发热等。老人们常说，帮儿换洗尿布，洗到手发臭，夜夜母亲睡不着，担心孩子受热受寒，担心孩子被虫蚊叮咬。小孩子夜夜睡在母亲的腋窝，看到孩子睡着才放心，孩子拉尿湿了就往干处挪，母亲睡湿处。在缺吃少穿的年代，每当父母参加各种宴席都会想到自己的孩子，因此，他们宁愿忍饥挨饿，也要打包回来给自己的孩子。遇到虫灾、旱灾、水灾等自然灾害时，由于粮食缺乏，人们为了让孩子吃饱，想尽各种办法，父母宁愿喝汤，以野菜充饥，也要把仅有一点粮食给孩子吃。

---

① 蒙元耀：《生生不息地传承：孝与壮族行孝歌之研究》，北京：民族出版社，2010 年，第 105 页。

父母除了一年四季忙着播种、耕种、收割等农活外，还忙着家务，为了供孩子上学奔波劳碌。若是家中没有老人帮带孩子，母亲还得背着小孩耕田、种地，挑水、挑粪。在热天，母亲常常汗透全身，大把头发被扯断、衣服拧出水，肩部被磨烂，可见为母之艰难。

（采访时间：2014 年 4 月 19 日；地点：长寿村；人物：HGT，男，65 岁）我是村里的小学教师，现在退休了在家里照顾 92 岁的老母亲。我孩子都到外面工作去了，孩子很孝顺，经常打电话问候我的情况。我们村里很重视孩子的道德教育，尤其是教育孩子如何孝敬父母。父母一辈子都为子女操劳，除了供孩子上学外，还省吃俭用，为孩子积累一些储蓄。孩子毕业后，还要资助他买房子。如果没有机会上学，则在农村建房子、娶媳妇。若是女儿，有机会上学的继续上学，没机会上学的，母亲还要种植棉花、织布、染布、缝棉被等，大到电冰箱、洗衣机、小轿车，小到锅碗瓢盆地帮她备办嫁妆。父母一辈子为孩子奔波劳碌，为子女付出了大量的精力和财力，从小学到大学，尽自己的能力满足孩子的各种需求，几乎为孩子倾其所有，而毫无怨言。即便到年老，还可以帮忙照看孙子、孙女、喂猪、煮饭之类的家务活。因此，人们教育子女，养儿育女十分艰苦，不要认为父母做什么都是理所当然的，要记住父母的养育之恩，父母的需求很简单，只要有口饭吃，孩子吃什么，父母吃什么。生病时有人照顾，平时有人问寒问暖，不要嫌弃老人无用即可。

照顾、疼爱、关心孩子是父母共同的情感，只是每个民族有各自的表达。长寿村壮族以自己的方式来告知孩子为人父母的艰辛，教育孩子要知父母恩，让孩子明白一个道理，不要认为父母为他们所做的一切都是理所当然的，要理解、体贴父母。

（二）孝的内容

若是说对孩子关爱是人类普遍的情感，那么，对长者的尊重和关心则体现一个民族的文明程度。长寿村不仅爱幼，其尊老、孝老文化也十分浓厚。长寿村民对孝敬父母的要求有层次之分：第一，赡养父母。子女为父母提供物质供养，生病时关心照顾，这是较低的层次；第二，孝敬父母。子女成家立业，自食其力，知晓为人处事，无须父母操心。子女不仅在物质上关心父母，还在精神上给予慰藉，这是较高的层次。第三，葬祭父母。按照当地习俗行葬礼，让父母入土为安，为父母守孝，这是最高层次。

1. 赡养父母

平日里，清晨起来，给老人打洗脸水。吃饭时，老人排上座，给老人盛饭，并双手递给老人。壮族人认为鸡肝鸭肝最珍贵，席上年轻人要把肝献给老人。在民间还流传着许多关于鸡肝的故事传说，其中《外甥偷吃鸡肝》的故事流传很广，它成为教育孩子的典型案例。

> 相传，古时候，有一个小伙子到舅舅家玩，舅妈杀鸡盛情款待。舅妈要去菜园里摘菜，故招呼外甥帮忙炖鸡。待到鸡熟的时候，他四处张望，发现屋子里只有他一个人，于是就趁机把鸡肝给吃了。由于太热了，故边吃边流泪。正当这时，舅妈回来了。她心疼地问外甥，我的儿呀，你怎么流泪了？外甥回答到：舅妈对我太好了，我太感动了，这让我想起去世的母亲，所以忍不住流泪了。到了晚上，大家吃饭时，发现鸡肝没有了。舅妈明白了，幽默地说，可能这只鸡没肝没肺吧。小伙子羞得满脸通红，低下头来说，舅妈，对不起，鸡肝被我吃了。舅妈说，我的儿呀，诚实就是好孩子，这个鸡肝是要留给你外婆吃的。于是，从那时起，每次人们吃鸡，都要把肝夹给老人。①

长寿村壮族把老人视为宝，家有一老如有一宝，每逢家里杀鸡宰鸭，都要教育孩子把鸡心和鸡肝夹给老人。每当老人生病，外嫁出去的女儿也要买一些猪肝送给他们。肝在当地有着特殊的意义：第一，老年人在当地有较高的地位，把肝夹给老人，寓意着把老人当宝一样敬奉。第二，上了年纪的老人通常牙齿不好，肝比较软，容易咀嚼，适合老年人。第三，过去，长寿村壮族生活水平比较低，人们以素食为主，肉食很少，大多数老人均比较清瘦，容易出现低血糖、缺铁性贫血等症状。同时，上了年纪的老人视力也在下降，动物肝脏具有补血、明目等功效。故人们教育子女，在席间，要是有鸡肝、猪肝等，均要献给老人。若是小孩把肝吃了，则被人笑话，视为不孝。此外，果子熟了，先摘给老人品尝，稻谷收割了，用新米煮饭先给老人盛上。年节到了，及时给老人添置衣物。孩子要经

① 故事由村民黄妈欢提供，笔者翻译整理。

常问候老人，询问老人的身体状况，若是老人身体不适，给老人煎药、按摩。父母卧病在床，要悉心照料。

2. 尊敬父母

尊敬是一种敬爱之情，是孝的较高层次。孔子云："今之孝者，是谓能养。至于犬马，皆能有养，不敬，何以别呼？"① 如果仅仅在物质上供养，但对老人不敬，这与动物有什么区别？

孝敬父母，孩子不仅要关心他们的物质需要，还要关心他们的精神需要。平时进餐，年迈父母坐好后，儿孙方能入席；老人动筷后，儿孙才能动筷，以示尊敬。有人送来食品，老人先品尝，儿孙才能食用。与老人共坐，禁止在老年人面前跷腿，挤眉弄眼。与老人交谈，禁止打断老人说话，要耐心倾听，如有不同意见，老人说话完毕，方可提出。与父母相处，要文明谦恭，言语平和，和颜悦色。

子女除了日常关心父母，还要体会父母对子女的期待。例如，身体健康，做一个诚实、勤劳、自立、有志气、孝顺的人，听从父母教诲，无须父母操心，让他们安度晚年。在建房、婚嫁等重大事情上，征求父母的意见，以示尊敬。父母身体不适，给老人举行补粮添寿仪式，以示希望父母健康长寿，让他们得到心理上的慰藉和满足。父母年过 60 岁，要给父母备棺，消除他们的后顾之忧，以示孝顺。若子女外出，过年过节要回家看望父母，女儿初一、十五给老人送粮，让老人得到心理安慰，等等。

3. 葬祭父母

生时敬养，死后安葬是当地村民孝道的表达。老人的生命走到尽头，儿女子孙要以各种方式哀悼、缅怀。例如，子女要通过哭丧的方式来追忆父母此生为自己所付出的一切，感念父母恩情，表达自己的哀痛和不舍。儿子要为父母操办丧事，请道公超度，让父母入土为安。女儿要为父母准备灵位，让父母灵魂有安身之处。子女要为父母守孝，守孝期间禁止同房。每天饭前，给父母供奉食物，上香。下葬三年后，举行二次葬，二次葬亦是尽孝的表达。

长寿村葬祭习俗反映着父母与子女的特殊关系，凝聚着深厚的亲子之情。按习俗祭葬父母，让父母入土为安，是壮族孝敬父母的重要组成部分。人们通过多种方式教育孩子为什么尽孝，如何尽孝，还要告诉孩子孝子的报偿和不孝子的

① （春秋时期）孔子：《论语·为政》。

下场。

（三）孝的奖励与不孝的惩罚

1. 孝子受到赞扬

当地人相信善有善报，恶有恶报，孝是首善，不孝是首恶。孝子受到人们的尊重与赞扬，并得到上天的眷顾，事事顺利，延年益寿。在孝浓厚的社会里，流传着许多关于孝的故事，其中家长们常常以《孝子阿特》的故事教育孩子。

> 相传，有一户人家有5个儿子，因为人多田地少，每年除去上缴的各种赋税，粮食所剩无几。遇灾年，只能靠野菜充饥。父母为了让孩子们吃饱，就给地主当长工。他们把劳动所换得的粮食留给孩子，自己不舍得吃。长期忍饥挨饿，加上繁重的劳动，身体每况愈下。十二岁的大儿子名叫阿特，他看在眼里，痛在心里。于是他偷偷地去给别村的地主放牛，所换得的粮食用红蓝草、枫叶、紫藤、黄花草浸泡染成五种颜色。用芭蕉叶包好后，告诉父母说，我上山挖野菜时，发现很深的山谷里长着各种颜色的野生稻，于是就用刀割、晒干、脱粒后，装袋子背回来。父母想，可能是真的，家里的米都是白的，这有颜色的米应该是野生的吧。于是信以为真，每天安心地吃着香甜的五色糯米，喝着野菜汤，慢慢地身体恢复了健康。他们一家人辛勤劳动，生活也越来越好。阿特的孝行受到众人的夸赞，长大后，许多人争着给他提亲。他的孝行感动了上苍。有一天，他去放牛，发现牛拉出了黄灿灿的金子。①

这个故事表明孝子不仅受到众人的赞许，还得到了上天的眷顾。人们相信因果报应，家长们通过生动的故事告诉孩子，孝子将得到好报，孝是大善，行孝者将增寿。以故事传说、现实案例激励着孩子尽孝，同时也告诉孩子，不孝将会受到众人的谴责和上天的惩罚。

2. 不孝的惩罚

既然相信善有善报，那恶应该就有恶报。在道教信仰和祖先崇拜的社会里，人们认为，现在的老人便是未来的祖先，若是对其不孝，将受到惩罚。村民常以《被水冲走的农田》来告诉不孝子所受到的惩罚。

---

① 故事由村民黄妈念提供，笔者翻译整理。

（采访时间：2014 年 4 月 21 日；地点：长寿村；人物：HME，女，45 岁）从前，村里有一位阿婆，名叫妈侬。女儿阿侬年幼时，丈夫就去世了，她与女儿相依为命。女儿长大后，嫁到邻村去了。她虽然出嫁了，但经常回家看望母亲。妈侬的田地都是女儿、女婿帮忙耕种。在女儿的关心照顾下，她简单而快乐地度过晚年。90 岁那年，她去世了。她去世后，村里有财主闹着要分她的田地。阿侬说，田地迟早是你们的，我母亲去世不到一个月，尸骨未寒，还没有脱孝。等三个月后，脱孝了，再给你们，我好跟母亲交代。可是财主不依不饶，强行瓜分妈侬的田地。村里人认为，人刚刚去世，还在守孝期，就提出要分田地，会遭到报应的。果然不出所料，那年夏天，发生洪水，河流改道，老妇原来的田变成了河道，村里人都说，是遭到报应了。从那以后，人们就不敢欺负老人了。

这个故事反映了不孝的下场，它成为人们教育孩子的典型反面案例。通过这个案例告诉子女要善待老人，否则会受到人们的谴责，也会受到上天的惩罚。村民认为，过去经常发生洪水，可是那么多年，阿婆的田怎么不被冲走，偏偏在被财主瓜分后就被冲走了呢？这件事情纯属巧合，河流改道本属自然现象，会时常发生。但是，在相信因果报应的社会里，那些做了坏事的人，当他们遇到不幸时，人们便会借助一些巧合的自然现象进行附会，认为那是报应。即便有些人原来不信，但是，当遇到一些难以解释的偶发事件时，也便不由自主地相信了。人生在世，十有八九不如意，不幸的事情不可避免，当人们遇到不幸时，总是把自己的不幸与之前所做的坏事联系在一起，认为是自己遭到了报应。当人们不孝时，会产生恐慌，担心自己会遇到不测，因而从内心上约束自己的行为，这实则是一种非社会性的行为控制方式。个体在一个特定的文化中成长，受到该文化的濡染，并将一些社会规范内化为自身的行为规范，且自觉遵守，约束自己的行为方式，以此获得内心的安宁，求得生活的平稳与顺畅。

在长寿村，老人弥留之前有族人对其身体进行检查的习惯，看看是否被虐待了。女性老人入棺之前，娘家人要对其尸体进行验尸，若是发现身体有异常，则要对子女进行问责，让子女赔礼道歉。在丧事进行过程中，有一个环节叫送礼，也就是在下葬的前一天晚上，子女们为了答谢舅舅一直以来的关心，把一只鸡作为礼物送给舅舅。要是生前孩子对老人不敬，舅舅家拒绝接受这只鸡，鸡送不出去，则将受到众人议论，子女们会经受很大的精神压力。为了惩罚，道公把一只碗反扣在棺材前，然后让不孝子把鸡蛋立在碗底，以示谢罪，并表示要改过自新，重新做人，求得逝去亲人的原谅。通过多种惩戒的方式教育孩子不孝将要承担的后果，从而约束孩子的行为。

“老吾老以及人之老”，当地人教育子女，不仅要关心家里的长辈，同时还要关心其他的老人。在农忙时节，若是村里有老人体力不支，父母会鼓励孩子们去帮忙。在羊肠小道，遇到老人，要让老人先过；在路上，遇到老人挑重担，要主动帮忙换肩，或者帮忙老人挑到家里；走村串寨，要给老人带礼物；逢年过节，要把美食分享给隔壁邻居的老人。

（四）言传身教，以身作则

在当地人看来，知孝不是真正的孝，知孝行孝才是真正的孝。故在孝德教育中，父母起着言传身教的作用。平日里，父母善待老人，起着示范作用，子女也会耳濡目染，从而使孝德教育知行合一，孝道得以代代相传。

105 岁的黄妈奥说，我的儿孙们很孝顺。儿孙们平时有什么好吃的都先分给我，然后再分给他们的孩子。玄孙们每次在吃东西时，先征求父母的意见，说，爸爸妈妈，我已经把东西分给老奶奶了，我可以吃了吗？父母同意后再吃。我有三个孙子，两个在外面打工，一个在家里。家里那个每天干活回来都关心我的身体，每次煮饭菜都先问我想吃什么，变各种法子做好吃的给我。每天吃饭时都先给我夹菜。夏天问我热不热，冬天问我衣服、被子是否暖和。在外面打工的孙子也常常打电话回来关心我。现在玄孙们也很孝顺，主要是世世代代孝道教育的传承，所以他们才这么懂事，我也知足了。

108 岁的黄妈松谋谈到，我以前生活很苦，现在儿孙们很孝顺。前段时间下雨，家里的地板很滑，我不小心摔倒了，行动不太方便。孙媳妇每天出门干活之前，都先帮我打洗脸水放在固定的地方。我说，不用麻烦你们年轻人了，我慢慢来还是可以的。但她们觉得我腿脚不方便，天天不厌其烦地帮我打水，拿拖鞋，搬凳子。我那 1 岁多的小玄孙女看见了，也学着她爸爸妈妈。有好吃的，先拿来给我，帮我拿这个，搬那个。我还没摔倒前，她会常来要我抱。可我摔倒后，她见我活动不方便，每次拿东西给我吃后，就在我身边玩，不要我抱。有一天，她被椅子绊倒在地，摔得挺重的，他爷爷刚好不在，她四处张望，找她爷爷，又不敢哭出声，眼泪在眼眶里打转，我就慢慢挪过去要扶她，可是当靠近时，她用力抓住椅子，自己爬起来，不哭，又继续玩，我看着很心疼，她这么小，就十分懂事。

（采访时间：2014 年 4 月 22 日；地点：长寿村；人物：HGL，男，63 岁）以前我们村有一家人，女方是很远的地方嫁过来的，不懂得孝敬老人，男方平时也比较鲁莽，两个人绝配。每次有什么好吃的，让孩子躲到房间吃，他们家生活挺宽裕的，但过年过节，从来不知道给老人买衣服、鞋子之类的礼物。有时候，老人煮饭烂一点，煮菜咸一点，都会大声呵斥。等到他们老的时候，孩子也不孝敬他们，很少给他们添置衣物，老人有一点做得不合意就大嚷大叫，媳妇还到处说老人的不是，这就是报应呀。村里人实在看不下去了，就去说他的子女，这样的人家以后还有谁敢跟他们结亲。压力之下，现在他们的子女也学着别人善待父母，脾气没有那么暴躁了，逢年过节，也会买一些衣服之类的送给父母。孩子就是一张白纸，你教他什么，他就学什么，什么样的父母就培养出什么样的孩子。

父母就是孩子的第一任老师，家庭教育对孩子的成长具有十分重要的作用，孩子在小的时候对父母的爱好、语言、行为有极强的模仿力。文化模式理论认为，成长环境塑造孩子的行为，孩子就是大人的创造物，这就是人们通常所说的“种瓜得瓜，种豆得豆”，父母的言行对孩子起着重要的影响。人是生物和文化的统一体，孩子生下来时，脾气、性格有一小部分是遗传，有些孩子天生安静，有些天生好动。好动也好，安静也罢，他们的心灵是纯净的，尚未能够分辨对错是非，需要父母的正确教育和引导，其中言传身教是最好的教育方式。当地孝道之所以代代相传，是因为父母从孩子年幼开始，就对其进行孝德教育，并以身作则，亲躬示范，使孝德教育深入人心。

潘光旦在《论老人问题》一文中指出，老年人的赡养分为经济和经济以外两部分，前部分可以通过养老金来解决，后部分英国学者试图以“安老设施”来解决，但最终没有达到目标。人到风烛残年，面对生的渴望和死亡的威胁，对经济以外的渴求日益强烈。经济以外的需求可以通过以下三个途径来满足：第一是拥有一份不朽的事业；第二是儿女的关心和照顾。第三是宗教信仰。大多数人把这方面的需求寄托在子女的身上。①

① 潘光旦：《潘光旦文集》第十卷，北京：北京大学出版社，2000 年，第 324 页。

养老问题总体来说，归结为物质给予、生活照料和精神上的满足。在物质方面，国家、社会会做出努力，慢慢改变。然而精神方面上的满足，国家、社会很难给予。因此，子女们发自内心地尊重老人，他们才能真正感受到亲情的温暖，从而得到精神上的慰藉和满足。尽管国家有法律规定常回家看看，但是如果子女心不甘、情不愿地回去看望，给父母不好的脸色，甚至恶语相向，那将会对父母造成二次伤害。当地人的观念是欲得到孩子的尊敬，需从小开始加强孩子的孝德教育和引导，并以身作则，而不是到了老年，孩子已经长大了，发现不孝时才诉求法律，这种做法可能会使孩子更加反感，亲情淡漠，父母也并没有得到真正的尊重。

如今，人们普遍认为，市场经济造成了道德的滑坡，不良的社会风气和老年人地位的下降是造成子女不孝的原因。但我们却看到，很多家长十分注重对子女学习的投入，为了能让子女上更好的学校，不惜一切代价，甚至倾其所有，而忽视了孩子的道德教育，最后是子女的不孝和啃老。在子女不孝的时候，我们该反思自己是否孝敬父母，是否给孩子正确的教育，以身作则，给孩子起到表率作用。也许，人们会认为，这些教育应该是学校的责任。然而，学校固然有责任，但学校的教育总是有限的。德育教育讲究的是言传身教，注重内心的修养与品行，而学校的教育大多只能做到言传，且关注技能与知识的传授，很少能做到身教。学校教育缺少生动、形象、真实的生活场景。因而，我们不能忽视家庭教育对孩子的作用。父母是孩子第一位也是孩子的终身老师，我们希望在未来得到孩子的尊敬，就得先尊敬我们自己的父母，并给孩子起示范作用。

村民认为，孩子学习固然重要，但是孩子学得好与不好，那是他的天分与努力。学习不是摆在人生的第一位，毕竟“三百六十行，行行出状元”，而最重要的是如何为人处事。假若一个人不会做人，即便他学习再好，也不能让父母安心。教孩子学会做人，首先要学会尊重、感恩父母。若是一个人连生他养他的父母都不尊重、不知感恩，很难指望他会尊重、感恩他人。只有学会尊重、感恩父母，与兄弟姐妹和睦相处，才能学会去尊重、感恩他人。家和万事兴，对于一个家庭来说，团结是至关重要的大事。要做到长幼有序，兄弟齐心，妯娌和睦，就必须要父慈子孝，兄仁弟恭，谦和礼让。

家庭的重要功能是育儿和养老。子女孝顺、夫妻恩爱、婆媳、父子关系和谐，妯娌兄弟和睦是人生的追求。家庭成员关系融洽是实现健康养老的保障，也是人到老年的生活目标和追求。因此，在日常生活中，村民正确处理家庭成员之

间的关系，努力营造和谐的家庭氛围，为安度晚年奠定基础。

第四节　家庭关系

夫妻恩爱、子女孝顺、兄弟妯娌和睦是人到老年的愿望和追求。家庭关系如何，影响到老年生活是否幸福。家庭关系以婚姻、血缘或者收养关系为基础，上下、左右延展而构成了各种亲属关系，概而言之，它由内外两个部分组成。内部关系反映了婚姻和血缘关系，主要包括夫妻、父子、母女、兄弟、姐妹、祖孙、婆媳、翁婿、妯娌、姑嫂等关系；外部关系包括叔伯、姨舅、邻里、朋友等关系。本节将介绍长寿村家庭内部几个重要的关系。

一、夫妻关系

夫妻关系是家庭关系的核心，也是其他家庭关系的基础。夫妻承担着抚幼养老的责任，夫妻的权利、义务都指向家庭的幸福、和睦。因而，夫妻关系对于家庭关系的良性互动起着非常重要的示范作用，长寿村村民深谙此道，故十分重视夫妻关系的营造。

（一）地位平等，真诚相待

在长寿村，男女地位平等，夫妻之间真诚相待。从婚姻缔结过程来看，女性通过丰厚的嫁妆、不落夫家等形式来提高自身的地位，让丈夫明白娶妻的艰辛，婚后更加珍惜与妻子之间的感情。壮族女子以勤劳能干著称，女性既干农活，又做家务，还要照看孩子，赶集买卖商品，参与红白喜事的礼交活动。因此，人们娶妻以健壮为美，以勤劳为荣。壮族女子的勤劳能干，使得他们掌握了家庭的财政权，也奠定了在家庭中享有与丈夫具有同等地位的权利。历史上，由于部族、土司之间的争夺、军阀的混战，壮族地区出现女多男少，男逸女劳的现象。在过去，若是一个女人养不活丈夫则被人笑话。她们能上山砍柴、伐木，能下地犁田、耙地。丈夫外出或者是身体不适时，她们能够包揽家庭的所有重活，在她们看来是理所当然的，也没有什么抱怨。因此，人们不乏对女性的赞扬和崇拜。在生活条件艰辛的长寿村，山多地少，夫妻双方辛勤劳动才能养家糊口，发家致富。故在当地，男女有着比较明确的分工，诸如犁田、耙地、砍柴、伐木、搬运主要由男人负责；照看孩子、种田、种地、喂养家禽、牲口、酿酒、买卖商品由女性负责，避免了责任不明确而产生的矛盾。每天晚上吃完饭后，由妻子安排农事，当天的事当天完成。夫妻在共同抚育孩子、赡养老人的过程中互相配合，共同营造和谐的家庭氛围。

> （采访时间：2014 年 4 月 23 日；地点：长寿村；人物：HGF，男，98 岁）我们村的媳妇可能干了，犁田耙地、砍柴挑水、买猪卖鸡，干起活来一点都不比男人差。我们这里田地少，两夫妻一起使劲才有吃的。所以，男人也不闲着，以前我们男人主要上山打柴拿到城里卖，换回油盐。现在男人主要在外面挣钱，女人负责家里的农活、照看孩子、照顾老人。在一个家庭里，夫妻地位平等，有事共同商量，谁都代替不了谁。

“一家两夫妻，有事多商量，双亲同侍候，儿女共抚养”①。长寿村女性勤劳能干，在家庭中获得了与男性同等的地位。夫妻关系就像一双筷子，谁也缺少不了谁，他们有事相互商量，真诚相待，共同养老育幼。

在长寿村，人们认为，夫妻之间因为成长的背景、生活习惯、生活方式存在着差异，出现矛盾问题不可避免，偶尔吵架也属正常。但要是经常吵架，不仅影响夫妻之间的感情，还影响家庭的和睦。长期吵架还会引起祖宗的不满，从而宗族作祟，给家庭带来不幸。长寿村壮族聚族而居，一个家族的人聚居成排。哪家吵架，人们都会出来劝阻，做思想工作，尤其是作为娘家人代表的媒婆，若是遇到夫妻吵架，她将做双方的思想工作。若是双方关系比较紧张，则先叫女方到她家里居住。双方暂时分开，冷静后，通过媒婆做工作，会在媒婆面前认错，并主动和好。媒婆在一定程度上对夫妻关系起到监督和调节的作用。要是媒婆调解不了，则需要娘家人出面解决。

“姑娘到夫家后，如因感情不和，丈夫无理取闹等原因出现家庭矛盾时，舅舅有权出面干涉，提出解决办法和警告，夫家对舅舅的态度必须认真对待，这其实是对家庭关系中妇女地位的一种保障。”② 若男方对女方做出出格的事情，媒婆则会通知女方娘家，娘家人便前来调解。人们通过各种方式确保妇女的地位，保障妇女的权利。

① 梁庭望：《壮族伦理道德长诗传扬歌》，罗宾译，南宁：广西民族出版社，2005 年，第 105 页。

② 陈新建、李洪欣：《壮族习惯法研究》，南宁：广西人民出版社，2010 年，第 77 页。

在长寿村，人们认为夫妻之间要真诚相待，生活中有什么不满就表达出来，若是一直憋在心里，不利于矛盾的解决，一旦矛盾日积月累，到爆发的时候，便不可调和，夫妻之间的关系也就难以挽回。他们正确对待矛盾，而且善于解决矛盾，俗语云“不吃隔夜饭，不记隔夜仇”。夫妻长期冷战对双方都是一种精神折磨，通常吵架过后会主动和好。

（二）夫妻异室，彼此同心

在长寿村，夫妻生育后，有分房而居的习俗。男女之间有较严格的界线，男孩与父亲同居一房，女孩与母亲同居一房。虽然夫妻异室，但要求忠诚于对方。在民间有这样的规定，“男女老少，各守廉耻，不得私通奸淫，逆礼乱伦，玷辱门风”。[①] 若是有一方有外遇，则会遭到人们的唾弃。破坏别人家庭的人，会遭受人们的谴责，无论是男方或者女方都会遭到子女的反对、家族的排斥、村里人的疏离。因此，在长寿村离婚率很低。

（三）相互扶持，白头偕老

夫妻恩爱、携手到老是很多人的追求。在长寿村，许多长寿老年人一生中拥有美好的爱情、亲情，他们相互鼓励、互相扶持，正是因为爱情、亲情的力量，他们克服生活中的种种困难，白头偕老。

108 岁的黄妈松谋甜蜜地回忆起夫妻恩爱的故事，她说：“在 18 岁时，从坡月村嫁到这里，当时我丈夫只有 14 岁。那时，家里贫穷，买不起牛。我就在前面当牛，艰难地拉犁，而他在后面艰难地推。我们夫妻俩起早贪黑，农事没有一样落下。由于田地少，我们上山开荒，在石头缝里开出一个个小坑，种上了玉米。有一天，我就问丈夫，我们这么辛苦地劳动，听说女人比男人老得快，而且我年纪比你大，如果有一天我看起来比你老很多，你会不会嫌弃我。他肯定地说，不会，在我看来勤劳的女人最美。我们辛勤劳作，粮食堆积如山。于是，我跟他商量用多余的粮食来酿酒，拿酒去卖可以补贴家用，又可以养猪。我们酿酒、养猪，生活逐步富裕。谁想到，我们家被划为富农，遭到批斗，房子被烧，生活陷入困境，精神遭到打击。丈夫鼓励我说，不用怕，这么多年都活过来了，我们到山上摘野菜也要挺过去。就这样，我们带着五个孩子，东躲西藏，渡过难关。‘分田到户’后，我们早出晚归，继续酿酒、种菜、养猪，生活慢慢好起

① 广西壮族自治区编辑组：《广西壮族社会历史调查（第五册）》，南宁：广西民族出版社，1986 年，第 67 页。

来。我们相扶到老，儿孙满堂。”

黄妈松谋夫妇用勤劳的双手改变了生活，在这个过程中，也培养了平凡、朴素的感情。黄妈松谋之所以在各个历史时期，克服一个又一个困难，是因为有丈夫的支持和鼓励，这是她继续生活下去的动力。夫妻间在苦难时刻相濡以沫，彼此扶持，面对困难没有相互埋怨，而是互相鼓励，用勤劳的双手创造生活，在平凡生活中品味对方的情感，携手到老。在长寿村，人们明白一个道理，孩子长大了，迟早会离开家，到外面谋生，一生中，陪伴自己时间最长的就是伴侣。人到老年，老伴的一声问候、一声关怀都会感到温暖。在村里，许多老年夫妻，他们一起经历战火、贫困和饥饿，一起目睹生活的日新月异，在漫漫岁月中，相扶到老。夫妻关系是家庭关系的核心，只有夫妻关系融洽，才能给儿女提供良好的成长环境，也才能让老人安度晚年。

二、亲子关系

子女与父母之间的关系称为亲子关系。亲子关系包括亲生子女、继子女或者养子女与父母之间的关系。长寿村壮族亲子关系可以概括为“慈孝”。“慈”意为父母慈爱儿女，包括抚养、教育、均财产三方面的内容：“孝”意为子女孝敬父母，包括赡养、孝敬、葬祭。抚幼养老是亲子关系的核心。

（一）父母慈爱

父母慈爱对孩子的成长起着重要的作用。在长寿村，人们认为，每一个孩子都是花婆神赐予父母的一朵花，花朵娇嫩，魂未定，故要善待花朵。孩子降生，父母在床头安一个花婆神位，孩子半夜哭闹，头疼脑热就给花婆神上香，祈求花婆神保佑孩子平安。在孩子的成长过程中，要经历谢花还愿、护花、培花仪式。通过仪式，祈求花婆神护佑，孩子就会平安、健康。因此，平日里通常不打骂孩子，怕孩子被吓着了，魂被吓走了，孩子就会生病。在日常生活中，父母尽量保持克制，即便孩子犯错误，也是于情于理地教育。若是哪家父母打了孩子，人们认为父母犯糊涂，会遭到报应的，其他人家也会出来劝阻。因此，在长寿村，没有“棍棒底下出孝子”之说。

孩子是一枝花，所以需要悉心照料。人们无论到哪里都惦记着孩子，上山见到好吃的野果，摘回给孩子吃。赶集、走亲戚、参加宴席归来，会带一份食物给孩子。若是两手空空，被认为是“追伙”，即意为虚无的爱，孩子的灵魂会生气，它随时会出走，灵魂出走，孩子则犯病。逢年过节，杀鸡宰鸭，要留鸡腿鸭腿给孩子。

（采访时间：2014 年 4 月 24 日；地点：长寿村；人物：HBL，男，72 岁）我有三个儿子，孩子小时候挺调皮的，但我耐心教导，很少打骂他们。记得有一次，我小儿子跟其他孩子逃学去玩，我就特别生气，随手就抓起一根竹条，往他身上打。她妈妈说我太狠心，邻居也前来劝我。那天晚上，放学回来后，他就发烧了，而且连续烧了几天。孩子打不得，一打魂就跑了，就容易犯病，我很后悔。从那次以后，我觉得不应该用打的方式对待孩子，要耐心跟孩子沟通、交流，了解他们的想法，孩子也是有思想的，不要以为他们什么都不懂。父母好好跟孩子沟通，孩子也是理解的。以前我对他们很好，现在他们对我也挺好的，我们村大多数父母都不打骂孩子。所以，孩子们性格温顺，长大了也比较孝顺。

在他们看来，孩子就是自己上辈子修来的福分，每个孩子都是花婆神赐予父母的花朵，孩子年幼时很娇弱，它的灵魂还留恋花山，若是父母对孩子照顾不周，孩子心灵受伤，魂就容易飞走，孩子就会生病。因此，父母要对孩子细心照顾，耐心沟通。当地人认为，父母性格温和，孩子也温顺。要是父母脾气暴躁，经常打骂孩子，长大后，他也会叛逆，可能会打别人，甚至会打自己的父母。因为在孩子的心中，武力可以解决问题。为了不让孩子有此想法，父母尽量克制，若是哪家打了孩子，隔壁邻居便过来劝架，并说“魂到”，也就是担心孩子被惊吓着了，魂飞了，希望魂回来。爱孩子是人类共同的情感，有人认为不打不骂不是爱，打骂是严格要求孩子，疼爱孩子的表现，他们望子成龙，望女成凤，其出发点是为了让孩子拥有更好的将来。但是他们忽视了孩子是弱者，是需要保护的，粗暴地打孩子是违法行为。当地人还认为，对孩子精心呵护，细心照顾，耐心与孩子沟通，但并不是对孩子的错误一味地迁就，而是要耐心地教育和引导，再调皮的孩子也有善良的一面，若是其沾染恶习，或是父母的教育方式不对，或是父母没有以身作则。

长寿村村民朴素的亲子关系中，反映出他们把孩子当成独立而且有思想的个体，并不以或溺爱或高压管制为教育孩子的主要方式，而是以引导、教育为根本，凡事征求孩子的意见，与孩子沟通、交流，在此过程中，孩子理解了父母的爱，自然而然就会孝敬父母。在长寿村，人们很难见到贾宝玉与贾政老鼠见猫式的父子关系，看到的是朱自清笔下的和谐的父子关系。

（二）子女孝敬

在长寿村，孩子与父母之间互动频繁。从小开始，父母会带孩子参加一些生产活动和社交活动。比如，农忙时节，四五岁的孩子会在田间看父母干农活，父母边做工边与孩子交流，有时候，还教孩子一些劳动技能。农闲时候会带孩子到河边钓鱼，到河里游泳等，这些都加深了父母与子女之间的感情。

（采访时间：2014 年 4 月 25 日；地点：长寿村；人物：HAH，男，30 岁）我跟父母的感情比较好。小时候，父母从不打我。父亲每次去田里，都会给我带回蚂蚱、小鸟之类的，我很开心。我每天都帮他拿拖鞋、洗脸巾之类的，他很开心。农闲时节，他经常带我去河边钓鱼，到田里捡田螺，到山上抓小鸟，晚上带我去游泳。母亲每次上街都给我带回好吃的，每次去外婆家回来或者是去喝喜酒，都会打包食物回来给我。我上学的时候，家里生活拮据，他们省吃俭用，也要保证我的生活费。每逢节日，母亲都会带着五色糯米饭、粽子、糍粑、肉来我们宿舍分给我舍友吃。童年美好的记忆都是我父母的影子。所以，现在我有什么都愿意跟他们交流，小时候父母对我们好，现在他们老了，我自然对他们好，这是人自然而然的情感。

因为爱幼才有尊老，子女小时候与父母关系融洽。长大后，无论走到哪里，均会时常挂念父母，有什么心事愿意与父母交流，也会自觉地孝敬父母。在他们看来，父母慈爱，孩子孝顺，这是自然而然的情感。

同样是孝敬父母，儿女在养老中的功能各有偏重，俗语云，“养儿防老，养女防病”。

1. 儿子主要提供物质供养

尽管都是对父母尽孝，但是，男女孩尽孝的方式和承担的主要责任不同。源于生物划分的性别被赋予不同的文化色彩，男女性别角色便产生差异。在长寿村，壮族以嫁娶婚为主，招赘婚只发生在没有男孩的家庭。婚后实行从夫居，家庭财产主要由男孩继承，男孩承担养老的主要责任。

（采访时间：2014 年 4 月 26 日；地点：长寿村；人物：HYG，女，67 岁）我有两个女儿、两个儿子。我们的习俗就是把财产分给儿子，儿子继承

家业，主要承担养老责任。儿子主要负责物质上的供养，若是生病，医疗费用主要由儿子承担。人很难完全靠自己走完一生，等到老了，能吃不能做事的时候，儿子就是靠山，有了儿子就有安全感，养老有了保障。女儿嫁人后，有自己的公公、婆婆，村里很少有人去跟女儿住。即便去，也是去一阵子，不常住。生病时主要是女儿回来照料，心里有什么苦闷可以跟女儿诉说，至于她给不给医疗费用，就看她的心意了。

（采访时间：2014 年 4 月 27 日；地点：长寿村；人物：HBW，男，32 岁）我有四兄弟，分家时，因为家里穷。除了田地，父母几乎没有一件像样的东西给我，但我对父母也很好。作为男孩，留在家里，就要养父母。如果父母让女孩招赘，她也可以养老。但目前我们的风俗是女孩嫁出去，她有自己的公公婆婆，父母无论如何都不愿意去跟她住。以后这个习俗会慢慢改变。对于留在家的男孩，无论是否有财产继承，父母养育我们，我们就得赡养他们，人不可能光谈权利，而不谈义务，在我们这里已约定俗成，若是一个人连自己父母都不赡养，以后别人也不愿跟他们做亲家。

养老内容主要包括三个方面：物质供养、生活照料和精神赡养。在当地，财产主要由儿子继承，故儿子除了平时关心、照顾父母外，还主要承担物质供养。即便是没有财产继承，基于血缘道义、姓氏延续、香火传承，他们也认为，儿子应该主要负责父母的物质供养，女儿主要负责生活照料和精神抚慰。

2. 女儿主要负责生活照料和情感慰藉

尽管养老中主要由儿子提供物质，但女儿也以送粮、送衣服、鞋帽、回家帮工等形式，给父母提供一些日常生活用品和帮助，但她主要负责生活照料和精神抚慰。常言道：女孩是父母贴心的小棉袄，父母心中有苦闷时，愿意向女儿诉说。父母生病时，希望得到女儿的关心和照顾。父母把女儿抚养成人，给女孩准备丰厚的嫁妆，女儿婚后，不忘父母恩，以不落夫家的形式回报父母。即便生儿育女，落夫家后，在农忙时节，也常常回家帮助父母。壮族节日繁多，每月一节，在节日里，即便再忙，她也抽空给父母送粮。

（采访时间：2014 年 4 月 28 日；地点：长寿村；人物：HGX，男，85 岁）5 年前，我生了一场病，躺在床上生活不能自理，都是两个女儿过来轮流照料。女儿不在时，媳妇也会照料，媳妇有媳妇的好，女儿有女儿的好。

平时有什么心里话，都愿意跟女儿诉说。农忙时节、节日，女儿都会回来，平时有空时，也常常回来给我送粮。有儿子是好，但是没有女儿也不行，节日里，女儿带着外甥们回来，很热闹。

（采访时间：2014 年 4 月 29 日；地点：长寿村；人物：HMJ，女，45 岁）我父母都还在，他们都 80 多岁了。以前，父母对我很好，结婚时，除了床上用品、家电，还给我送一头牛。结婚后，在娘家帮助父母四年。到了夫家，一有空儿，我就打电话问候他们，节日里都会去看他们，每次见到我，父母都很高兴，我经常送粮回去给她们，他们吃了以后，都感觉很香甜，因为是女儿送来的。儿女都很重要，少了哪一个，都感觉有遗憾。

人到老年，随着生理机能的衰退，出现头疼脑热的事在所难免。按照当地习俗，父母身体不适，大多是命中缺粮所致。除了服药，还需要补上粮食才能康复。要是能够补上外家米、别姓饭，则更好。为了父母尽快康复，女儿是要给父母送粮的，若是不送，则受到人们的谴责。粮食就像一座桥梁，连接女儿和父母。女儿会借助送粮的机会，关心、照顾他们，帮助父母做可口的饭菜、洗衣物、洗头发，与父母交流，倾听他们的诉说，让他们在精神上得到安慰和满足。

三、媳妇与公公、婆婆的关系

公婆与儿媳是家庭关系中不太容易相处的，尤其是婆婆与儿媳妇的关系，往往被视为天下最难处的人际关系，这其中既涉及家庭权力的争夺，也涉及对同一男子（婆婆的儿子、媳妇的丈夫）的情感要求，以及心理感受等。在长寿村，当地人以自己的方式较好地处理了被人们视为难以处理的公婆与儿媳关系。

（一）老人主动帮助儿媳妇做力所能及的事情

女性在娘家扮演女儿的角色，在夫家扮演媳妇的角色，除了要照顾父母，还要赡养公公、婆婆，处理与他们的关系。婆媳关系、公媳关系是人类关系的永恒话题，其关系处理得如何，影响到家庭的和睦，也关系到老年人能否度过幸福的晚年。

在长寿村，女子出嫁前和婚姻缔结过程中，接受了父母的孝德教育，其中重要的就是如何为人媳妇，如何孝敬公公婆婆。结婚后，在媳妇不落夫家的一段时间里，娘家人教授她如何与公公、婆婆相处，这为创造良好的公媳关系、婆媳关系打下了基础。

长寿村属于典型的喀斯特地形地貌，山岗林立，岩溶众多。当地山高坡陡、土地稀少，为了有好的收成，必须精耕细作，充分利用土地，一年要耕种春秋两季。媳妇们除了白天要务农，晚上回到家里，还要承担一系列的家务劳动。由于她们早出晚归，上山下山，劳动繁重，要是没有老人帮忙照看孩子，生活更加艰辛。在当地，男方父母身体健康，成为女性择偶的条件之一，因为婚后有了孩子，公婆可以担当照顾孙子、孙女的责任，那么，女孩婚后生活就没有那么艰辛了。因而，媳妇与公婆之间和谐关系的建立既是客观的生存需要，也是情感依托之需。

（采访时间：2014 年 5 月 1 日；地点：长寿村；人物：HMW，女，38 岁）我平时跟公公、婆婆关系挺好的。我公公、婆婆虽然 70 多岁的人了，但是身体还很硬朗，这些年来，他们帮我不少，帮照看孩子，做家务。我不用背着孩子去劳动，而且劳动回来有热饭热菜吃。他们老人家要求也不高，年轻人吃什么他们吃什么，过年节给买些衣服、鞋子之类的他们就满足了。

在当地，家有一老，如有一宝。家庭有老人帮忙照顾孩子、做家务，年轻人可以安心、无牵挂地劳动。因而，媳妇深知老人的重要性，平时关心老人，相处融洽。要是没有老人，不仅大人受苦，孩子也要受罪。

（采访时间：2014 年 5 月 2 日；地点：长寿村；人物：HMN，女，41 岁）刚刚结婚不久，公公和婆婆因为上年纪了，我还没有生孩子的时候就去世了。我这一辈子真的很辛苦，孩子都是自己带大的，没有人帮忙。每天一大早起来，就背着孩子去村里两公里外山泉挑水，一天至少要挑四五回水才够一家人用。挑水回来以后，又开始煮早饭，煮完饭喂孩子，喂家禽。做完这些又开始背着孩子上山种地。孩子受罪，大人也受罪。背着孩子很不方便，坐下来也不行，蹲着也不好。有时候没有办法，只好把孩子放在箩筐里，放在稍平一点的地方，让他自己玩。但是也经常被蚂蚁、蚊虫叮咬，有时候还很危险。有一年夏天，我背着孩子到地里锄草，背着孩子实在太热了，就把孩子放背篓里，找个阴凉而且比较平稳的地方让他自己玩。没想到，孩子在背篓里动，背篓连同孩子往山下滚，我立马跑下去接着背篓。因为山势陡峭，滚得太快了，我根本追不上，一下子脑子空白，身子瘫软，迈不开步伐。心想，这下肯定完了，正好在我绝望的时候，背篓被一棵树给挡住了。孩子被吓得都哭不出来了，过了好久，孩子哭出声，我也哭了。遇到热天或者下雨天，孩子受苦，大人也受苦。如果在家带孩子不出去干活，单靠男人也干不完，一家人的生活怎么办呢？背着孩子去干活又很遭罪，我很羡慕有老人帮忙照看孩子的媳妇，她们真的是很幸福的，有时候，邻居家的奶奶见我太辛苦，帮我带一下，我都会很感激。

在当地，流传着一首表达没有老人帮带孩子的媳妇的苦歌，“母命苦，我儿亦命苦，夏天受热，冬天受寒，母背沉沉担，儿在背后，手不能动，腿不能伸，儿哭，母亦哭”。可见那些没有老人带孩子的媳妇，无论上山下地，都得背着孩子，生活极其艰辛。在当地，即便老人没有能力帮忙照看孩子，但在他们的观念里，家中有老人，家里会感到安全和温暖。而且，在一个充满孝氛围的社会里，若是有媳妇对老人不敬，则会受到舆论的谴责。因此，在长寿村，婆媳之间关系总体上是比较融洽的。

（二）站在对方角度相互理解、不干涉

在中国，人们一提到婆媳关系、公媳关系，就认为这些关系太难以处理，故一些年轻人一结婚就提出单过的想法。在长寿村，人们认为婆媳关系并没有那么复杂，只要将心比心，互相了解对方，多站在对方的角度去看问题，问题就能迎刃而解，便可以处理好婆媳关系。

长寿村妇女长期生活在艰苦的环境中，承担着繁重的生产和家务劳动，因此，造就了她们善良、宽容的性格。多数婆婆理解媳妇的艰辛，自觉地帮媳妇做家务、带孩子，甚至还与年轻人一起下地干活，尽量减轻年轻人的负担。作为媳妇，在家里受到父母的孝德教育，在村里受孝德的熏陶，因此，也比较容易理解老人，对老人宽容、感激。在长寿村，若是分家时，让父母分家单过，在人们看来是很难想象的。即便是现在的年轻人，也希望与父母住在一起。而且一些老年人在孩子成家立业后，主动从家长的位置退下，民间还有这样的说法：“青年人当家，家旺；老年人抱孙，孙壮。”儿子成家后，老人把财政权交给儿媳妇，意思是信任儿媳妇，没把儿媳妇当外人。家里大事、小事他们只是建议，不强行干涉，最后由年轻人做主。儿媳妇也领会到老年人的苦心，于是尽心尽力经营家业。

当地俗语还说：“夫妻吵架老子不插嘴，家里丑事老子不露嘴。”通常情况下，儿子、媳妇吵架，老人们不插嘴，不偏护哪一方，家丑也不外扬，不搬弄是非。

（三）老人当娃娃

在当地，有“老人当娃娃”的说法，意为人到老年，行为、性格就如同娃娃，所以要尽力呵护。正是这样的观念，无论是赶集归来还是参加宴席归来，只要有孩子的一份食物，老人也会有。在村民看来，人到老年，跟孩子一样嘴馋。所以，老人和孩子是一样的。

同时，当地人认为，经过生儿育女、帮助孩子建房、娶妻、照看孩子的老人，人到老年后，已非常辛苦，且随着生理机能的退化，有时会犯糊涂、多疑、敏感、脾气急躁，这些都属于正常现象，所以年轻人没有必要计较。跟老人闹矛盾与跟小孩闹矛盾一样，显得自己不成熟，没教养，会被村里人笑话。若不是大是大非的问题，年轻人对老人要持着宽容的态度。所以，媳妇也对老年人尽可能地理解和宽容，不会过多计较。

（四）亲家互相献食，增加媳妇和公公婆婆的感情

常言道：要给自己争取利益，就要知道先给别人争取利益。长寿村村民深谙这个道理。当地人有献食习俗，逢年过节或者家有喜事，公公婆婆均会记得打包生熟两份食物给儿媳妇带回娘家，分给外公、外婆，并嘱咐儿媳妇把外公、外婆接过来住一阵子。虽然是一份简单的礼物，但外公外婆体会到亲家公、亲家母的一份情谊，他们也会让女儿带回糍粑、粽子、大豆、花生之类等作回礼，同时吩咐孩子要孝敬公公婆婆。点滴之中，一送一回，有助于促进儿媳妇和老人之间的感情。

四、祖孙伦理

在长寿村，祖孙关系是隔代家庭的一种亲子关系。由于人的寿命延长，在四代同堂、五代同堂的家庭里，要处理好祖父、曾祖父与孙子女、玄孙子女的关系。

人们常说隔代亲，祖孙有着天然的亲密情感。在平等、民主观念浓厚的长寿村，祖孙关系也与父母子女关系一样，祖辈慈爱、孙辈孝敬，他们也参与抚养、教育孙辈，而孙辈也赡养、孝敬、祭葬祖辈。在村里，凡是有百岁老人的家庭，政府都颁发百岁老人证，逢年过节，也给百岁老人发放礼物和慰问金，这让拥有长寿老人的家庭感到荣耀。让祖辈们安心地度过晚年也成为孙辈们义不容辞的

责任。

五、兄弟关系

在长寿村，在有几兄弟的家庭里，老人与谁一同居住生活，主要按照老人的意愿。无论是与哪个儿子居住，若是老人生病住院，医疗费用均由几兄弟共同承担。在分家时，几兄弟平分家庭财产、田地，且由家族成员和村里德高望重的老人来做公正，避免了兄弟之间因为财产的分配和父母的赡养问题而发生纠纷，由此也给兄弟们的和谐相处奠定了基础。此外，若是哥哥或者弟弟没有子嗣，或者是孩子因为意外、疾病而夭折，则由兄弟的孩子来赡养，不会让其老无所依。

正是兄弟之间的互帮互助使得在养老体系尚未健全的社会里，孤寡老人不会流落街头，亲情的温暖让无子或晚年丧子的老人得到安慰。当地人重视兄弟之间的情谊，平时偶有矛盾、摩擦、误会在所难免，但是人们认为，无论怎样，亲情是割舍不断的，为了兄弟情义，可以不计前嫌，终归于好。在长寿村，一个家族里的重要事情都是需要兄弟们之间互相商量决定，家里困难也是需要兄弟们互相帮助的，尤其在建房、婚嫁、祭祀这样的大事方面，更是需要兄弟之间的协助。人到老年，兄弟之间相互串门聊天、下棋、切磋土医药、风水等，克服孤独寂寞，度过亲情浓郁的晚年。

六、妯娌关系

有儿有女是人们美好的理想和愿望，然而，人世间往往会有很多的遗憾。若是家中有多个儿子，没有女儿，老人的生活照顾则由各妯娌负责。若是妯娌之间关系不融洽，互相推脱，就会影响到老年人的生活。在长寿村，妯娌之间的关系是比较融洽的，团结协作的妯娌被人们赞扬。民间流传的《四媳妇的传说》即反映了人们对和谐妯娌关系的赞扬与期待。

从前有一个性情温和的老人，名叫方德，老伴早已去世，遗下四个男孩。四个儿子都外出办公事，三个媳妇在家都听从公公的话，大家互敬互爱，欢欢乐乐地过日子。

一天，三个媳妇都要回娘家，向方德公请假。方德公说："你们一个去三五天，一个去七八天，一个去十五天，要同一天回来，并且每人要带一个白皮黄心萝卜回来。"三个媳妇百思不得其解，只好扛起锄头去给玉米地培土。

路上碰着一个长得眉清目秀的姑娘。姑娘见三位妯娌愁眉不展，便问有何难事。三位妯娌把事情原委说后，姑娘说："公公是要你们每人回去十五天，回来时每人带一个鸡蛋。"

三位妯娌一下子醒悟过来，立即回到家里对方德公说："您的意思我们明白了，是一位漂亮又聪明的姑娘帮我们解答的。"方德公笑着说："那位姑娘是哪个村的？如果还没有出嫁，我们请媒人去访查，接来做四弟妻子。"三位妯娌喜笑颜开，异口同声说："好！"经过媒人访查，那姑娘确未成婚，年龄、八字和四儿子都配得很合适。姑娘也很中意，于是娶了过来。

新媳妇容貌超人，聪明能干，名扬城内外。土司得知，垂涎三尺，派下臣叫方德公到府里去。土司对方德公说："在一个月内要你儿媳妇做完99双布鞋，织99张壮锦，如果做不到，就把你四儿媳妇送来顶替。"

四个儿媳妇没日没夜地做布鞋、织壮锦，终于做完。土司无奈，只好作罢。方德公心里的石头终于落地，他满心欢喜地回家。可是土司仍然不甘心，叫人跟踪方德公，把方德公推下盘阳河，企图把四儿媳妇强行抢走。四个儿媳妇闻讯后，把土司派来的人引到山洞。山洞深邃、黑暗，四儿媳妇对山洞的路线熟悉，当把那些人引到黑暗深处时，就把他们推到洞底，洞底深邃万丈，他们再也起不来了。之后，她们一起跳到河里把方德公救上岸，从此一家人平平安安地过日子。①

三个儿媳妇协助公公为四弟娶妻，又帮助四儿媳妇与土司斗争，逃离困境，四个儿媳妇齐心协力把公公救上岸，她们的团结协作和聪明才智在当地传播开来，成为人们争相效仿的典范。在集体主义浓厚的社会里，长寿村壮族妯娌之间的团结协作表现在方方面面。

第一，互相帮助照顾老年人。在有几兄弟的家庭里，无论老人跟哪个孩子住，凡是老人生病时，妯娌之间都要轮流照顾。

（采访时间：2014年5月3日；地点：长寿村；人物：HMH，女，40岁）我老公有三兄弟，平时种田种地三个妯娌互相帮忙，红白喜事都是一起

① 故事由村民提供，笔者翻译整理。

去的，关系比较好。前段时间我婆婆身体不太好，因为她没有女儿，我们三个儿媳妇轮流照顾。虽然分家了，公公跟我们住，婆婆跟我小叔住，但是有什么好吃的都会记得婆婆，逢年过节也是三家在一起吃，一人吃饭饭不香，众人吃饭饭才甜。公公、婆婆见到我们如此团结，很是开心，我们村里大多数都是这样的。

一般情况下，在多子的家庭里，大儿子结婚生子后，分家另立门户，老年人与未婚幼子同住，儿媳妇则协助公公婆婆帮助小叔娶妻建房。幼子成家后，老年人按照自己的意愿选择与一个儿子居住。无论是与哪个儿子居住，在老人能自理期间，其他儿媳妇有什么好吃的都会送给老人，逢年过节，给老人买衣服，制作布鞋等。若是遇到老人生病，各妯娌轮流照顾。

第二，生产互助。长寿村生产条件比较艰辛，需要精耕细作。由于农业生产周期性强，面对繁重枯燥的劳动，人们常常以家族为单位，几家几户聚在一起，共同劳动。当地俗语云："人多歌声响，人多好种田。"众人在一起边聊天边劳动，互对山歌，在轻松的环境下劳动，忘记了劳动的烦闷、枯燥，提高了劳动效率。

第三，红白喜事互助。在长寿村，通常由妇女参加社交活动。在宗族观念浓厚的壮族社会里，人们在公共场合都是以一个家族的妯娌为单位出现的，比如，一个家族里面，谁家的女儿生孩子，或者是谁家的亲戚去世了，本家族的妯娌均要到场，除非是因为生病或者外出务工等原因。若是因为矛盾不到场，则会引起人们的议论，这个家族的媳妇在其他家族媳妇面前没有面子。在日常生活中，妯娌之间即便有一些矛盾，但是，考虑到自身颜面问题，也会主动和好。她们担心，万一某一天，自己娘家或者女儿家有什么事情，得罪了某个妯娌，她不出场，岂不是丢了自己的面子？所以，一个家族的妯娌在村里自然形成一个个小团体，她们共同完成家族里的生产生活事务。凡是家族里，有人建房、有人结婚，有人去世等，她们不请自来，互相商量，互相帮助。若是家族里的妯娌团结协作，办事周到，则受到村里人的赞扬，并相互效仿。若是不团结，则被人们议论。在熟人社会里，谁都不愿意成为众人议论的对象，所以都小心翼翼地维护自己的名声，希望能在众人面前得到大家的赞扬。人们羡慕那些兄弟和睦、妯娌团结的家族，认为在这样的家族里，无论做什么事情都有人响应，大家团结协作，家族就兴旺。

第四，生活互助。在日常生活中，哪家有困难，妯娌之间互相帮助。若是遇到哪家吵架、打孩子，则主动前来劝阻、调节。过年过节，有什么好吃的一起分享。在过节时，当地人常常以家族为单位，几家人共享一只猪或羊，其乐融融。尤其人到老年，子女白天忙碌，妯娌之间互相串门聊天、听山歌、询问对方的情况，互相关心、照顾，在农村成为自发互助的老年小团体。

（采访时间：2014 年 5 月 4 日；地点：长寿村；人物：HYM，女，82 岁）老年人有老年人的世界，人老了，喜欢去找同伴聊聊天。我丈夫有五兄弟，平时我们妯娌之间没有什么矛盾，反而是他们兄弟之间偶尔有些摩擦。年轻的时候，我们农忙时节经常互相帮助，有什么事情大家也好商量。分家的时候，请了族里比较公正的人来分，也没有什么财产纠纷的，所以大家的关系都比较好。现在老了，感情比过去还好，因为以前是忙于各自的事情，现在相处时间比较多，大家反而更加珍惜彼此的情谊。年轻人不在家时，我们常带着孙子、孙女互相走动，分享美食，串门聊天，一起听山歌。哪个身体不适，我们会帮她熬熬汤呀，煮煮饭呀，互相照应。

人到老年，子女们为了生活，奔波劳碌，白天无暇顾及老年人。老年人有老年人的世界，生活在同一时代，有着相同生活经历的老人聚在一起有共同的话题，老年妯娌在生活上互相关心，相互照顾，携手共度夕阳。

七、其他家庭关系

其他家庭关系，如翁婿关系、姐妹关系、姑嫂关系等。在长寿村，女婿等于半个儿子，在农忙时节，女婿做完自己的农活，要帮岳父母做。过年过节，女婿要陪妻子去看望岳父母。岳父母做寿，女婿要送象征健康长寿的牛筋椅。

在长寿村，姐妹之间同样互帮互助，农忙时节一起回去看望父母，轮流给父母送粮。父母身体不适时，轮流照顾。当地有俗语称："兄如父，嫂如母。"嫂子协作婆婆给小姑准备嫁妆，逢年过节，嫂子做好吃的等小姑回娘家等。

夫妻恩爱、父慈子孝，基于血缘道义的家庭养老成为当地养老的主要方式，子女们在物质供养、生活照料、精神抚慰上相互协调合作，为老人营造和谐的家庭环境，让老人安度晚年。当然，在现实生活中，因性格、经济等，家庭成员之间的矛盾在所难免，但当地人敢于正视矛盾，而且善于解决矛盾。当发生矛盾时，一是相互协调。人与人相处，因为年龄、性格等方面的差异，矛盾摩擦不可避免，然而当遇到矛盾时，例如夫妻吵架、兄弟相争等，族人出面协调，化解矛盾使人们重归于好。二是彼此简单。年轻人与老年人由于生活在不同的历史年代，生活习惯、思想观念等方面存在差异，代沟是不可避免的。当产生矛盾时，年轻人认为，人到老年，随着生理功能的衰退，性格、脾气与孩子无异，故把老人当孩子看待。在老人心中，孩子即便生儿育女，孩子永远也是孩子，故双方互不计较，矛盾化解，从而实现家庭和谐。三是相互包容。长寿村壮族信仰当地主神布洛陀，在壮族史诗《壮族麽经布洛陀影印译注》中讲到，"从前，儿子、女儿对父母不敬，兄弟相残，导致鬼怪缠身，家道败落，最后通过布洛陀指点、解冤，并建议人们把丑话丢到田里，把恶语丢到塘里，把仇恨丢到河里"①。因此，人们发生矛盾时，不计旧仇，不翻旧账，重归于好。

家庭是人们生活的最重要场所，也是养老的基本空间。长寿村村民在日常社会生活中总结、积累经验，形成了自己一整套与家庭相互关联的社会文化，使其保障功能有效地发挥，既为老年人的养老提供了一个安定、和谐的环境，也维护了当地的社会稳定与秩序。

第五节 养老的村规民约

除了家庭制度，当地还有村规民约规定了各个家庭的养老义务，使养老机制更加制度化，从而有效地实现了老有所养。

一、各种家庭状况的养老规定

（一）有儿子家庭的养老规定

凡是父母尽了抚养子女的义务，60 岁以后，有权利要求子女在物质、生活照料、精神上提供赡养。有打骂、虐待老人行为者，第一次家族头人警告；第二次，由家族头人召开会议，对其进行公开批评教育；第三次，义务给整个家族每户人家劳动半天，边劳动边接受教育。如果无故不赡养老人，经屡次教育不改者，家族头人组织族人分出其双份财产给老人，以示惩罚。田地主要由老人耕

① 张声震：《壮族麽经布洛陀影印译注》，南宁：广西人民出版社，2004 年，第 286－294 页。

种，到老人无力耕种之年，主要由子孙耕种，按照田产数给老人分配粮食，确保物质上的供应。当子孙不愿意耕种时，由家族头人安排族人代其耕种。

（采访时间：2014 年 5 月 5 日；地点：长寿村；人物：HGP，男，96 岁）我们这里不赡养老人的现象很少，但也有极个别不愿意赡养的。以前村里就有一个既好吃懒做，又喜欢赌博的人。他只顾自己的生活，对老父老母不闻不问。该教育的也教育过了，该惩罚的也惩罚了，可还是没有用。无奈之下，每到农忙时节，家族里每户出一个劳动力去帮他们。过年过节有什么好吃的也记得送去。平时家族头人常常去了解他们的生活情况，关心她们。在家族的帮助下，他们安详地走完一生。因为不孝，没人愿意嫁给他，只好孤身一人。后来去了外省，再也没有回来了。这个案例被当成反面教材，教育子孙后代。

在长寿村，在有儿有女的家庭里，凡是父母尽了抚养子女义务的，子女都有赡养父母的责任。子女无故不赡养老人的，就要接受族人的批评教育。屡教不改者，则要接受惩罚。经过批评、教育、惩罚后，仍不改者，则要分出财产，由族人协助赡养。

（二）有女无子家庭的养老规定

凡是有女儿没有儿子的家庭，可通过过继或者招赘的方式来养老。赘婿或继子享有与亲生儿子一样的权利，族人一律不得歧视。如继子或赘婿无故不赡养老人，同样接受教育和惩罚。如果既不过继又不招赘，则由房族兄弟的子女赡养，财产由赡养者继承。

在长寿村，在国家尚未实行计划生育之前，由于人们子女数量较多，有女无儿的家庭，过继一个儿子来赡养老人的现象时常发生。当地舅舅拥有较大的权力，人们通常过继自己姐姐或者妹妹的儿子来抚养，认为这是嫁出去的女儿对家里的补偿和贡献。实行计划生育政策后，子女数量减少，过继一个儿子是一件难事。故人们则通过招赘的方式来养老。长寿村周边西山乡的瑶族和所略乡的壮族均盛行招赘婚，受周边环境的影响和人们思想观念的变化，招婿养老的方式越来越被人们所接受。

（三）儿子早逝媳妇守寡的家庭

儿子因病或者意外伤害在年轻力壮时早逝，如果媳妇尚未生育，则鼓励其改嫁，老人由兄弟子女赡养。如果媳妇已经生育，族人尊重媳妇的意愿，可以改嫁。要是改嫁，则要留下一个孩子给老人养老。要是不改嫁，则族人帮其招婿，新婿具有与亲生儿子同等权利，尽抚养孩子和赡养老人的责任。

在长寿村，如果儿子早逝，媳妇有改嫁的权利。通常，基于改嫁后新环境的适应和老人生活的艰难，生儿育女的寡妇很少改嫁，她们以招婿的方式，与新婿共同养育子女，赡养老人。

（四）孤寡老人的养老规定

孩子夭折或者一辈子单身的孤寡老人，可以收养一个孩子来养老。如果不收养，则由其兄弟子女赡养。无子女无兄弟者，由家族头人召开会议，协商指定房族中的一户来赡养，财产由赡养者继承，并立契约为据，以保障日后的继承权。

二、评选“和谐家庭”“五好家庭”

为了鼓励人们行孝，长寿村举行了“和谐家庭”和“五好家庭”评选活动。在评选过程主要看家庭成员之间是否和睦、是否团结互助，其中孝道成为评选的重要条件之一。108 岁的黄妈松谋老人一家因家庭和睦，尊老爱幼获得了“河池市十佳和谐家庭”“五好文明家庭”等荣誉称号。这些荣誉的获得激励着长寿村村民弘扬孝道文化，以家里有长寿老人为豪，以行孝道为荣。外在的荣誉称号内化为人们尊老、爱老，维护家庭和睦的动力，自觉传承孝道文化。内心深处热爱和谐的人们，善待自家的老人，也关爱他家的老人。孝道文化外化于行就是，日常生活对老人嘘寒问暖，关心老人的物质需求和精神需求。在物质生活不断丰富的今天，“和谐家庭”、“五好家庭”的评选更多的是一种荣誉，这种荣誉就像孝德的火种，对于家庭内部，荣誉的获得，使孝道文化代代传承。对于村落，“五好家庭”、“和谐家庭”就像火种散发出的光芒，照亮着周边一户又一户人家，不断地向远方散开去，直至在整个村落及周边村落形成了浓厚的孝文化、和文化氛围。

三、对不孝子的惩罚

凡是有辱骂、殴打、不赡养父母的行为，经查实，都被视为不孝。家族头人视情节轻重，有权对其进行批评、教育和惩罚。凡是女性老人受到辱骂、虐待、弃养，其娘家人有权对其子女的不孝行为进行批评教育，令其改正。

村规民约体现了原始的平等观念和朴素的集体观念。通过制定村规民约和家庭伦理道德规范，约束了人们的行为，实现幼有所教，老有所养。在以农耕为主的社会里，在养老保障尚未健全的情况下，家庭养老是养老的主要方式。

费孝通从文化论视角，通过中西方文化对比分析，指出以农耕为主的中国社会，其养老方式是，“甲代抚育乙代，乙代赡养甲代，乙代抚育丙代，丙代又赡养乙代的反哺模式”①。而以工业为主的西方社会，其养老方式是，“甲代抚育乙代，乙代抚育丙代的接力模式”。不同的生产方式选择不同的养老方式。在以农业为主的长寿村，尽管目前60岁以上的老年人有了一定的生活补助，但国家发放每月几十元的补助不足以维持老年人的生活开支。随着人口寿命的延长，在老人众多，且不算富裕的社会里，是什么因素维系着家庭养老呢？

经济交换论认为经济互惠维系了家庭养老。该理论的主要观点是，人都是理性的经济人，父母给子女经济投资，包括教育投资和财产继承，子女以赡养的方式回报父母。这种交换关系是家庭养老的根基，确保了人类的延续。社会交换理论认为，家庭成员的经济、权利、情感的互惠关系维系着家庭养老。这种互惠表现为父母与子女在时间、金钱、物质、情感等方面的交换和支持，具体表现在家务上相互帮助，经济上相互支持，生活上互相照顾，情感上互相慰藉。子女以物质支持、生活照料、精神慰藉的方式回报父母的养育之恩②。

血亲论认为，血缘道义是家庭养老的重要维系。该理论指出，家庭养老是子代照顾和赡养亲代，以及代际和亲子互动的体现。家庭养老不是一种以经济、权利为基础的利益机制，而是一种以血亲为基础的文化机制。③

作为父母，如果不关心、照顾孩子，没有在孩子身上投入时间、情感等，没有尽到抚养子女的义务，到了老年，是很难得到子女的赡养和尊重的。孩子与父母之间本是一种血亲关系，爱孩子是人类的天性，是人类的共同情感，多数父母或多或少都会在孩子身上倾注一定的时间、物质、情感等。然而，并不是每个人的付出都会得到回报，有些父母在孩子身上付出大量的时间、物质，倾注太多的心血，其结果依然是遭到子女啃老，弃老。其主要原因是什么呢？笔者认为，血亲关系，父母对子女投入的时间、金钱、情感是维系家庭养老的因素之一，但更重要的是，父母对孩子的正确教育和引导，培养父慈子孝的天然情感，才能使孝

① 费孝通：《家庭结构变动中的老年赡养问题》，《天津社会科学》，1982年第3期。

② 熊跃根：《中国城市家庭的代际关系与老人照顾》，《中国人口科学》，1998年第6期。

③ 姚远：《血亲价值论：对中国家庭养老机制的理论探讨》，《中国人口科学》，2000年第6期。

道代代传承，老年人才能得到尊重，从而获得物质上的保障和情感上的满足。

以农耕为主的长寿村，孝是家庭养老的重要维系，父母对子女进行抚育、教育、均分财产，培育了和谐的亲子关系。子女对老人赡养、孝敬和葬祭，通过婚前婚后一系列的孝德教育，使得孝道得以代代传承，家庭养老代代延续，孝在养老过程中发挥着重要的作用。当然，孝的前提是尊重年轻人的利益和生命，愚孝的做法应该批判。通常，在当地，家庭内部的矛盾和纠纷主要依靠家庭伦理道德观和村规民约来协调，很少诉求法律。村规民约和家庭伦理道德规范，在当地家庭养老过程中发挥着十分重要的作用，是老有所养的制度保障。

第四章　健康养老之精神依托

——娱乐、民间信仰与习俗

子女孝顺是老有所养的制度保障，娱乐活动、习俗信仰是老有所乐的精神依托。人是情感之动物，善于编织意义之网。人到老年不仅需要得到物质上的满足、子女的关心照顾，还要寻求精神上的依托以及生活的意义。精神文化是人类特有的意识形态，它产生于物质文化的基础之上，决定了人的本质和生活状态，是人类重要的精神食粮。在长寿村，老年人知命通达、自足常乐、与世无争，过着恬静淡雅的老年生活。她们通过各种娱乐活动、宗教信仰来满足自身的情感需求，从而度过健康快乐的晚年。

第一节　文化娱乐

2013 年新修订的《中华人民共和国老年人权益保障法》规定，家庭成员要关心老年人的精神需求，不能冷落、忽视老年人，与老人分开居住的家庭成员也要常回家看看。此法颁布后，老年人的精神需求越来越引起人们的关注。子女外出务工后，长寿村的部分老人也面临着精神上的孤独，但是他们通过各种娱乐活动来消除寂寞，充实自我，做到孤而不独。

一、以歌为伴

子女们为了谋生，不得不远离父母，他们渴望通过自己的努力，不断地改善父母的物质生活，他们有一颗时常挂念父母的孝心。但面对工作和生活的压力，时间的不足、路途的艰辛等原因，他们欲尽孝而不能，只能在心里牵挂着父母，希望他们平安、健康。作为父母，也深知子女在外面生活、工作的艰辛。因此，他们以歌抒怀，表达情感，以歌会友，从唱歌和听歌中获取精神上的愉悦和满足，实现自我精神赡养。

壮族以歌代言，出口成歌，壮族山歌内容广泛，上至宇宙星辰，下至山川河流，广至爱情、婚姻、历史、地理等。壮族山歌种类繁多，时而议论、时而叙事、时而抒情，人们以歌追忆历史；以歌叙述故事、传说；以歌评善、恶、美、丑；以歌表达爱情、亲情等。

千百年来，壮民族在与自然做斗争的过程中，人们通过山歌的形式表达心中的情感，因而，出口成歌成为壮民族一个明显的特征。人们情缘事发，歌由情生。当儿女外出谋生时，父母常以山歌表达不舍与期望。

儿子出门频回头。
深知母亲心里忧。
母亲深知儿孝顺。
莫要为母孤发愁。①

由于土地稀少，孩子为了改善生活不得不外出务工。这首歌表达了孩子出门时，对母亲的眷恋和不舍，担心她孤单一人，没人照顾，因而频频回头看望。母亲深刻体会到孩子的孝心，心里得到了安慰，并希望儿子不用担忧，安心在外工作。

在艰苦的生存环境中，长寿村老人通过山歌来相互鼓励，表达情感及交流生产、生活经验。

“壮族人民把诗歌应用于生活的各个领域，以表达思想感情，叙事传说，喜庆祝福，交朋结友，酬唱择配，他们往往遇事即歌，逢场必唱，有‘以歌代言’的习尚。”②

山歌在长寿村扮演着重要的角色。随着社会的发展变迁，人们的娱乐方式越来越丰富多样，但山歌具有的娱乐功能和心理调适功能使它延续至今。③ 它已经成为老人们重要的精神食粮。在长寿村，山歌陪伴着老年人一生。他们对山歌怀有很深的感情，“宁可五日无电视，不可一日无山歌”，是他们精神生活的真实

① 歌曲由村民黄妈暖提供，笔者翻译整理。
② 潘其旭：《壮族“歌圩”的起源及其发展问题的探讨》，《民族研究》，1981 年第 1 期。
③ 邓如金：《论壮族歌圩的生命力》，《中央民族大学学报》，1992 年第 4 期。

写照。在长寿村，60 岁以上的老年人，文盲和半文盲占大多数，他们不会汉语，对电视不感兴趣。即便一些有文化的老人对山歌也有着深厚的情感。故只要有山歌陪伴，即便儿女不在身边，也可以愉快地度过每一天，山歌在自我精神赡养方面起着重要作用。

（一）山歌有助于消除劳动时的枯燥和烦闷

长寿村山岗林立，出门见山，居住环境较为封闭，在劳动过程中容易疲劳、乏味，尤其是子女外出务工的老人。子女外出，家里的农活全部由老人来承担，劳动时的艰辛难免激起对子女的思念。老人们通过边劳动边唱歌或对歌的形式来消除劳动时的枯燥，以此减少对子女的思念，如：

打茶油果歌

茶油果树结果多，我来打果放背篓；
打果不要分心打，打果分心果不落。
打果要一心一意，果落地面要珍惜；
耐心来收拾落果，一个也不要放弃。
果把背篓装满满，我把背篓背回去；
晒干把果榨成油，香气扑鼻人爱惜。[①]

长寿村地处亚热带，生产桐油果、李子、桃子等果类。茶油是当地人常食用的植物油，也是当地的经济作物。子女外出后，老人们自己护理、采摘、榨油、出售，虽然辛苦，但是亦有成就感。这首歌表达了人们对茶树果的珍惜和喜爱。在长时间的繁重劳动中，老人们有了山歌的陪伴，缓解了疲劳，消除苦闷和烦躁，同时也减少了对子女的思念。

（二）山歌有助于缓解不良情绪

山歌具有娱乐功能，也有心理调适功能，这是它绵延至今的动力。“执子之手，与子偕老”，这是人们的理想和愿望。人到老年，爱人的一杯水、一餐饭、一声问候足以让人倍感温暖。然而，无论夫妻感情多么深厚，多么不舍，爱侣先离去，这是许多老人需要面对的事实。人到老年，最悲痛的事莫过于爱人的离

① 歌曲由村民黄妈汉提供，笔者翻译整理。

去。夫妻之间共同抚育孩子、共同面对生活中的各种困难，已经习惯于彼此的存在。当一方突然离去，即便有心理准备，但许多老人还是措手不及，沉浸在悲痛当中。尤其是平时在感情或者生活上对爱人依赖性较强的老人。面对一个人的孤独生活，突然感到诸多不适，他们需要一段时间来适应，并借助某种力量来加以调适。这时，山歌成为人们的首选。

在长寿村，人们以歌抒怀，通过唱歌来诉说心中的哀愁和苦闷，表达对爱人的思念，缓解痛苦，慢慢渡过难关。

唱山歌的老人通过山歌诉说内心的苦闷，并以歌为媒，收获新的爱情。人们通过山歌互相勉励，共同的兴趣、爱好使他们生活变得充实而有意义，最后成为能编能唱的老师。山歌具有心理调适功能，是心灵的抚慰剂。通过唱山歌，老年人不良的情绪得以释放，慢慢忘记烦恼，从山歌中得到安慰和满足，山歌是老年人重要的精神食粮。

（三）唱山歌有利于保持乐观的心态

病由心生，悲观的情绪容易让人消沉，看不到生活的美好，做什么都没有动力，久而久之，茶饭不思，夜不能眠，对健康不利。乐观的心境，会让人精神气爽，干劲十足，吃什么都香甜，有利于身体健康。《寿亲养老新书》中有一首诗："自身有病自身知，身病还将心自医，心境静时身亦静，心生还是病生时。"[①] 表明心理健康对身体健康具有重要的作用。

人到老年，随着社会角色的转变和社会地位的下降，加上身体机能在衰退，到遇到不顺心的事情，例如，身体不适、夫妻感情不和等便会产生心理压力。及时疏导消极情绪尤为重要。乐观是一种积极的心境，可以激发人的潜力和活力，从而克服困难，解决矛盾。人们通过唱山歌宣泄出不良的情绪，同时积极向上的歌词，也催人奋发。

（采访时间：2014 年 6 月 1 日；地点：长寿村；人物：HMH，女，89 岁）我们这里大多数老人都爱唱山歌，生活中总会有不如意的时候。每当我遇到不顺心的事情，上山劳动时，就放开歌喉，大声地唱，把心里不愉快的事情全部唱出来，唱着唱着，自己也累了，心情也好了。有时候对面山的人听到了，也跟我对歌。通常是鼓励的歌，对着对着，就忘记了

① （宋）陈直：《寿亲养老新书》，王均宁校译，北京：中华书局出版社，2013 年，第 65 页。

烦恼。

不良的情绪需要释放，若是不及时释放，憋在心里，久而久之，就容易抑郁。人们在对歌过程中，互相鼓励，安慰对方，慢慢地忘记了烦恼。例如《逆境歌》：

身陷逆境莫消沉，
严寒过后是春天。
枯木逢春会返青，
黑夜前头是黎明。①

这是一首激励人们战胜逆境的山歌，人们通过唱山歌，给自己心理暗示，克服困难，不断奋发，并保持乐观的心态。壮族山歌蕴含着许多积极的生活态度、和谐的情感、宽以待人的处事方式、持之以恒的毅力。生活在条件艰苦的长寿村村民，通过山歌互相鼓励，无论在战争年代还是在和平年代，自强不息，辛勤劳作，造就了乐观的性格和坚韧的品格。

（四）通过山歌可以追忆美好的青春年华

老年人喜欢追忆过去，回忆儿时的伙伴、少年时代的同桌、青春年华的恋情等。他们通过回忆过去的趣事，追忆过去的美好瞬间，从而获得精神上的愉悦和满足。爱情是人类永恒的主题，年轻时候的爱情或甜蜜或苦涩。甜蜜也好，苦涩也罢，经过岁月的沉淀，人们的记忆里，大多是美好。依歌择偶是壮族山歌的功能之一。“壮乡无论男女，皆认歌唱为其人生观之主要问题，人之不能唱歌，在社会上即枯寂寡欢，即缺乏恋爱求偶之可能性，即不能通今博古，而为一蠢然如豕之顽民。”② 长寿村60岁以上的老年人经历着依歌择偶的年代，壮族山歌中，有许多反映爱情的经典歌曲。例如，小伙子看到中意的姑娘，便唱到“朵朵牡丹山上开，又红又粉惹人爱。多想伸手摘一朵，山上高高难去采。”要是姑娘中意，她则回道：“山上牡丹朵朵开，哥若想摘摘得来。要是哥哥有心意，爬上高山来采摘。”

① 歌曲由村民提供，笔者翻译整理。
② 刘锡蕃：《岭表纪蛮》，北京：商务印书馆，1934年，第59页。

在长寿村，老人独自一人听歌碟，或者几个聚在一起边听歌边讲述故事，回忆年轻时参加歌圩的美好情景和爱情的美好瞬间。

（采访时间：2014 年 6 月 2 日；地点：长寿村；人物 HGQ，男，88 岁）我和老伴以前是对歌认识的，我们年轻的时候，对歌三天三夜，在对歌中互相了解，就走到一起了。在几十年相处的时间里，因为有共同的爱好，也没有什么矛盾，我们还负责教孩子唱歌，生活比较充实。现在回忆起相恋时候的情景，仍然觉得很美好。

老人们通过唱山歌、听山歌，既能感受到山歌的艺术美，又能追忆过去美好纯真的友情、爱情，似乎回到了青春年代，心中充满甜蜜和幸福，忘记了忧愁和烦恼，精神得到了满足。

（五）通过山歌可以实现自我价值

老无所用是老人最为担心的事情。步入老年，随着身体机能在衰退，无论是体力还是智力，他们都感到大不如年轻时候。故难免会产生老不中用的想法，久而久之，自卑情绪油然而生。随着年龄的增长，他们能为家里所做的贡献越来越少，从而贬低自我价值。原来是家里的顶梁柱，是一家之长，角色的转换，贡献的减少，老年人认为自己不仅是家庭的负担，也成为社会的累赘，自卑心理加剧。

部分老人自觉充当歌师，把生产、生活经验编写成歌曲，传授给年轻一代，从传承文化过程中获得成就感。有的老人通过写歌、编歌、录制歌碟，拿到市场出售，获得不菲的收入，从而实现自我价值。还有一些老人被公司邀请，用山歌宣传公司产品或受政府邀请，以山歌宣传各项方针、政策。

山歌反映了种植甘蔗的益处，通俗易懂，贴近生活、寓教于乐，人们易于接受。如今，大量年轻人外出务工，政府的各项政策、措施主要依靠老人去落实。在长寿村，老年人中，文盲占多数，许多人不识字，亦不会汉语。故当地政府从实际出发，以山歌宣传，达到良好的效果。老人从宣传中，获取劳动报酬，从而实现了自我价值，有助于老人增加自信，发现老有所用，从而保持良好的心态。

（六）通过山歌可以结识更多的朋友

常言道：朋友多了路好走，有知心的朋友可以互诉衷肠，分享生活中的喜悦，分担生活中的困难，尤其是遇到志同道合的朋友。

壮族开口成歌，以歌代言。即便在路上互不相识，均可以歌问候。人们通过山歌，问季节天象，探姓问名，从而慢慢熟悉。山歌具有开放性和包容性的特点，无论生人还是熟人均可以对歌。

过去，壮族歌圩是年轻人展现歌喉、谈情说爱、以歌择偶的重要场所。如今，歌圩成为老年人结识朋友的盛会。每年农历三月初三，各村寨的老人自发来到街上，或者三五成群，或者上千人，相聚在一起，相互对歌。从对歌中，找到志趣相投的朋友。

（七）唱山歌有助于预防老年痴呆

壮族出口成歌，且讲求韵律，因此，人们在对歌时，要不断地开动脑筋。步入老年，身体各项机能在逐渐衰退，视力模糊、健忘，易出现老年痴呆，老人对此感到恐慌和焦虑。更让老年人忧虑的是，认知功能下降，忘记自己的生日、孩子的电话号码等。

人体功能的衰退，一方面给老人生活造成不便。另一方面老人感到自己慢慢老去，离死亡越来越近。在长寿村，人们通过对歌的方式，常常用脑、动脑，预防老年痴呆。

壮族是一个崇尚智慧的民族，这源自于人们生产生活的需要。“壮族及其先民是古老的稻作民族，千百年来，他们据‘那’（水田）而作，依‘那’（田地）而居，赖‘那’（稻作）而生，缘此，他们为满足实际的生产需要和生活需要，尤其注重于对稻作生产知识的探求，从劳动实践中逐步了解和掌握稻作生产规律，创造了稻作文明。”① 稻作需要精耕细作，人们需要从老人那里获取生产经验，有知识，有智慧的老人深受尊重，布洛陀因无所不能、无所不知而被人们视为神来崇拜。壮族对歌是展示一个人才华、智慧的表现。

人们以问答的方式来对歌，问得妙，答得巧，是对歌的理想境界。要是能把对方问倒，直到对方无歌以对，表明在对歌中获胜。壮族山歌内容广泛，包括天文、地理、政治、经济、医药、婚姻、家庭等，欲取胜，需要渊博的知识。例如，对方问：什么拍翅往水跳？/什么拍翅就鸣啼？/什么上岸就下蛋？/什么下蛋在水里？/什么生来就没嘴？/什么有嘴没有鼻？/什么脸面永朝阳？/什么屁股朝红日？要快速而正确地回答这些问题，既要具备丰富的知识，又要灵活快捷地反应。这是考验人的才识和智慧的方式，同时，也是歌手展现聪明才智的机会。

① 黄秉生、袁鼎生：《民族生态美学》，北京：民族出版社，2004 年，第 23 页。

108岁的黄妈坤一生很爱唱山歌，也是编歌能手，以前当过宣传员，用山歌来宣传革命。在生活中，注意积累知识，也喜欢思考一些问题。跟别人对歌时，很多问题对方都无法回答。因为经常动脑，她做什么事情，动作也比较快，想到的办法也比较多，现在记忆力还挺好。

长寿村老人平时不断地积累各方面的知识，拓宽视野，上至天文，下至地理，通今博古，锻炼思维。即便步入八九十岁高龄，依然耳聪目明，思维清晰，神志清醒。

（八）唱山歌有利于益寿延年

作为一种社会文化活动，老人们通过山歌寄托理想，表达情感；通过山歌锻炼智力、磨炼意志、实现自我价值；通过山歌宣泄忧愁和苦闷，缓解紧张和压力；通过听歌回忆美好的青春年华，从而获得心理上的满足，并保持一颗积极向上的心态。这些有助于身体健康，有利于益寿延年。长寿村老人视山歌为精神食粮，他们用山歌来表达它的重要性。

长寿之乡平安村，
自古常有百岁星。
山歌作伴是秘诀，
不是天天吃人参。[①]

105岁的黄妈奥从小到老都爱唱山歌，歌不离口，不开心时，唱呀唱，就好多了。情绪低落时，就到山上朝着对面山大声地唱出来，如果对面的人听到了，回应了，就继续对歌，在对答过程中，慢慢释怀，忘记了烦恼。在开心时，大家一起唱，你一句我一句，好不热闹。

“山歌构成了壮民族的魂”[②]，山歌是老年人不可或缺的精神食粮，它成为老年人日常生活的一部分。诚如人们所唱的那样，“露珠养叶水养根，肥泥养花山养林；五谷杂粮养人身，千年山歌养人心”。

有了山歌做伴，他们有了精神依托，孤而不独。儿孙绕膝，子女常伴身边是老年人的愿望。国家颁布老年人保护法，旨在唤起人们对老人年精神需求的关

① 歌曲由村民黄妈奥提供，笔者翻译整理。
② 陆于波：《壮族歌圩文化延续原因初探》，《广西民族大学学报》，1990年第1期。

注。然而，年轻人为了生活，不得不留下年迈的父母，外出务工。作为子女，哪个不希望留在父母身边尽孝呢？即便不常伴身边，外出务工的年轻人也有一颗尽孝的心。他们时刻牵挂着父母，努力工作，改善父母的生活。他们也希望常回家看看，关心、照顾辛劳一生的父母。但由于生活、工作、经济压力等原因，欲回家而不能。在这样的情况下，老年人是否可以自我精神赡养，找到一种自娱自乐的生活方式，或寄情于画、或寄情于歌、或寄情于舞，或寄情于物，以此找到精神依托，填补内心的空白，消除寂寞，做到独而不孤呢？

二、以艺解忧

女性老年人除了听山歌之外，平时闲暇时间还以制作民族手工艺品，如布鞋、小孩凉帽、鞋垫等来排除寂寞和忧愁。

自古以来，壮族女性以心灵手巧为荣，从小母亲就教孩子制作各种民族手工艺品。人到老年，孩子外出务工，难免会有些孤独和寂寞，所以，女性老人们边听山歌，边纳鞋底，绣鞋面，做布鞋，打发闲暇时光。

> （采访时间：2014 年 6 月 6 日；地点：长寿村；人物：HYN，女，65 岁）孩子们都到外面务工去了，就剩下我、老伴和孙子在家。现在孙子都上小学了，相对来说比较轻松。农闲时节，我就喜欢边听山歌边纳鞋底、绣鞋面，想绣什么花就绣什么花，有时候织毛线衣。人老了，就是闲不住，感觉一闲下来，心里就空空的，常常会想东想西。所以专心地做这些手工活，心里就变得平静。人一旦专心一件事情，就容易忘记烦恼。如果鞋子做多了，自己穿不完，还可以拿到集市上卖，一双鞋子能卖到 50 元。每当亲自做的鞋子被顾客选上，我就觉得挺高兴的，很有成就感。

壮族是一个崇尚智慧的民族。为了显示自己的智慧，女孩从小开始，就接受系统的手工技艺训练，其中，刺绣是展现才智的一项重要技艺。从图案选择到配色再到绣工，每一项都要精雕细琢。女孩订婚和结婚时，均要给婆家年长的亲戚制作布鞋，同时也要给自己做几双，以便到夫家后穿着。人们会对媳妇送来的鞋子进行品评。故给长辈送布鞋除了体现媳妇的孝顺外，还检验媳妇是否心灵手巧。为了赢得好评，给婆家留下好的印象，女孩从小便开始认真钻研技艺。但她们成家后，往往因为农活、家务繁忙而没有时间做刺绣。到老年时，她们可以利用闲暇时间做手工艺品，发挥自己的特长。刺绣是慢工细活，因为专心致志地做一件事情而忘记了烦恼。做民族手工艺品既可以打发寂寞时光，又可以实现自身价值。

三、以棋会友

除了以歌作伴，男性老人常常以象棋会友。在长寿村，象棋是外来之物，在壮语中没有“象棋”一词。象棋传入壮族地区后，深受老年人的喜爱。老人们白天劳作，晚上吃完饭后，聚在一起下象棋。

谈起下象棋，老人们兴致盎然，楚河汉界，走棋对弈，动中有静，有着无穷的艺术魅力和生活乐趣。棋在我国有着悠久的历史，《孙庞斗智》在民间广为流传，故事中的孙膑因善于布阵，棋艺精湛而被老人们所称颂。机器长久不用会生锈，脑子不用也会痴呆。下棋就是一场智力游戏，也是一场博弈。当老人在下棋时，集中精力进行思考，可以调动脑细胞，有效防止老年痴呆。同时，因为没有沾上赌博色彩，老人仅仅把下棋作为一项娱乐活动，不在乎输赢，所以，在谈笑间走棋，以获得平气静心。

> （采访时间：2014 年 6 月 7 日；地点：长寿村；人物：HGH，男，73 岁）晚上或者下雨天，有空时，我们几个棋友常常聚在一起下棋，有些老人见了也过来围观。孩子不在身边难免有些寂寞，劳动回来，一个人待在家里静悄悄的，难免会想起孩子们。老是看电视，不与人交流，心里感到不舒坦。所以，吃晚饭后或者下雨天常常找棋友们下象棋。我们下象棋不赌博，就当作娱乐活动，输赢都没有负担，主要是希望志同道合的朋友聚在一起聊聊天，以消除寂寞。

在下雨天，因为无法劳作，阴雨绵绵的天气常常会让老人感到更加烦闷和孤独。但在长寿村，人们以棋会友，村里老人聚在一起，有人在下棋，有人在观棋，甚至外村有爱好下棋的人也会前来参与。下棋观棋间，消除了烦恼和孤独，身心得到放松，给单调枯燥的生活增添了乐趣。

下棋之所以深受男性老年人的欢迎，是因为象棋简单易行，多数老人都知晓马行日，象行田的棋理。同时，在下棋中，进退有度，相生相克，变化无常，富含哲理。下棋是讲究方法的，一步走错，全盘皆输，由此锻炼老年人做事有计

划、有策略的意识。此外，下棋要静观棋局，把握时机，乘机取胜，培养了老年人的忍耐性。

四、以书为乐

求知识、喜读书已经成为长寿村老年人业余生活的一大兴趣，并常常以读书为乐。人到老年，头疼脑热在所难免，一旦生病，人们先服用当地的药方。若是不见效，才到医院治疗。而一些慢性疾病，特别是风湿骨痛之类，用西医治疗效果并不明显，于是激发了老年人求知的欲望。他们希望通过医学知识，认知自己疾病的成因以及治疗方法，并到大自然中寻医找药，以身试药。要是有疗效，他们便主动地向其他人传授。因此，当地老年人喜欢研究医药书籍。

> （采访时间：2014 年 6 月 8 日；地点：长寿村；人物：HGC，男，70 岁）以前很穷，村里大多数人生病都是靠土药治病，人们通过口口相传的形式，壮族医药得以传承。有一次邻居家的大娘脖子上患上了皮肤病，去医院拿过很多药都不好，结果他找人抓了草药就好了。我老伴生病了，是骨质增生，去医院治疗好了一阵子又犯了，我就跟村里懂得医药的老人学，加上自己再研读一些书，然后到山上去采药，慢慢地她的病就好起来了。我们这里很多老年人都喜欢看中草药的书籍，有些字不懂，就查字典，了解药物的药效。现在有了农村合作医疗，去看病可以报销，但若是大病，去住院，自己还是得花很多钱，因为医院的很多药是自费的，不在报销范围内。所以，自己学医，能够医治最好，可以减轻负担。

过去，长寿村村民由于生活贫困，加上医疗条件落后，故学习医药知识成为传统。尤其是在农民革命运动时期，在缺医少药的情况下，参加革命的战士主动尝百草，为受伤或患病的战友治病，向往求医寻药的风气延续至今。老年人除了向当地郎中学习土医外，平时还到集市上购买医药书籍来研究，以医治常见的疾病和遇到的疑难杂症。于是，学习中草药知识成为当地老年人的一项兴趣爱好，许多老年人在空余时间认真钻研。在山上劳作的过程中，边劳作边采集书本上看到的草药，既增长知识又可以为自己和家人治病，同时当其沉浸在书中，认真研读时，暂时忘记了孤独和烦恼。

人们治疗疾病除了需要医药知识外，还需要知晓阴阳、五行知识。当地人认为，人生病除了与饮食、天气等有关外，还与人的生辰八字、住宅方位、祖先坟墓有关。道教在当地盛行，老人们除了喜欢研究医药知识外，还对风水、易经这些书籍有着特别的兴趣。当地壮族祖先崇拜浓厚，二次葬盛行，人们认为一命管一人，一宅管一家，一墓管一族。所以，无论是起房还是安墓，他们都特别讲究朝向。

（采访时间：2014 年 6 月 9 日；地点：长寿村；人物：HGL，男，68 岁）人老了，也不知道什么时候走，这是必然的。活着的时候就学一些风水，为自己找一块地，到时候入土为安。年轻的时候，不太相信这些，但后来经历很多以后，认为有些事情难以解释，所以该信的还得信。坟地关系到家族、家庭的兴衰，故人们特别重视。学习一些风水知识，不是说一定要成为风水大师什么的，要是请别人来看风水，自己也略知一二。因而，村里很多老年人都比较喜欢学，我文化水平低，看着很费力，但经常查看字典，逐字逐句地对，慢慢地就看懂了。学会一些知识，心里也舒坦，平时几个老人聚在一起讨论，能够增长知识，消除寂寞，同时也感到非常愉快。

在长寿村，人们结婚、建房、买车、补粮添寿等，均要参照主人的生辰八字，选择吉日进行。尤其是选择墓地，更不能疏忽，那不仅关系到一个人的事情，还关系到家庭乃至整个家族的兴衰。所以，人们对之十分重视，在选择墓地和宅基地的朝向上都很讲究。如今，年轻人外出务工，很多家庭事务由老人代劳，他们更是不敢疏忽，否则担心年轻人责怪。因此，正是这样的需要，许多老年人利用空余时间研究风水，以希望家庭平安、家族兴旺，自身也得到安宁。

除了看医学、风水书籍，他们还经常读经典小说、看报纸等。对于年轻人来说，老人无论有什么爱好，只要是健康的，都持赞成的态度。

（采访时间：2014 年 6 月 10 日；地点：长寿村；人物：HBX，男，35 岁）平时我们都很忙，跟老人交流的时间不多，他们有自己的兴趣爱好挺好的，只要是健康的，我们都支持。我父亲现在 78 岁，满面红光，他每天劳动回来，研究医书和风水书，自娱自乐。他也常常去跟其他老人交流，现在精神很好。即使有时候我们一年半载不在家，他也不觉得孤单。人到老年，在没有生活压力的情况下，能够做自己感兴趣的事情，其实挺快乐的。我们

这里很多老人健康长寿的原因，也跟他们有自己的兴趣和爱好有关，主要是健康的，年轻人一般都不会阻止。他们闲暇的时间都充分利用了，就不会东想西想，东怀疑西怀疑，人的内心比较平和，与人相处也比较融洽。

无论看书也好，下棋也罢，抑或是刺绣等，老年人一旦有自己的兴趣爱好，精神上容易满足，主观幸福感也比较高。一个人一旦对某件事件感兴趣，他就会执着地追求，沉浸其中，从而感到生活充实和快乐，就有继续生活下去的愿望。

五、串门聊天

串门聊天也是当地老年人的一项爱好，长寿村的房子呈敞开式，不像北方四合院有大门隔离，他们喜欢群居。当地壮族喜欢住干栏式建筑，村落都是建在平缓的山脚上，因为平地面积少，故家家相连，户户相近，是当地的居住格局，这为人们日常往来提供方便。在集体观念意识比较强烈的壮族社会里，人们认为，一家一户单独居住太孤单，找个人说话都找不着。人最害怕的是孤独，尤其儿女不在身边时，遇到烦心的事情，需要找邻里倾诉。对于长寿村老年人来说，串门聊天成为每天的必修课。他们可以找志趣相投的同伴倾诉，也可以大家聚在一起听歌，或者是讲述故事，或者互开玩笑，从聊天中得到安慰和愉悦。

（采访时间：2014 年 6 月 11 日；地点：长寿村；人物：HYL，女，65 岁）3 个孩子都在城里住，我自己在家里住。以前我到城里给子女带孙子，现在孙子都上学了，我就回来了。在城里虽然水果蔬菜很丰富，也可以去大型超市逛逛，但是，我还是喜欢回村里住。在城市里，孙子上学，孩子上班后，就剩我一个人在家里，我不会汉语，很难去跟其他老人交流。生活在城里比较苦闷，即便吃得再好，我觉得一天过得很慢，也不开心。回到村里，白天干农活，晚上大家互相串门，一起听歌，聊天，开玩笑，很轻松愉快，感觉一天很快就过去了。

人最害怕的是孤独，当老人有不开心的事情时，希望找到倾诉的对象，并且得到安慰、理解和同情。年轻人有年轻人的世界，老年人有老年人的世界。处在不同时代、不同生活经历的人不一定能够理解对方。所以，遇到事情或心里有想法时，老人一般会找同伴倾诉。当老人找到倾诉的对象，并得到安慰时，心情也变得舒畅。在闲暇之余，老人们聚在一起聊聊天，听听山歌，精神上得到愉悦和满足。他们在聊天过程中，了解彼此的情况，增进老年人的感情，遇到困难时，互帮互助，人们在互相关心和互帮互助中体会到了关爱和幸福。

六、周末观演

为了丰富老年人的生活，当地文化部门实行了周末电影下乡和演出下乡活动。中国移动公司、中国联通公司等商家为了宣传自己的产品也常常以文艺下乡的形式给老年人送去欢乐。

（采访时间：2014 年 6 月 12 日；地点：长寿村；人物：HYH，女，73 岁）我们村周末常常有人来演出，唱山歌、演壮语小品等。有的是宣传党的政策，有的是宣传孝道、婆媳关系、夫妻关系等。每次来村里演出，很多老人都去看，很热闹，大家也很开心。有时候公司也来做宣传，他们常常请人唱山歌宣传各种产品，无论买不买，老人都爱去听。

当地文化部门结合实际情况，请山歌手到乡村宣传各种政策、伦理道德、安全知识、医药知识等。大量年轻人外出务工，农村社会变成了老年人社会。家电的安全使用、防止农药中毒、农业机械的使用和修理方法的教育，建设美丽乡村，新农合政策等，农村各项政策、措施都有赖于老年人去落实，文化部门以山歌、壮剧等老年人喜闻乐见的形式展现出来，通俗易懂，寓教于乐，人们易于接受，他们在娱乐的过程中获取知识、了解国家政策。

第二节　民间信仰与补粮添寿

人类精神需求的满足除了依赖自我和他人外，还依赖于神灵。尤其当遇到困难和挫折以及病痛的折磨时，渴望得到神灵的护佑，并借助神的力量战胜各种困难。

常言道，50 岁知哲学，60 岁探宗教。有些人年轻时不信教，但是到了老年，宗教信仰逐渐成为他们重要的精神依托。我们知道，人生十有八九不如意，年轻时雄心壮志的理想因为现实中的种种原因而未能实现，或者遇到困难、挫折、疾

病以及一些机缘巧合的事情，在现实世界中难以找到合理的解释时，就把各种不幸归结于命运不顺等，并从中获得解答或心灵上的慰藉。

一、神佛道与精神依托

长寿村壮族人相信万物有灵，认为从花草树木到日夜星辰，从猪、牛、鸡、鸭到人都有灵魂，自然崇拜在民间极为盛行[①]。唐宋以后，佛教、道教相继传入壮族地区，虽对人们的一些思想观念和行为方式等产生一定影响，但壮族人依据其生活环境，并未全盘接受佛道的一些主张。如在盛行吃文化的壮族社会里，人们难以接受佛教禁止杀生的主张，他们小到虫蛇、大到猪羊都揽入口中。同时壮族具有浓厚的家庭观念，以家为重，以孝为大善，年轻时能够孝敬父母，年老时希望儿孙绕膝，故无法接受佛教信徒出家的观念。不过吸收了佛教的生命轮回、投胎转世和因果报应的思想[②]。在教育水平普遍低下、对政权无强烈欲望的壮族社会里，他们更加崇尚“日出而作，日落而息，朝有稀粥，暮有干饭”的生活理念，民间云，“今朝有酒今朝品，莫管明天雨或晴”。他们注重现实世界的享受，努力营造自己的小生活。因此，更加容易接受提倡养生、珍惜生命、品味现实世界幸福的道教。清末民初，天主教、基督教虽已传入壮族地区，但由于文化背景的差异性和对神性理解的不同，并未在壮区得到传播，人们更倾向于本土宗教和道教的信仰。

道教在壮族地区较为盛行。道公作为神职人员，主要主持各项仪式，并立足本土，传播道教知识。因此，道教在壮族地区传播的过程中，融入了本民族的文化因子，因而具有壮族的特点。同时，壮族还保留着本民族的麽教和原始宗教。麽教深受佛教、道教的影响，具有与道教相融的特点，道公有时也兼称麽公。长寿村壮族崇拜神灵众多，有保护神、生命神、自然神、社会神等，在人神间有一套管理体系，如本命星辰主管一个人的生死祸福；祖先神主管一个人、家庭、家族的兴旺和衰败；社神主管一个村落安宁；天神主管天下所有人的幸福苦难等。在所崇拜的神中，以祖先崇拜为重，祖先是他们最大的保护神。

---

① 廖明君：《壮族自然崇拜文化》，南宁：广西人民出版社，2002 年，第 56 页。

② 梁庭望：《壮族原生型民间宗教调查研究》，北京：宗教文化出版社，2009 年，第 23 页。

二、祖先崇拜

在当地人的观念里，人固有一死，死后变成祖先，又由祖先投胎转世而来。祖先崇拜源于灵魂不灭的信仰[①]，亦是人们对祖先逝去的不舍与怀念，对祖先的尊敬和孝道的表达。长寿村村民认为，人死后灵魂不灭，活着的时候有一个魂，死了以后由一个魂变成了三个魂，一个在家里等待后嗣的供奉，一个在坟墓里保佑家庭兴旺、子孙平安，最后一个升到天上变成星辰，等待着投胎转世。人是否健康平安，家族、家庭是否兴旺，都与祖宗密切相关。因此，在长寿村，家家户户的正堂都设有祖先牌位，凡是身体不适或者遇到不顺的事情时，人们都要给祖宗烧香，祈求平安、健康。平日里，每当煮好饭菜，都先要拿到祖先牌位前供奉，若是其他人先吃，被认为是对祖宗不敬，冒犯祖宗，会给自己带来不利。祖先是长寿村壮族最重要的神，祖先生前给他们创造、积累财富，传授知识经验，死后理应得到尊重。表达了对逝去亲人的不舍与怀念，每天供奉他们，仿佛他们一直生活在自己身边。

当地人认为，祖先是他们心中的神。若是人生病，既不是缺粮，也不是缺五行，那么，便会认为可能是冒犯了祖先。因此，人们通过祭拜祈求平安。

> （采访时间：2014 年 6 月 13 日；地点：长寿村；人物：HGR，男，83 岁）在村里，人们每天煮好饭菜都先给祖先烧香祭拜，主要是祈求在外的子孙平安、健康。如果在家里遇到身体不适，除了去医院看病之外，也会买回猪头肉，祭拜祖先，祈求祖先保佑，身体早点康复。祖先活着的时候跟我们住在一起，是一家人，他们在天上能够看到我们活人做什么。若是生前孝敬他们，他们会保佑我们的，要是自己的祖先都不保佑，还奢望谁来保佑呢？生病时人们吃药的同时，也祭拜祖先求得保佑，希望得到心理安慰。

祖先崇拜在长寿村由来已久，经久不衰。人到老年，遇到病痛、烦心事在所难免，祈望寻求精神寄托，以求心理安慰，而这个时候，祖先就成为他们祈求的首选对象。村民认为，祖先是本家人，自己身体流淌着祖先的血脉，一脉相承，心灵感应，自身的困难、痛苦、病痛祖先应会有感知。通过虔诚祭拜祖先，必能

---

① 玉时阶：《壮族民间宗教文化》，北京：民族出版社，2004 年，第 79 页。

得到祖先的护佑，帮助自己克服困难，消除痛苦，解除病痛。因此，祖先成为老年人重要的精神寄托，有了精神寄托就有了战胜各种困难的信心。

> （采访时间：2014 年 6 月 14 日；地点：长寿村；人物：HMZ，女，68 岁）孩子们都出去打工了，我和老伴在家里。遇到生病，或家里发生什么不愉快的事情，有的可以去跟别人说，但有的不能去跟别人说。有时候也会打电话跟孩子诉说，但是太远了，也没有什么办法。孩子毕竟是隔代人，有时候不能完全理解我的心事。在这个时候，很想念故去的亲人，如果他们还活着，可以开导我、帮我。所以，心中有苦闷，但不愿意向别人诉说的事情，就向祖先倾诉。每天给他们上香的时候，说出自己的心里话，因为是亲人，他们是最好的聆听者，他们不会嘲讽我，不会骂我，也不会把话往外传。所以，他们是最好的倾诉对象。

人的情绪就像一个气囊，当不良情绪越积越多的时候，气囊就会越来越大，当大到一定程度而无法发泄时，气囊就会爆裂，人的精神就会出现问题。所以，当老人有心事不便与别人诉说时，祖先成为他们最好的倾诉对象，精神上的压力就会得到释放。祖先崇拜体现了人类对父母的依恋，人来到世上，便得到父母精心呵护，父母尽其所能地满足孩子物质上和精神上的需求，长久的相处和关爱，让人们对父母产生了深厚的情感，认为父母是可以依靠和信任之人。因此，父母在世时，遇到不开心的事情，会向他们倾诉；父母去世后，生活中发生不幸的事情，首先想到的还是他们。对于长寿村老人而言，祖先虽然在另外一个世界，却犹如在身边，每天煮好饭菜都先给祖先敬上，心中有什么苦闷可以跟祖先诉说，在他们看来，祖先不会嘲笑他们，只会默默静听，尤其是性格内向的老人，向祖先倾诉成为他们消除烦恼的方式之一。

除了平时的祭祀外，清明时节，家家户户都去扫墓。长寿村壮族扫墓是有很多讲究的，扫墓的时候，需要带上五色糯米饭，以及其他的祭品。农历七月十四也是长寿村壮族祭祀祖先的重大日子。从农历七月十二到七月十六，家家户户拿新米做生榨米粉，宰鸭祭祀祖先。据说，农历七月常常洪水大发，鸭子把祭祀品运到奈何桥①，祖先才能享受到。

① 凡间和神界沟通的桥梁。

除了日常供奉和清明扫墓外，在长寿村还有其他的一些祭祖仪式，表达着对祖先崇拜的内涵。当地村民认为，祖先是否会护佑子孙取决于人祖关系，而良好的人祖关系则需要子孙以虔诚的祭仪来维持。正如人类学家马林诺夫斯基所言："在文化上有价值的信念，使人相信永生，相信灵的单独存在，相信死后脱离肉体的生命，宗教给人这样解救的信仰，更在种种的畏礼上面、祭礼上面、与死者相交的各种礼上面，而且借着祖灵崇拜等以使这样的信仰表里充实，具体而可捉摸。"[①] 壮族对祖先的祭仪是多种多样的，其方式由祭祀的对象、祭祀的时间来确定的，通过这些祭仪使人祖之间的交流"具体而可捉摸"，最终目的是获得祖先对后代子孙的赐福护佑。

三、补粮添寿与五行补命

在长寿村村民看来，人的平安健康、生死祸福除了与祖先有关，还与自身命中粮食多寡和五行有关。

（一）补粮添寿

在当地，凡是36岁以上的人出现头疼脑热，便认为是命中缺粮所致，需要补粮才能益寿延年。

长寿村有一块石牌记载着："补粮添寿习俗是壮族儿女为老人祈寿的民俗活动，补粮添寿是古老的习俗。壮民族认为，凡是上了一定年纪的人，出现身体不适，都认为是上天赐予的粮食即将耗尽，人的生命很快就要走到尽头，需要举行补粮添寿仪式以弥补命中粮食的不足，从而实现延年益寿。补粮添寿习俗是壮族宗教的缩影，它对老年人具有心理安慰作用。"

补粮添寿仪式是当地壮族重要的人生礼仪，人的一生要经历年少时的培花、招魂，中年时的解绑到老年时的补粮添寿。在当地有这样的说法，"有命不怕病，有粮不怕死"。家中有上了一定年纪的老人出现身体不适，子女们便张罗着为他补粮。据村民介绍，村里80%以上的老年人都有过补粮的经历，举行过补粮仪式的人，外嫁出去的女儿每月初一、十五均会回来给老人送粮，这是村里历代传承下来的一项祈寿的民俗宗教活动。

1. 补粮添寿形式

补粮添寿有多种形式，主要包括以下几种：

---

① （英）马林诺夫斯基：《巫术科学宗教与神话》，李安宅编译，北京：商务印书馆，1936年，第87页。

（1）补熟粮。人到中老年，随着生理功能衰退，头疼脑热在所难免。村民认为，上天赐予人一生的粮食是一定的，随着年龄的增长，粮食会慢慢变少，老年人生病或多或少是命中粮食不足所致，即时补上后，身体就会恢复健康。故而，在当地，凡是36岁以上的人生病，外嫁出去的女儿或者侄女，选择吉日，用芭蕉叶包好熟食品，内装上等的大米饭和用猪心、猪肝等做成的菜肴送给患者，称为“送熟粮”。当送粮者到达门口，先停下片刻，她在门外喊“我送粮给您来了，您吃了病就好了”，受粮者在屋里应道：“好了，命中不缺粮了，吃下去就好了。”然后受粮者开门，让送粮者进门。受粮者食用过送来的“熟粮”，心理就得到了极大的安慰，并认为，命中不缺粮，就可以战胜疾病，有利于康复。要是补了熟粮，身体状况还不好转，儿女们便拿老人的生辰八字给道公看，若是命中严重缺粮，则要吃千家米，百姓饭。过去，经济困难的家庭没有能力给老人举行补粮仪式，则由孝子或孝女拿着红布袋到集市上讨要。

（2）讨百家粮。当地人认为，吃千家米、百姓饭有利于身体健康。每当父母身体不适，子女们选择吉日，准备一些零钱和一个红布袋，来到米摊前，先向买主说明来意，通常，摊主知道是“补粮添寿”用，也乐意献“粮”。前去讨米的子女抓一把米后，留下一些零钱给摊主，以表谢意。就这样一摊一摊地讨着，直到红布袋装满为止。子女们为老人买来一个寿缸，把讨来的米存放在寿缸里，留给老人慢慢享用。经济条件较好的家庭则有能力为老人举行隆重的补粮仪式。

（3）补生粮。当地人认为，人到一定年纪，养儿育女，建家立业，劳神费心，体力逐渐衰退，父母身体不适是因为他们命中粮食快用尽，粮库空虚，吃不饱，才疾病缠身。为他们举行补粮仪式，吃千家米、百姓饭后，他们吃饱喝足，命中不缺粮才会康复。同时，补粮也是孝的表达，是子女对父母养育之恩的报答。在村里，很多老人都有过补粮的经历。若是父母突然离世，子女还未来得及为其补粮，他们会感到愧疚，认为对不起父母。子女们担心的是“树欲静而风不止，子欲养而亲不在”。故趁着父母健在，他们就张罗着为父母举行补粮添寿仪式。在补粮仪式中，以补充生粮为主，故称之为“补生粮”。

2. 补粮添寿习俗来源于北斗崇拜

“仪式是特定的人在特定的时间、地点为了达到某种目标而举行的程序化行为表演，它是宗教的神圣化实践。”[①] 壮族补粮仪式是壮民族内在精神的表达，

① 彭兆荣：《人类学仪式的理论与实践》，北京：民族出版社，2007年，第89页。

它反映了当地人对于人与世界的理解、解释和看法。为什么叫补粮，补粮添寿的习俗来源于什么？对此，莫道公做了详细的解释。

（采访时间：2014 年 6 月 20 日；地点：长寿村；人物：MDG，男，75 岁）壮族补粮添寿仪式来源于古代的北斗崇拜，过去宇宙一片混沌，有一天，突然吹来了一股阴气，聚合而成紫薇夫人，没过多久，又吹来一股阳气，聚集而成元始天尊，两个人结合，生了九个孩子主管世间万物，每个人都可以在北斗上找到自己的本命星辰。人从天而降，落到花山，附在花婆神主管的花朵上，又从花山投胎来到凡间，父母的精血结合成阴气，铸成人形，人在母体，阴气由母亲供给，出生后，由食用人间食物聚合而成，本命星辰给人阳气，陶成人神，阴阳合一，形神结合，才成为健康的人。每个人生下来，斗姆根据前世的善恶分配粮食，前世善的人得到的粮食就多，前世恶的人得到的粮食就少。每个人一生中所给的粮食是一定的。人由天降到花山，在 36 岁以前，属于未成年，魂还未定，依恋花山，因此，归花婆神管理，这个阶段生病常常是要“赎魂”的。若是赎魂了以后还不好，长期体弱多病，那可能是命中缺粮。小时候补粮的方式是拜寄爷、寄妈，到他们家去吃粮即可。36 岁以后成家立业，懂得道德礼仪，属于成年人，归天上的星辰管理。随着年龄的增长，命中的粮食逐渐减少，因此，36 岁以后，人身体不适，多数是命中缺粮所致，如果查看生辰八字是命中严重缺粮，则应该举行补粮仪式，以粮祭拜北斗，祈求消灾延寿。

莫道公作为专业宗教人士，他以为别人做各种宗教仪式为本职，认为为别人做仪式是给自己积阴功。对于当地人来说，他是有知识有文化的精英，他是知识的传承者。

所有祭品中，长寿村壮族补粮添寿仪式多了代表死而复生的九节小竹筒。代表一年四季粮不断的谷穗和代表生命蓬勃向上的金竹竿。

在壮族社会里，竹子具有顽强的生命力而受人们崇拜。在仪式中，道公用细线把九节小竹筒串联起来，意寓着人的生命犹如竹子一样顽强，在濒临死亡之时，可以通过补粮，像一节节串联起来的竹子一样，得以复生。壮族神话故事《布伯》就有竹子死而复生的片段。

……伏依兄妹再往前走，突然，一根竹子向他们叩头弯腰说起话来，“地上没有什么人了，你们兄妹结婚再造新世界吧！”

伏侬兄妹说：“兄妹怎么结婚？如果我们把你砍了，你能再活过来，我们就结婚。”说完把竹子砍断成节。当他们走开时，竹子一节又一节地连起来又活了，向他们叩头弯腰笑着。[①]

竹子在湿热的壮族地区容易存活，随便插进泥土便可生长。在巫术的交感作用下，人们希望自己的生命犹如竹子一样顽强，死而复生[②]。绑在祭桌脚上的4根青竹竿之所以不能去顶，代表着生命蓬勃向上，没有终点。而人生命的延续是靠粮食来滋养的，所挂的谷穗寓意着一年四季不断粮，有了粮食的滋养，生命便可以延续。

总之，壮族的补粮添寿仪式无论是从时间、地点、祭品上还是程序上，都与道教经典《北斗本命延生真经》、《北斗七元紫庭延生秘诀》的拜斗仪式有很多的相似之处，壮族的补粮添寿仪式，更加突出消灾和延寿，同时融入了壮族的民族文化因子，它是拜斗仪式之一，是北斗崇拜在壮族地区的民俗表达。

3. 补粮添寿习俗的功能

（1）补粮习俗对人自身的作用。

补粮习俗起到精神治疗的作用，有助于益寿延年。从上述几种补粮形式可以看到，它们的共同特点是，借助他人的粮食来弥补命中粮食的不足，借助仪式来实现心理的安慰。

（采访时间：2014年6月21日；地点：长寿村；人物：HMH，女，98岁）在我们村里，36岁以上的人经常生病，就认为是命中粮食快用完了，需要补上，生命才可以延续。我在50岁那年，身体经常不适，也吃了土药，但是总觉得不太有精神。我想可能是我的粮食快用完了，就请道公看我的八字。他说，我命中缺粮，若是不补，过不了60岁大关。所以，就跟儿女们说，他们就忙着给我办了仪式。补粮后，精神没有了负担，睡眠好了，人就有精神了。女儿、孙女初一、十五经常给我送粮，我也常常帮助别人做一些

① 玉时阶：《壮族民间宗教文化》，北京：民族出版社，2004年，第79页。
② 廖明君：《壮族自然崇拜文化》，南宁：广西人民出版社2002年，107页。

力所能及的事，活着活着，就活到90多岁了。

举行补粮仪式后，黄妈汉得到了心理安慰，配合服药，慢慢恢复健康。宗教仪式具有满足人们心理需要的功能，许多宗教仪式在人生重大意义时刻举行。例如成年礼、治病礼、婚礼等，这些仪式的举行帮助人们顺利地从生命的一个阶段过渡到另外一个阶段。人们从仪式中获得了心理平衡，也产生了精神力量。补粮仪式就是帮助人们从青壮年过渡到老年，从患病到康复的措施之一。

补粮习俗在时代发展变迁中，延续至今，与它的生命关怀密切相关，具有一定的合理性。第一，从居住环境来看，长寿村属于亚热带季风气候，夏秋炎热，冬春湿寒。人们容易患上风湿、疟疾等疾病。面对疾病，一方面，人们积极求医，不断地尝试草药，寻求各种治疗方法。另一方面，面对疾病的折磨，人们寻求精神寄托和安慰，而粮食成为当地人延续生命的重要精神依托。第二，从饮食心理来看，人们认为，外家的饭菜比较香，长期食用自家米、自家饭，难免感到厌烦，尤其是病人，在食欲不佳的情况下，偶尔食用别家米、别家饭，将会增加食欲，从而有利于康复。第三，从生产方式来看，在山区农业社会里，在生产效率低的历史条件下，人们需要依靠集体的力量才能克服生产和生活中的困难，战胜疾病也是如此。山区梯田多，田块小，任务重，种植季节性强。人们要在较短的时间内完成种植，需要依靠集体的团结协作，浓厚的集体观念由此形成。补粮习俗互相协助的特征，正是这种原始的集体道德观念的表现。家里有老人举行补粮仪式，亲朋好友从各地赶来为老人补粮，希望老人尽快康复，益寿延年。老人看到众人的关心，心理得到了安慰和满足，从而树立起战胜疾病的信心。

文化是满足人类生存需要的手段，人们满足基本需要后，提出次生的需要。在物资匮乏的年代，人们通过补粮添寿的方式，确保老年人不断粮，为老年人的晚年提供了物质保障，也体现了人们的孝道。补粮添寿习俗既起到物质保障作用又能起到精神抚慰作用。凡是举行了补粮添寿的老人，孩子要不断给他/她续粮，且不能中断，实现了晚年物质供养的保障，心理也得到安慰。随着社会的发展，人们的粮食需求容易得到满足，补粮习俗的物质功能逐渐弱化，精神慰藉功能日益强化。如今，子女给老人补粮，主要目的是让老人意识到命中粮不缺，可以益寿延年，精神得到慰藉。父母到了36岁以后，子女们不定期地给他们送粮，不断地给他们心里暗示，有粮不怕病，在一定程度上起到预防疾病的作用。要是父母出现身体不适，子女给他们补粮，让他们意识到“粮在命就在”，并保持乐观的心态面对疾病，从而树立战胜疾病的信心，有利于康复。这就是《地藏经》

上所言："一切由心生，万法由心造。"乐观的心态可以战胜生理的不足，受过补粮的老人，生命延续有了保障，可以轻松愉快、无忧无虑地过好每一天。

"无论是倾向于关注群体解释的拉德克里夫布朗，还是更偏重于个人心理解释的马林诺夫斯基，他们对于宗教、人生仪礼分析的启示就在于人们确实有必要关注这些活动可能具有加强社区成员的关系，巩固社群的组织力或者满足个人认知与感情的要求，维持个人、家庭、社会生活的安全感等社会意义。"①

粮食是当地人生命的象征，粮在生命在，补粮习俗在老年人精神赡养方面发挥着重要的作用。它是老年人的心理安慰剂，同时它也有助于推动家庭团结、邻里和睦，为老年人创造良好的社会环境，营造了尊老、孝老的社会氛围，这些有利于老年人的身体健康，为他们安度晚年创造条件。

（2）补粮习俗的社会意义。

第一，增强女儿的赡养意识，为老人营造和谐的家庭氛围。在长寿村，目前主要实行嫁娶婚，招赘婚仅占少数。家庭财产主要由儿子继承，女儿以嫁妆的形式分出一小部分。从夫居的居住模式，使得养老主要落在儿子的身上，然而，女儿也有赡养父母的义务。女儿嫁人后，成为了外家人。村民认为，"吃外家米，别家饭"可以消灾延寿，故为了父母健康长寿，女儿每次回来看望，均要打包一份熟粮或者带一份生粮给他们。尤其是他们身体不适时，女儿要给父母送粮，若是不送，将会受到人们的谴责。老人认为，吃过女儿送来的粮食，身体很快就会康复，心理得到了安慰。女儿有过生育经历，更能体会父母的不易，理解、关心、体贴父母，趁着送粮的机会与父母沟通，聆听他们的诉说，悉心照料他们的生活。粮食在当地成为一座有形无形的桥梁，联系着婆家与娘家之间的关系，也是女儿与父母情感维系的纽带。

儿子主要负责物质供养，女儿主要负责生活照料和情感抚慰，儿子、女儿相互协作，为老年人安度晚年创造和谐的家庭氛围。

第二，强化年轻人敬老、爱老的意识，形成尊老、孝老的社会氛围。相比于枯燥、空洞的道德说教，生动、形象的民间习俗的孝德教育更容易让孩子们接受。孩子们经常看到父母给长辈添粮、送粮，他们体会到父母对长辈的尊敬和爱戴，他们也会纷纷效仿，从而在当地形成了人人行孝的氛围。

当地人认为，生老病死是自然规律，不可避免。在补粮仪式中，来参加补粮

① （美）格尔兹：《文化的解释》，纳日碧力戈等译，上海：上海人民出版社，1999 年，第 65 页。

的人越多，越长寿。而要得到别人的粮食，从青春年少起，就要乐于助人、为人厚道、敬老、孝老。到老年的时候才能赢得他人的尊重，来参加补粮的人才会多。同时，村民认为，孝为大善，给老人送粮是做善事，是在给自己积累阴德，自己将来也会增寿。在补粮仪式过程中，众人倾听老人一生行善的经历。道公教育年轻人，止恶戒恶，积善积德，才能健康长寿。当地人认为，北斗主掌人间寿夭，监管着凡间人类的行为，以长寿或短命作为赏罚方式。乐善好施、正义宽容、尊老孝老将得到增寿，否则就会被减寿。

补粮习俗所体现的尊老、孝老文化有着深刻的历史渊源。在过去，老年人在村寨管理方面起着重要的作用，壮族都老负责主持村里生产的统筹安排，解决村里的矛盾纠纷，在一定程度上有利于村寨的和谐、安定。无论是生产上、生活上，还是在文化礼仪上，老年人具有丰富的经验，成为年轻人学习的对象。他们经历世事，掌握很多知识和技能，熟知为人处世的道理，受到年轻人的敬重。例如，山地稻作种植需要精耕细作，根据节季规律安排农事，根据气候的变化来调整灌溉等，这些知识和经验要从老人那里习得，他们被视为智慧的象征。在日常生活中，疾病防治、山歌、刺绣等技能需要老年人传授。由此，尊老、敬老观念代代相传。随着时代的发展，老年人权威逐渐减弱，但他们依然是生产、生活经验的传承者，是文化技艺的传授者，是家庭财富的创造者。故这种尊老孝老的观念，并没有因时代的发展变迁而衰微，它结合时代的新元素，继续发扬光大。

总之，补粮习俗无论对于个人、家庭还是社会均具有十分重要的作用。粮食是老年人重要的精神食粮，它给老年人提供生命不息的动力，有助于其保持乐观的心态，也有利于老年人身体健康，延年益寿。同时，在补粮过程中，家庭成员团结协作，营造和睦的家庭氛围。俗语云：“欲得寿者先得粮，欲得粮者先行善”，补粮习俗有利于鼓励人们乐善好施，尊老、敬老，从而营造互助合作、尊老爱老的社会氛围，这些为老年人安度晚年创造了良好的社会条件。

近年来，随着年轻人外出，游客流入，当地文化面临冲击，但补粮习俗仍然以顽强的生命力保存下来，继续发挥着它的作用。

（二）五行补命

人们认为五行是相生相克的，若是命中缺哪一种都会招致疾病，因此，通过互补的形式使生命健康、强壮，从而实现延年益寿。

此外，人们通过服饰、食物的色彩，床的方位等形式来弥补五行的不足。命中缺水的人常常到河边烧香祭水，特别是在每年大年初一的凌晨，带着祭品鞭炮到河边取新年的第一瓢水。人们认为，北方属水，所以命中缺水的人，把床安置在北边。在当地人的观念中，金、银、白色属金；茶、黄、褐色属土；深、灰、黑色属水；红、紫属火；蓝、翠、青、绿、蓝色属木。

人们根据五行的颜色来选择服饰、食物等，以求得心理的安慰。五色糯米饭即体现了人对“五方”、“五色”、“五行”的认知。

五种颜色就代表着五行。壮族先民把“打雷”现象称为“雷神”。传说“雷神”能给人间带来风调雨顺、五谷丰登。上天能司风雨的神灵有五位神将，分别在东、南、西、北、中五个方位。东方为天宝雷神，南方为天真雷神，西方为天李雷神，北方为天楼雷神，中央为天箓雷神，统称为“五雷神将”。又分为东方青色（属木）、南方红色（属金）、西方白色（属火）、北方黑色（属水）、中央黄色（属土）。五种颜色及五行重属，形成了雷与五方、五色、五行在壮族文化中的独特地位。五色香糯米饭亦与五方、五色、五行有关，具有中国传统文化中有关阴、阳、五行的意蕴。

根据五行相生相克的原理，人们通过寄树、寄石、食物颜色等方式，达到阴阳平衡的目的，从而给人一种心理安慰。老年人尤其是空巢老人，当身体患病时，会感到更加孤独，若是屡次上医院治疗效果不明显，内心则会更加恐慌，因此，他们通过举行各种仪式来安慰恐惧的内心，以求得内心的平静和安宁，从而使健康得到某种保障。

第三节 知命达观与惟仁增寿

一、壮族人观

人是文化的创造者，人首先要回答的是人从哪里来，回到哪里去的问题，围绕这一问题，形成一系列的文化，其中人观便是核心。长寿村壮族对人观有独特的看法。按照当地人的理解，人观是指人从哪里来，到哪里去，怎样才能成人，人的一生由什么来控制。长寿村壮族人观具有二元结构的特征，从空间来看，人从天上降落到花山，再从花山投胎转世来到人间。从时间来看，36 岁之前属于未成年，魂尚未定，归花山管理，需要护魂培花，方得以长大成人。人在 36 岁以后，成家立业，属于成年人，归天上星辰管理，需要不断补充命粮，生命才得以延续。

（一）天命观

天命观是指人由天而降，上天监督人的行为，掌握着人的生死祸福。当地壮族的天命观决定了人们的行为要顺天，若是逆天则将受到处罚。因此，人们作息规律，要是黑白颠倒，那是逆天，将会受到惩罚，人将犯病。无论人做什么，上天都在看，因此，告诫人们行善将长寿，做恶则将短命。同时，人们始终认为，人的生死祸福由天定。当地人面对困难并没有退缩，而是努力克服，当已经尽力但未能如愿时，人们便说，“算了，这是命吧，上天没那么容易让我成功，我还得继续努力。”通过这样的自我安慰，人们积极地面对各种失败和挫折，并保持乐观的心态，有利于健康。

（二）魂命观

依村民理解，魂命观是指人是魂命合一体，人在生命在，魂走了，就会犯病甚至死亡。在长寿村村民看来，人活着的时候有一魂，死后变成三魂。活着的时候，灵魂是可以活动的，灵魂出走会招致重病。灵魂对于人来说非常重要，人打喷嚏时，会说“魂到”，就是魂回来的意思。当人们遇到惊奇的、恐怖的或者是痛苦的事情时，也会说，“魂命呀”。因此，魂与人随行，魂就是另一隐形的自己，魂在便成为一个完整的人，魂离开身子就会出现缺失，身体就会出现问题。正是因为灵魂与肉体形影随行，所以，人们要保护它。灵魂与人一样，贪玩又贪吃，经常会离开身子，遇到恶鬼或者游魂经常被掠走，这时身体便有反应，那就是出现病症。人到老年，灵魂更加容易出走，因此，在当地有一系列的生活禁忌，例如，不能探望重病人，不能参加白事，不能看望未满月的婴儿等。在他们看来，这些都是不洁的，病人之所以病重，是因为其魂在游离；刚去世的人，他的魂虽然离开肉体，但还留恋人间，在人间游离；刚出生的婴儿，还留恋花山，灵魂未定，四处游荡。人到老年，随着寿限临近，灵魂也变得不安，要是老人去探望重病人或者参加白事或看望未满月的婴儿，他的魂容易被各种游魂勾走，就容易犯病。这些禁忌有一定的合理性，例如，随着老年人身体机能的衰退，抵抗力也随之下降，探望重症病人，特别是传染病人，不利于身体健康。

（三）长生观

在当地人看来，长生观是指，通过一系列的生命礼仪和穿戴求寿的服饰，祈求延长生命，以达到延年益寿的目的。灵魂是要精心呵护的，为了呵护灵魂，当地人从小到老举行一系列的生命仪式，例如，婴儿满月后举行的还花愿、培花、保命、解绑、赎魂等；10 岁后，拜寄爷、寄妈；36 岁后，补粮添寿、寄石补命、寄树补命等一系列的生命仪式给人提供生命不息的精神动力。

同时，在长寿村，人们还穿戴求寿的服饰，祈求延长生命。在人生的不同阶段，求寿标志的“寿”字位置会有所不同，有从头到脚转移的规律。

小孩降生满月后，家人要缝制一顶凉帽，正面用红颜色的丝线绣上一个传统造型的“寿”字，旁边配以花草鱼虫的图案，祈求孩子健康成长、福寿泽长。这种凉帽不封顶，只制成一个桶型的圆圈，主要护住小孩的前额、太阳穴、后脑等部位，以免伤风感冒，寓意小孩茁壮成长。小孩两岁后，就不再戴这种帽子了。

人到成年后，“寿”字便从帽子转到上衣。旧时壮人男子多穿对襟上衣，纽扣以布结之，常用 5 排扣子或 7 排扣子，俗称阴阳扣，即每个扣子按“寿”字一分为二，一半在左襟，一半在右襟，左开扣眼为阴，右结扣头为阳，左右对称，扣好扣子就组成一个完整的、横置的“寿”字。女装的扣子跟男装一样，只是开襟为斜胸式，与男性直胸对襟有所区别罢了。这种“寿”结构的阴阳扣，既美观大方又寓意吉祥，满足了人们求平安长寿的心理需求。

人到 60 岁以后，就可以接受晚辈的“补粮”续寿了。这时，“寿”字便从上衣的扣位下移到鞋面，称为寿鞋。女儿、孙女在给父母、祖父母“补粮”时，做的寿鞋鞋面用红色的布料，用黑线锈上“寿”字，红底黑字，寓意红颜永驻、黑发不老、寿比南山。

长寿村老年人一生就是在这种浓重的长寿文化氛围中，在祈求长寿习俗的熏染下，戴寿帽，着寿衣，穿寿鞋，走过百年。

正是这种长生观念，他们对生命有着强烈的渴望，寿文化和生命礼仪贯穿着人的一生，给人们以生命不息的精神动力，因而，他们坦然地面对生活中的各种困难和挫折，保持乐观向上的心态。

二、备棺防邪与顺应天命

人们通过种种方式来祈求健康长寿，然而，天下没有不散的筵席，无论人们对生命多么迷恋，生命就像花开花落，总是要落幕的。当地人虽然对生命具有强烈的渴望，但对死亡亦十分坦然。因此，凡是家中有 60 岁以上的老人，子孙们都要为他准备一副棺材，称为“寿方”。“寿方”有几层含义：一是寿方具有避邪功能，保佑家庭平安；二是有了寿方，老人方能寿终正寝；三是老人可以不需担心后事，没有后顾之忧，方能益寿延年。

长寿村民相信万物有灵，认为灵魂不灭，人死以后由一个灵魂变成三个灵魂，一个留在祖宗位享受子孙供奉，一个到天上变成星辰，最后一个在坟墓里保佑子孙平安。六十花甲一轮回，村民认为60年为一世，即便通过补粮添寿，寄石补命，寄树补命等仪式祈求健康长寿，但人总是有离开的那一天，尤其是上了年纪的老年人，不知哪天就离去。因此，给老人准备棺材，老人没有后顾之忧，更有利于延年益寿。

在长寿村，备棺也有一个历史演变的过程。民间流传，在远古时期，父母去世，人们分肉吃，后来灵童发现母牛生崽很辛苦，就想起了自己父母的艰辛。所以，在母亲病危的时候，他没日没夜地给母亲赶着做棺材。从那时候起，人们不再吃人肉。能够为年老的父母准备棺材者，被视为孝子，人们纷纷效仿，为父母备棺。备棺习俗源远流长，与当地社会的自然环境、气候、丧葬习俗等因素有关。

第一，与当地的气候环境有关。长寿村气候炎热潮湿，如若棺材木质不好，容易腐烂，尸骨就被暴露在外，祖先在阴间不得安宁，不仅遭受风吹雨淋，还面临着尸骨被老鼠啃、蚂蚁咬的风险。

第二，与壮族的二次葬习俗有很大的关系。与汉族地区不同，壮族地区很少出现砌石垒土坟墓，人去世后，一般3～5年，等肉体腐烂，再把骨头捡到金坛里，认为这样才干净。拾骨时要看尸骨是否完整，尸骨完整才能保佑子孙平安、健康。在捡骨头的过程中人们发现，尸骨能否保存完整，除了与坟墓所在的位置是否干燥有关外，还与棺木有很大的关系，同一个地方，如果棺木好，那么，则不易出现鼠患或蚁患，尸骨就能保持完整。如果子女打开墓穴，发现老人的骨骸完整，他们才心安。故而，为老人备上材质好的棺木是儿女尽孝的表达。

第三，出于安全感需求。按照马斯洛需求理论，每个人都有安全感的需求，安全感除了来自生活上的物质保障外，还来自于精神上的需要。中国人对房子的建造十分重视，长寿村村民也不例外。人一生中，大部分储蓄都用来建造房子，是因为房子可以给人带来安全感。对于老人来说，棺材就是他们死后的房子，即入土为安是他们对后事的期望。

入土为安，是长寿村壮族生命终结的目标。人们认为，人死了会到另外的一个世界，而那个世界与现实世界相似，在那边世界里只有尸骨完整、干净整洁才能升天、轮回转世。若是尸骨不完整就会受到上天的种种惩罚，最后只能求助于子孙，作祟子孙。此外，有的老人独自在家常常会感到害怕，尤其是在交通发达的今天，担心夜间外人闯人，偷走家里的财物，而棺材具有避邪免灾功能，又会使得他们心里感到踏实。

第四，是孝道的表达。在长寿村，如家中有老人，子女会为老人准备上好材质的棺材，这常常被视为孝顺的表现，父母也因此得到安慰。否则被视为不孝，父母也为此而感到伤感和不安。所以，为了安抚他们，让他们平安快乐地度过晚年，子女们到一定时候就为老人准备好棺材。

（采访时间：2014 年 7 月 3 日；地点：长寿村；人物：HSM，男，83 岁）人老了，就会想自己的后事，这很正常。老人家要求也简单，平时吃穿年轻人给什么就是什么，而且很多人可以自己解决。但就希望孩子们为他们准备一口棺材，这表明孩子孝顺。这个也不难，家里有的是木板，选个吉日，几个人做一下子就好了。有些年轻人外出打工后，寄钱回来给父母自己买也是尽了孝道。因为谁都不知道哪天会走，有个棺材在那，老人心里踏实，不会想东想西，反而有利于健康。

生时敬养、死后安葬是人们奉行的孝道。村民认为，现在的父母就是未来的祖先，自己办事是否顺利，家庭是否平安，子孙是否兴旺，除了与自己的命运相关，还与祖先在地下是否安宁有关。因此，父母健在时，对他们关怀备至、照顾有加，死后要按照当地习俗进行安葬，而为父母准备棺材是孝道的一种表达。

第五，是对死亡恐惧的缓解。对生的渴望和对死亡的恐惧是人之本性，随着年龄的增大，人们感到死亡离自己越来越近。老人面对死亡需有一个慢慢适应的过程，一木隔阴阳，棺材模糊了生与死的界限，让人们忘记了死。当地人常把备好的棺材置于堂屋，老人们有时把它当成凳子，坐在上边听歌、聊天，忘记了生和死的界限。六十花甲一轮回，人们认为 60 年为一世，活过了 60 岁，见子见孙，也算是上天对他的眷顾。即便到了另外一个世界去，也无牵无挂。老人们坐在棺材上，忘却了生与死之间的距离。

在长寿村，常常出现“棺材朽矣，老夫未朽”的现象。孩子们为老人准备的一副又一副棺材已经腐烂，可是老人依然生活在凡间。生时坐在棺材上谈笑；死时，躺在棺材里长眠。备棺可以缓解老人年对死亡的恐惧，心里没有负担，从而无忧无虑地度过每一天。

三、惟仁增寿与知命通达

（一）积德增寿

1. 惟仁者寿

在当地人的观念里，只有善者才能得到神的护佑，否则会受到惩罚。所谓善，就要善待自己、他人和自然。唯此，才能得到神灵的护佑，实现延年益寿。在巴马，清朝126岁的邓诚才的善行诠释了“惟仁者寿”的古涵。

高祖邓诚才少年时，受过私塾教育，加之身材魁梧，勤于习武，机智过人，后被朝廷招募去当兵。在花甲之年，还参加过冯子材领导和指挥的中越边境抗法战争，为军中最长之战将。由于武艺高强，屡立战功。战争结束后，告老还乡，复事农耕。为了改变家乡一穷二白的落后面貌，已过花甲之年的他，引进了种植甘蔗制糖技术，组织大家发展甘蔗生产。他把当兵时积攒下来的资金，用于购买蔗种，分发给大家种植。购置榨蔗器具，搞活了平林全村的蔗糖产业。此外，逢年过节，他买肉来，送给同村一些无助的困难户，因为他乐善好施，深得乡亲们的尊敬。

为了旌表古稀老年人的仁德范举，1898年11月，钦命广西提督学院为其题赠“惟仁者寿”的寿匾。

邓诚才能得到朝廷的恩典，一时荣耀乡里，令人仰慕。为了传承家风，邓诚才的儿子邓日光、邓日明兄弟二人出资在院门前建一座牌坊，请同村在光绪年间考取进士的李升德，书写坊铭“德昭年高”。建立此坊旨在对长辈仁德思想的孝仰和励志后人，惟仁者寿的精神传播到巴马的每个角落，并不断发扬光大，在新的历史时期，融入了新的内涵。

长寿村的百岁老人，例如黄妈松谋、黄妈干、黄卜新等做了很多的善事。在长寿村村民看来，惟仁者寿之所以是心旁的“惟”，而不是口旁的“唯”，是因为发自内心的善良，并且身体力行，才能增寿，而不仅仅是依靠嘴巴说说而已。在村民看来，所谓的仁便是仁慈、仁爱，做一个性格温和、仁慈之人；做一个关心家人，关爱他人，“老吾老以及人之老，幼吾幼以及人之幼”的仁爱之人。具有高尚道德修养、仁爱之心之人，可获得高寿。“惟仁者寿”的说法源远流长，深入人心，并成为一种品行，他们关爱自己、他人，善待自然。

2. 善待他人

善待他人，是为人处世的基本道德。村民认为，北斗主掌人间善恶，给善者增寿，给恶者减寿。因此，在平日里，当一个人做坏事，人们便骂“待收”，是受上天的惩罚、折寿之意。若是一个人做了善事，便说“救来”，就是积阴德了，得到上天的眷顾，增寿之意。村民认为，长寿老人之所以那么长寿，除了他们自身坚强乐观外，还与他们平日里乐于帮助别人有关。从长寿老人身上发现许多共同点，他们勤劳、能干、乐于帮助他人。农忙时节，做完自家的农活，就去帮助劳动力少的家庭。人到老年，哪家没人看孩子，他们也帮忙照看，因此，积了很多的阴德，他们才如此长寿。

在长寿村，有一种个人或家庭义务为众人做善事的习俗，比如为乡亲通行方便铺路、架桥，为行人遮阳、避风雨建凉亭等，当地人称为阴功桥、阴功亭。修阴功桥歌唱道：

我凿长长的石板。
我磨光光的石片；
架座小小阴功桥。
给路人行方便；
积分阴功留人间。
活着能益寿延年；
死后能安息长眠。

这些做善事的人积下功德，就会得到众人爱的回报，得到别人的尊重与爱戴，自身也会产生幸福感和自豪感，自然而然会有愉悦的心情，这种良好的心态对健康长寿有益。

3. 善待自然

善待自然也是当地人增寿延年的一种方式。当地人认为，人的行为应该顺天，遵循自然节律，否则，就会受到上天的惩罚。上天赐予长寿村奇山丽水，村民爱护自然的一草一木，同时自然赐予他们清新的空气、甘甜的泉水、美味的原生态食物，这些都有利于身体健康、延年益寿。

（采访时间：2014 年 7 月 4 日；地点：长寿村；人物：HBC，男，87 岁）村里比较重视保护环境，因为我们这里有一部分是河谷、溪边的平田，有一部分是梯田，蓄水能力弱。要是不保护好森林，下大雨时，容易发生洪灾，溪边、河边的农田被淹没。干旱时，梯田容易干旱，重则颗粒无收。所以，森林对我们很重要。每个村子土地庙旁都有一片树林，其目的是保持村寨水土，防止塌方。

他们相信万物有灵，认为若是善待自然，自然也会善待人类。若是人类乱砍滥伐，同样受到自然的惩罚。在村寨周边，有一片树林，是村寨的保护神，可以保持水土，防止泥石流发生，同时，还给村寨提供新鲜的空气，并为村民营造天然的氧吧。

（二）知命通达

1. 善待自己

人首先善待自己，保持健康，才有能力去关心照顾别人，遇到困难不要轻易放弃自己的生命。人们对生命的追求表现在方方面面，例如，在补粮仪式中，人们跟着道公反复念诵北斗九星君，祈求延年益寿。在仪式中代表生命死而复生的串联起来的九节小竹筒，代表着生命蓬勃向上的去枝留顶的金竹竿，都表现出积极的生命态度。

长寿村村民认为，关爱自己，才有能力去关爱他人。他们珍爱自己的生命，平日里，忌讳说死，人死了，就是气散尽。忌讳唉声叹气，忌讳手托腮帮，忌讳愁眉苦脸，不轻易结束和放弃自己的生命，无论遇到什么困难都乐观地面对。正是这种乐观的态度，使他们克服各种困难，热爱、享受现实的生活，即便贫穷，人们也变着花样改善自己的日子。他们能吃苦，也会享受生活。在村民看来，身体发肤，受之父母，感恩父母赐予生命，珍惜生命，善待自己是对自己、对他们负责的表现。人生就像是漫长的跑道，在奔跑过程中，会遇到困难与挫折，用善良不断增加生命的厚度，用知识不断拓宽生命的宽度，用毅力不断延延伸生命的长度。

2. 坚韧如苇

从生产方式来看，深处山区的长寿村，人们为了生计，经常上山下山，在春耕时节，挑着肥料上山，收获季节挑着粮食下山，无论去哪里都是肩挑背扛，久而久之，就形成了坚韧的性格。从历史来看，在长寿村，曾经历部落之间的纷争，土司的压迫和屡次的反“围剿”，形成了当地人坚强的性格。从信仰来看，当地人对历史上的英雄顶礼膜拜，崇拜鄂二大将军、瓦氏夫人等，因此，形成了坚毅的品格。正是因为有这些的品格，当地老人，无论遇到什么困难都能够乐观地面对。

111岁的黄卜新老人，讲述了他一生的经历：我从12岁开始就犁田耙地，在春季，种植玉米的时候，要挑100多斤的肥料上山，到了山上，衣服都被汗水浸湿了。每到秋天，要把玉米、大豆、木薯等挑回家，下山上山的时候两腿都在发抖。这是生活上的苦，还有战争年代的苦，我专门是帮助部队运送枪支、粮食的，曾经有3次被国民党兵发现，他们来追我，向我开枪扫射，我东躲西藏都过来了。当时，国民党官兵要我们村交出共产党的名单，我们没有一个人说出来，他们一怒之下，就把村子给烧了，我们都不怕，大家都到山里伐木，重新建房。在"文革"时期，曾经被打击，后来被平反。我们这一代人吃过很多苦，经历过太多，无论遇到什么事情，对我们来说都不是困难了，所以心态也就平和。

平安村是著名的革命村，尤其是巴盘屯的很多老人都参加过韦拔群领导的农民运动，经历过枪林弹雨的人们内心也变得更加强大，在他们看来，以前那么苦都熬过来了，现在算得了什么呢？因此，他们看淡人间冷暖，保持平和的心态，对人和事情都积极乐观，他们的乐观感染着周边的人。当地人逐渐形成了乐观幽默的性格。民间云："愁生悲，乐生财。"因此，面对生活的困难要积极乐观地去面对。

105岁的黄妈奥讲述了她一生曲折的经历，"我这一辈子真的过得很辛苦，但是，无论遇到什么困难我都不退缩。在12岁那年，父亲就去世了，母亲改嫁他乡。留下一个两岁的弟弟和一个六岁的妹妹。我弟弟是父母举行'求花'仪式得到花婆神的眷顾，才投胎来到我们家里的。按照我们这边的习俗，是要请道公来还愿。当时我那么小，就要经常干活，还要帮忙带弟弟、妹妹，虽然这些我都会，但是真遇到这样的事情还是不知所措。后来在亲戚的帮助下，就把家里的牛卖了，给弟弟还愿。我从12岁就开始当娘，把弟弟、妹妹拉扯大，他们都成家以后我才嫁人。我先是嫁去松吉村，刚生下一个孩子，丈夫在第五次反'围剿'中，因敌众我寡，牺牲了。公公、婆婆老了，也先后去世了。家里就剩下我和孩子。我想这就是我的命吧，也没有什么悲观的，命该如此，就积极面对。虽然丈夫他们都不在了，但是那边还有田地，也有亲戚，我说我不嫁了，我那么小就把弟弟、妹妹带大了，现在把一个孩子带大对我来说不难。所以，我跟亲戚们说我就扎根在那里，哪都不想去了，也不想再嫁人了。可是亲戚们说，这不行，家里没有一个男人多苦呀，在亲戚们的劝说下，我嫁到了平安村，一共生了五个孩子，我跟丈夫把五个孩子抚养成人。受过很多苦，但是我没有退缩过，始终乐观面对，我觉得健康是最重要的，靠自己的双手辛勤劳动，总是能够解决问题。人的内心强大了，看得开了，就有力量去克服困难。与过去相比，现在生活不知道好多少，遇到的问题都不是大问题”。

黄妈奥老人年少时，独自抚养弟弟、妹妹，充当母亲的角色，到了中年丧夫，之后又养育五个孩子，她生活的艰辛可想而知，但她始终坚强乐观地面对。如今，她儿孙满堂，乐观的性格，坚韧的毅力一直支撑着她。在长寿村，这样的例子很多。过去，虽然人们的生活很艰苦，但是他们都是乐观地面对，每一天都努力打造自己的生活。当遇到不如意的事情，他们会找到各种合理的解释，常用的解释就是，这是命吧，来自我安慰。但他们不是消极地听天由命，而是认为自己命中该遇到这样的困难，所以不用去抱怨，应该积极地应对，寻找解决问题的方式。

3. 异容、宽容

在长寿村周围，居住着瑶族和汉族。在长期的族际交往中，人们形成异容、宽容的品质。他们容易接受异文化，积极向其他民族学习，壮汉、壮瑶之间关系融洽。他们主动学习汉语、向汉族人学习经商、养殖之道，也吸收瑶族的文化，尤其是瑶族的印染技术。在革命战争年代，各民族并肩作战，加深了感情，在和平时期，各民族结老同，他们中有汉老同，瑶老同。他们容各民族的文化，尊重各民族的习惯，在保持传统文化的同时，也积极吸收现代的文化，从交通工具到家电，从农具到房子，都具有现代的气息。无论是男女老少，现代歌曲、民族歌曲相容。在饮食上他们互相尊重，有些人不吃牛肉、狗肉等，但是他们也不会反对别人吃。在宗教信仰上，各种宗教兼容，信教与不信教互相尊重。面对外来的游客他们也是以包容的态度热情接待。

4. 乐知天命

乐知天命是当地人的写照，他们不仅乐观，还具有幽默的性格。当人们聚在一起时，相互开玩笑，毫不介意。例如一个人太高，人们会说，电杆来了，我家门都没有你高。一个人矮，他就说，我妈妈懒得织那么多布，就把我压缩这么矮，但我心脏离脑袋近，反应快。人们常常会拿自己的短处自嘲。若是一个人穷，他便自嘲，我们穷到小偷都怕。一个人吃得太干净，人们会说，猫见了我都哭，等等。因此，大家在一起不是互相抱怨、诉苦，而是一片欢声笑语。这样的氛围给老人创造了良好的生存空间，给老人带来了许多的欢乐，忘记了烦恼。知天乐命，通达包容的品性，使长寿村老人能够坦然地面对困难，积极应对问题，

并在此中寻找生活的意义，保持乐观的人生态度，顺应无常。正如《长寿金字塔》所言：

水土不服难成仙，
五谷杂粮养人颜，
德隆仁丰阴功满，
高寿亦仰子孙贤，
天天劳作不停闲，
豁达乐观助延年，
九旬犹似童真般，
百年人生乐翩翩。[①]

按照马斯洛的需求理论，当人基本的物质需要得到满足后，就有精神上的需要。近年来，老年人的精神需求越来越受到关注。长寿村老人积极发挥自己的兴趣爱好，以歌作伴、以棋会友，以艺解忧，以学为乐，不断地充实着自己。同时，他们相信万物有灵，崇拜祖先，在信仰中，找到了精神依托。补粮添寿、五行补命等一系列命文化给他们提供生命不息的精神动力。他们通过各种娱乐活动、宗教信仰来满足自身的精神需求，即便儿女不在身边，也独而不孤。他们知命通达、知足常乐、与世无争，过着恬静淡雅的老年生活。他们奉行“惟仁者寿”的信念，在互帮互助中，体会人间的关爱和温暖，在平淡生活中寻找生活的幸福和生命的意义。时间在流逝，社会在变迁，唯有不变的是人们淡然自若的处事风格、积极乐观的心态和对健康的执着追求。

① 摘录于巴马瑶族自治县长寿博物馆。

第五章　社会变迁与文化坚守

“正如没有哪个人会永远不死一样，也没有哪种文化模式会永远不变。”① 文化不是一潭死水，它犹如一条流动着的河流，每天都在藏纳新的东西，也在冲走旧的东西，但是唯有不变的就是河流依然是河流。长寿村的养老文化也是如此，随着时代的发展，也在不断地发生变迁，处在不同时代的人，对养老的要求、理解存在着差异。在物质文化上，人们的食品不断丰富；制度文化上，空巢家庭不断增多；精神文化上，一些习俗在消失，新的娱乐方式在融入，这些都在改变着人们对生老病死的认知和观念。

由于每个民族的人均寿命不一样，对于老年、中年、青年的划分不一致，按照当地人对年龄的定义，笔者分为几个年龄段，对他们的养老观念进行对比分析。

第一节　不同人群的养老观

生活在不同时代的人们，因为所处的社会背景不同，他们的养老观存在着差异。

一、百岁以上长寿老人养老观

健康长寿是人们的普遍追求。对于上了百岁的老年人来说，他们经历了朝代更迭、战乱洗礼、饥饿折磨，这些历史印记影响着他们养老方式的选择。村民认

① （美）恩伯：《文化的变异》，杜杉杉译，沈阳：辽宁人民出版社，1988 年，第 135 页。

为，百岁老人可称之为“娅王”[①]，即成仙之意。只有心胸宽广、善良坚韧的人才能成为“娅王”。上了百岁的老人，他们更加珍惜现在的生活，对人和对事也宽容大度，他们无论是在物质上还是在精神上都比较独立。但是由于深受生活经历的影响，他们的养老观具有那个时代的历史烙印。这个年龄段的老人，无论是在婚姻缔结上，还是在家庭观念上，其思想相对来说都比较保守。他们最大的愿望是，人到老年，希望儿女常伴身边。因此，对男孩的要求是，“父母在，不远游”。家中有多个男孩的，至少要留一个在家里侍奉父母，若是只有一个男孩，则不允许外出。女儿出嫁先要考虑近处的，嫁在本村最好。“婚姻的本质是文化的、社会性的制度，婚姻的缔结不是生理本能的驱使，而是‘文化引诱的结果’，直接受到各种社会习俗、道德、规范和制度的影响和制约。”[②] 在交通不便、养老保障尚未健全的年代，婚姻缔结受到很多条件的制约，其中，能够照顾父母成为重要因素。正是因为如此，过去的长寿村，通婚圈“既不与‘市场圈’同构，亦不与‘祭祀圈’完全重合”[③]，而是形成壮族的“村落圈”[④]。人们通婚以所在村落为中心，以一天内步行可以往返为接受的距离，超出这个范围，不便于来往看望父母，因此通常不予考虑。

108 岁的黄妈松谋讲述了她一生的经历：“我这辈子吃了很多的苦，18 岁的时候就嫁来这个村，当时我丈夫家里很穷，家里田地少，我和丈夫天天开荒种地，一共养育了 5 个子女，娶儿媳、嫁女儿，现在儿孙满堂，也知足了。这辈子最令我欣慰的是，我嫁得近，除了照顾公公、婆婆外，常常回去看看自己的父母，无论什么时候，家里有好吃的都送回去给他们，我父母就觉得嫁得近很好。他们也不图什么，就是经常能够见着我。若是嫁得远，以前交通不便，一路上虫蛇猛兽，与父母一年见不了几次面。所以我自己女儿也嫁得近，儿子也在家。现在老了，也担心给子孙们带来负担，平时生活能自理就自理，也干扫地、摘菜、脱玉米粒、看孩子之类的轻活，自从去年跌倒后，腿脚不便，给孩子、孙子们带

---

① “娅王”，鸟的化身，是壮族崇拜的女祖先神。她开荒拓土、造谷种，是勤劳、善良、智慧的化身，死后成仙。每年农历七月十八到七月二十，人们举行祭娅王仪式，因深受人们爱戴，而把长寿老人称呼为“娅王”。

② 唐利平：《人类学和社会学视野下的通婚圈研究》，《开放时代》，2005 年第 2 期。

③ 杨筑慧：《侗族通婚圈的历史变迁——以贵州榕江车寨为例》，《中央民族大学学报》，2014 年第 1 期。

④ 黄润柏：《村落视野下壮族通婚圈的嬗变——壮族婚姻家庭研究之一》，《广西民族研究》，2010 年第 4 期。

来负担，心里过意不去，但是天天能够看到他们，也是最大的安慰。”

110 岁的黄卜新老人谈了自己的养老观，“我们这辈子经历得多了，参加过农民运动，在战争最激烈的时候，村子还被敌人用大火烧毁，只好逃到山里避难。后来经历了人民公社和大炼钢铁，在 3 年经济困难时期，村里人上山去挖野菜，挖的人太多了，最后只好吃树皮，有些人中毒死去。在‘文革’时期又被冤枉。这辈子东奔西跑、东躲西藏，处在惶恐和不安当中。现在生活安定了，日子一天天好起来，到老了，希望能跟孩子们在一起”。

对于高龄老人来说，一方面，认为自己健康长寿是上天赐予的福分，但又担心自己长寿会给子孙们带来负担，所以平日里，他们注意身体健康，尽量延长自立时间。另一方面，由于他们身处的时代，没有养老保障，养儿防老成为了历史的必然。加上壮族地区交通不便，远嫁的儿女不知何时能归，故自然要求子女留在身边。对于许多老年人来说，不知道机构养老为何物，认为在家里养老，靠孩子养老是天经地义的事情。要是自己没有儿女，也要过继别人的孩子来养老。随着年龄的增大，身体各方面机能的变化，老年人无论是从物质上还是从精神上对年轻人都有依赖感。在长寿村，凡是上了百岁的老年人，均有一个年轻人在家里照顾。“父母在，不远游”、“养儿防老”成为他们这一代人的养老观。

二、80 ~ 99 岁老年人养老观

若是说百岁以上的老年人希望孩子不远游，对于八九十岁的老人来说，他们的观念有了一些变化，子女可以外出，但是需要经常回来看看。

（采访时间：2014 年 7 月 5 日；地点：长寿村；人物：HMN，女，87 岁）我几个孩子都在巴马县城工作，他们已经在城里买房。婆婆今年 100 多岁了，她以前跟韦拔群他们一起参加过农民运动，做过宣传员，她是山歌手，过去通过山歌宣传革命，现在有时候还唱一些当年的歌曲解闷。公公去世了，丈夫在城里跟孩子们在一起，我就在家里边照顾婆婆，把绣好的花布鞋拿到县城去卖，平时还做些农活。孩子们每年都补贴一些钱，因为离县城比较近，我有空时，会带着婆婆去县城住几天，儿孙们也经常回来看我们。我们家算是老人照顾老人的情况，其实，婆婆也不怎么用我照顾，她生活上能够自理，所以，也轻松。像我这一代的人都是照顾自己公公婆婆过来的，所以，也希望在家里养老，子女不一定在身边，就是常常回来看看就可以了。

在过去，人们有着浓重的乡土观念，安土重迁，尤其在壮族地区，对一些八九十岁的老人来说，家是最安全、最温暖的地方，一辈子都没有出过县域或乡里。所以，金窝银窝不如自己的“窝”。对于家，有着特殊的情感。当他们生活能够自理，而且可以照顾比自己年纪更大的老人时，家庭是养老的首选，并理解子女外出，认为过年节回来看望即可，无法接受去养老院养老。

孩子是老人生命的延续，情感的依靠，家是精神的依托。一旦离开家，精神就没了寄托。因此，即便是外出工作的老人，到了 80 岁以后，也要回到老家，安度晚年。对于他们来说，有家就有爱，有家就有继续生活下去的希望，离开了家就像断了线的风筝，无依无靠，心理上也无法接受。

三、60～79 岁老人养老观

六七十岁的老年人曾生活在 20 世纪四五十年代，他们经历了新中国成立、人民公社、“文化大革命”、改革开放等重大的历史事件。这一代老人孩子数量比较多，也深切体会到人多地少给生活造成的困境。他们内心渴望外出，谋求出路，逐步改善生活。然而由于制度上的限制和年龄的限制，没能如愿。因此，对于子女外出务工，他们持赞成的态度。

(采访时间：2014 年 7 月 6 日；地点：长寿村；人物：HBH，男，75 岁）我们这一代人大多生活是很艰难的，孩子多，土地少，尤其是送孩子上学的家庭，生活更拮据。当时没有计划生育，所以基本上怀了就生。我自己有 5 个孩子，孩子小的时候，开支比较少，生活还过得去。可是到他们长大了，读到初中、高中生活就很艰难了。特别是两个孩子考上大学后，当时只是靠种地、养猪、养牛支撑他们的学费和生活费，收入很低。为了省钱给孩子上学，有时候家里一个月没见一餐肉，3 年都不舍得买一件衣服，生活实在太苦了。我也想到外面打工，可是，一来年轻时制度不允许；二来改革开放后，年纪也大了，没有文化不知去哪里打工。所以，现在年轻人能出去就鼓励他们出去，我们自己在家里养老。

(采访时间：2014 年 7 月 7 日；地点：长寿村；人物：HMG，女，65 岁）我有三个孩子，两个男孩，一个女孩，他们都到外面打工去了，两个在南宁，一个在广州。在南宁的孩子希望我去跟他们住，但是我不想去，我宁愿跟老伴在家里自己种粮食、蔬菜，养些鸡鸭之类的。我去过南宁，天气太闷热了，人一活动就容易出汗，整个身子黏黏糊糊的。家里空气比较好，夏天比较凉快，没有那么热，人比较舒服。在南宁，买的菜都是施化肥的，硬邦邦的，不像在家里，自己种，施农家肥，很好吃。在城里，除了送接孙子/孙女上学、放学就没有什么事情做了，人闲得慌，平时也不太爱看电视。城里的老人大多数说普通话，我听不太明白，交流起来有些困难。在村里，吃完饭大家串门聚在一起听歌、聊天，比较开心。

他们这一代人由于自身的经历，多赞成子女们外出务工，并帮助年轻人做一些力所能及的事情。认为子女在外面有出息就是自己最大的安慰，在物质上他们要求也比较低，依靠种田地也能养活自己，身体健康不仅生活能自理，还可以照顾年纪更大的老人，或者照顾孙子女，继续实现他们的价值。他们理解孩子到城市谋生，但是不习惯城市的生活。相比于城市，农村清新的空气、原生态的饮食、富有人情味的社会氛围，日出而作、日落而息的田园生活是他们理想的养老之地。因此，即便儿女不在身边，也不觉得孤单，可以通过山歌等娱乐方式来抚慰孤寂的心灵，通过宗教信仰来寻求精神上的寄托。

四、40～59岁中年人养老观

对于四五十岁的人来说，现阶段正处在中年时期，在他们年轻时，正值改革开放，许多人外出务工。同时，由于国家计划生育政策的限制，他们所生育的孩子数量减少。由此，当他们进入老年时，孩子要承受较大的养老压力。

（采访时间：2014年7月8日；地点：长寿村；人物：HBN，男，45岁）我算是中年人了，上有老，下有小，对于父母要尽赡养的责任。人们常说养儿方知父母恩，我们这一代人贯彻国家的计划生育政策，就生两个孩子。养育他们并供他们上学，觉得挺不容易的。年轻的时候还可以出去打工挣钱，现在也可以到县城做个小生意，或者是到建筑工地做工，挣钱比过去容易多了。我父母都快70岁的人了，他们那个年代挣钱很辛苦，就靠上山打柴拿到城里卖，一年养两三头猪，有时候都养不活，真的很穷。他们靠着养猪、种地、卖柴火，挣些钱送我们上学。虽然我们只读到初中、高中，但那时候真的不容易。现在父母老了，是要好好待他们，老人家要求很简单，我们吃什么他们就吃什么，只要不生病，花销较少。到我们这一代人养老，

估计主要靠自己了。孩子们长大了也要出去的。所以，从现在起，就开始注意身体，尽量减轻孩子负担。人们常说落叶归根，人到老的时候，希望回到家乡，在自己家里，种菜、种果，养些鸡、鸭之类，安心地度过晚年。如果说，有机构去养老也可以接受。

（采访时间：2014 年 7 月 9 日；地点：长寿村；人物：HMN，女，40 岁）我们这一代人年轻的时候，很多人都有外出务工的经历，现在年纪大一些了，就回村里务农了。说到老人，谁都会有老的一天，如果我们现在不养老人，不对老人好，就会遭到报应，孩子也会效仿，以后不养我们了。我外出打工的时候，都是婆婆帮带孩子，觉得老人挺不容易的。所以，现在要对她更要好一些。有时候，她也会发发牢骚，人到老年，这是常有的事，遇到这样的情况，把她当成小孩就是了。婆婆患上了风湿病，她有时候行动不太方便，我上山劳动时，见到治疗风湿的中草药就摘回来，晾干，让她服用，现在好多了。我们这代人养老，主要还是在家里，儿女在不在身边都无所谓，只要他们成家立业，记得经常打打电话，逢年过节回来就行了。

对于这一代人来说，他们年轻时大多有过外出打工的经历，认为赡养父母是天经地义的事情，特别是家里有百岁的老人，视为是一种荣耀。当年他们外出务工后，把孩子留给家中的老人照顾，体会到老人的辛苦付出，因此，更加关爱家中的老人。对于自己未来的养老，他们认为孩子少，以后孩子不仅要养父母，还要养爷爷、奶奶、外公、外婆。为了减轻孩子的负担，现在就要做好存钱的准备，注意养生，从而由主要依靠子女养老到依靠自己养老的观念逐步产生。在养老地点选择上，认为年轻时到城里打工，到老年时，希望回到农村享受新鲜的空气、原生态的饮食和慢节奏且富有人情味的生活。关于未来养老，他们认为，男孩是养老的主要依靠，但女孩在生活照料和情感慰藉方面扮演的作用也是无可代替的，生病时女孩照顾自己更加体贴和周到。就他们而言，农村仍是养老的首选。未来的养老不一定要跟孩子住在一起，机构养老也慢慢可以接受。山歌、电视等娱乐活动可以消除寂寞，同时认为，人到老年应有自己的兴趣爱好，宗教信仰也可成为精神依托。

五、20～39 岁青年人养老观

二三十岁的人属于“80 后”“90 后”，虽然养老距离他们似乎尚遥远，但他们已经意识到危机感。他们大多是独生子女或两个孩子，有着较重的养老负担，所以，对于自己未来的养老，认为要从年轻开始就做好准备。

（采访时间：2014 年 7 月 10 日；地点：长寿村；人物：HBL，男，26 岁）我们这一代年轻人，小时候相对来说是比较幸福的。家里兄弟姐妹少，通常是一两个，所以无论是从物质上还是父母的感情投入上，比我们父辈要好很多。现在大多数像我一样的年轻人都在外面，在家里的，也都到县城找事情做。我们这一代人养老负担相对来说比较重，责任也明确，因为只有一两个，父母有什么事主要是自己承担，最大的担心是父母生病。若是父母生病了，不仅要承担医疗费用，还要腾出时间照顾，自己又要养家，负担比较重。所以，希望父母平安、健康。我们在外面打工，过年过节都会尽量回来，有时候加班回不了，节后也想方设法回来，老人也理解。说到养老，似乎离我们还比较遥远，我想城市空气不是很好，老了还是喜欢回农村去，过着世外桃源般的生活。要是以后城市环境改观了，在城市也可以，若是说以后养老机构普及，去机构养老也行，但还是感觉在自己家里比较轻松自在，所以，在农村家里养老是首选。

（采访时间：2014 年 7 月 11 日；地点：长寿村；人物：HH，女，24 岁）我们这代人算是比较幸运的，因为孩子少，所以父母在教育上还是比较公平的。我哥哥上了大学，我本人就念到了中专，中专毕业后就出去打工了。要是以前家里穷，孩子多，一般都是男孩上学，女孩在家务农，供哥哥、弟弟读书。我刚生完孩子，暂时在家带孩子，两三年后再出去，我们家里老人比较多，四代同堂。我公公、婆婆 60 多岁，太公公、太婆婆 80 多岁，现在都是公公、婆婆照顾太公公、太婆婆。婆婆虽然 60 多岁了，但是干起活来比我厉害多了，相对来说，目前也不觉得有什么负担。我们最担心的是老人生病，要照顾老的小的，又要挣钱养家，也挺不容易的。我们这一代人养老，有地方去就可以。有条件在城市的机构养老也可以，毕竟都是老年人，生活在一起有共同的话题，但是更理想的是在农村家里养老。因为，农村人情味较浓，有什么大家互相帮助，而且空气清新，食物原汁原味，可以耕田种地，所以还是希望能够在农村老家安度晚年。

二三十岁的年轻一代，大多是独生子女或两孩，就他们而言，家里孩子数量

少，养老负担比较重。他们认为，正是因为小时候孩子少，无论是在物质上还是在情感上都得到较多的照顾，相对应的养老负担重也是正常的，人的权利与义务是对等的，赡养父母、祖父母是义不容辞的责任。他们最担心的是父母的健康问题，因为兄弟姐妹少，承担的医疗费负担也比较重，而且要腾出时间来照料，这也是需要成本的。对于他们而言，不求父母能给他们做什么，父母健康就是一笔财富。

对于自己的养老，他们意识到健康的重要性，表示从年轻开始就注意自身的健康，也可以接受在城市机构里养老，但仍认为农村居家养老是首选。

纵观长寿村人养老观念的变化，处在不同历史时期的人对养老的认识和自己养老方式的选择存在一定差异，折射出时代的发展变迁。从养老地点来看，由主要选择农村到愿意在城市养老的转变，由居家养老到可以接受机构养老观念的转变。从养老主体来看，由主要依靠子女向主要依靠自己转变。从养老内容上，由主要注重物质向物质精神并重转变。从养老准备的时间来看，养老准备时间逐步提前，年轻人养老意识增强。

文化变迁伴随着人类的发展，长寿村养老观念的变迁既有内部的原因也有外部的原因，是内外因共同起作用的结果。

第二节 养老文化变迁的原因

世间万物都是在运动中前进的，文化也是如此。在当代中国，全球化运动西风东渐，不仅冲击着我国的经济，同时也冲击着我们的文化。文化变迁已不再仅以文本形式出现在书斋、象牙塔里，而是走进了我们的日常生活中，不知不觉地被我们接受了，但内心深处还怀念那传统的文化。当然，我们也深深地知道社会是必定要向前发展的。“人类社会发展史其实就是一部文化变迁史，文化变迁记录下了社会发展的进程。在人类发展史的漫漫长河中，文化的进程一直随着时代的生产力、生产关系的变化而发展。”①

文化稳定是相对的，变迁是永恒的。文化变迁一直是人类学关心的话题，进化学派主张创造、发明和技术进步推动文化的变迁，传播学派强调传播和借用引

① 严墨：《文化变迁的规律——碎片化到重构》，《中央民族大学学报》，2006年第4期。

起文化的变迁等，各个学派从不同的角度探讨了文化变迁的成因。文化变迁的原因复杂多样，归结起来主要有“民族社会内部的发展，或迁徙与其他民族的接触、政治制度的改变等引起了民族文化的变化”①，即内因和外因。

长寿村村民对健康长寿的强烈渴望，不断推动医疗技术的进步，人们对现代化的追逐，不断更新生产技术，使生产力得到了较大的提高，老年人的物质生活得到了改善。同时，改革开放后，大量的年轻人外出务工，他们在与其他民族接触过程中带来了一些新的文化，也摒弃了自己一些旧的文化，促进了当地养老文化的变迁。同时，开发旅游业后，外地游客进入长寿村，当地壮族在与外地游客交往互动过程中，吸收了一些新的文化，人们的养老观念逐渐发生变化，现代性不断增强。纵观长寿村养老文化的变迁，主要有内部因素和外部因素两方面，内部因素起着重要作用。但就目前来说，其文化内核没有发生根本性的变化，其变化主要表现在浅层，如衣食住行等，与此同时，一些养老文化在时代发展浪潮中得到发扬光大，并不断摒弃一些旧的观念和吸收新的理念，使得新旧文化在碰撞中不断地磨合调适，从而促进了当地壮族养老文化的发展。

一、养老文化变迁的内因

民族社会内部成员强烈的发展愿望，推动着社会的变迁。社会的变迁引起了一系列的文化变迁。

（一）对健康长寿的渴望和现代生活的追逐促进了文化的变迁

人们对健康长寿表现出强烈的渴望，故而不断地改善预防疾病和治疗疾病的方法。例如，过去，人们通过生饮动物血来治疗风湿，发展到通过食用吹风蛇来治疗，再发展到饮用蛤蚧酒配合针灸和拔罐治疗，治疗技术的进步推动着壮医药的发展，老年人的身体健康得到了保障。同时，人们对现代生活的追逐也促进了文化的变迁。过去，由于土地稀少，人均耕地有限。随着人口的增长，粮食出现紧张。而粮食缺乏，所饲养的家禽家畜也相应减少了。即便省吃俭用，饲养一些鸡、鸭、猪、羊，但人们为了供孩子上学也舍不得吃。俗语云：“无油锅生锈，无盐食盐肤”，盐肤是当地一种有咸味的植物，意为太穷了，买不起盐，只好食用盐肤，长期饱受贫穷之苦的村民渴望摆脱贫困状态。改革开放后，人们改变了“父母在，不远游”的观念，许多年轻人纷纷走出家门，到广东、浙江、福建等

① 黄淑聘、龚佩华：《文化人类学理论研究方法》，广州：广东高等教育出版社，1998年，第209页。

地务工。外出务工的年轻人通过努力，积累储蓄，不断地提高生活质量。从房子到家电到交通工具逐渐实现现代化，过去的干栏式建筑变成了两三层的楼房，织布机、舂、磨这些家庭用具均不见了，变成了现代的碾米机、粉碎机。冰箱、洗衣机、彩电已经普及，老年人的物质生活也在不断丰富。

（采访时间：2014 年 7 月 15 日；地点：长寿村；人物：HPF，男，42 岁）以前家里太穷了，读初中的时候，一个月才挣五毛钱，家里为了供哥哥读大学，平时都不舍得吃肉。为了补充营养，过年过节只买一盆猪血来做血肠，肚子常饿得饥肠辘辘。过去家里是草木结构的干栏式建筑，虽然住起来凉快，可是用木头做的柱子也容易被虫子蛀，遇到狂风暴雨天，风把草片掀翻，屋子漏雨。奶奶为了支持我们上学，70 多岁了还天天到野外去打猪草，很辛苦。每次她赶集卖一些农产品，都不舍得吃一碗粉，带着粽子去吃，真的感到很心酸，但是没有钱可以孝敬她老人家。我高中毕业后就去广东打工了，现在盖起了房子，也可以寄钱回来给奶奶，孝敬她。

年轻人通过外出务工改善了老年人的物质生活，这是他们尽孝的表达。然而，任何事物都是双面性的，得到一样，就面临着失去另一样。留守老人在精神生活上，却面临着子女不在身边的孤独及心理上的调适。

（二）经济的单一性和脆弱性促使人们改变现状，而旅游业的发展带来了新的契机

过去的长寿村主要以农业为主，在人地关系紧张的情况下，单纯依靠农业收入难以维持家庭开支，更难以支付孩子的教育费用。加上在喀斯特地形地貌的山区，土地含水量差，常常出现五日无雨便干旱，三日大雨便洪涝的现象，农业经济会出现脆弱性和不稳定性的特点。随着旅游业的发展，游客慕名来到长寿村，一些老人发现了商机，盖房出租，可以在家里边务工边收房租。部分老人在农闲时节，在自家门口或者集市上卖起家乡的野菜、野果、草药、土鸡蛋等，继续发挥余热。“如果社会中的某个人发现了某些新事物，后来这种新事物又被其他社会成员接受了，这就是创新。”① 出租房子，卖土特产，这种新的经济形势逐渐

① （美）威廉·哈维兰：《文化人类学》，瞿铁鹏等译，上海：上海社会科学出版社，2006 年，第 455 页。

被当地老年人所接受，而且成为老年人的副业，增加了他们的收入。

（采访时间：2014 年 7 月 16 日；地点：长寿村；人物：HMS，女，65 岁）以前都是务农，很少经商，游客来了以后，我把这些年积攒下来的钱用来盖房子，一共建了四层。我们自己住两层，我把两层租给了南宁游客，一个月 400 元一间，他们一年来住几次，每次几天，房子几乎是空着的，我就在家里收房租。农闲时，卖一些土特产和草药。有游客来的时候聊聊天，不无聊，一天过得很快，生活也比较惬意。其他老人也学着，他们卖各种各样的土特产，老人也有些零钱花。

过去经济的单一性和脆弱性使人们渴望寻求另外的出路。外地游客的进入给他们带来了商机。许多原来羞于经商的老人在外来游客的引导下，也利用农闲时节出售土特产，既可以改变他们的经济状况，又可以通过与游客交流，忘记了孤独。

（三）壮族文化本身的包容性

当地壮族把自己的性格形容为水，柔韧、包容。历史上，壮族就有包容的心理。文化上，壮族与周边瑶族、汉族相互交流和借鉴。例如，壮族主动学习瑶族的医药、印染技术；在家庭观念上，受儒家伦理道德的影响；在宗教信仰上，深受道教的浸染，同时也吸纳佛教的思想。为了便于与外地人交流，当地老人主动学习汉语，为了丰富娱乐活动，老人主动学习太极拳、广场舞等外来文化。壮族文化包容性的特点，使许多外来文化注入其中，促进了其养老文化的变迁。

壮族文化易于包容其他民族的文化，从而使自身文化不断丰富，在一定程度上有助于解决留守老年人的精神需求问题。

文化变迁的内部动力，“一方面是文化和自然环境之间的相互关系，另一方面是个人和社会之间的相互关系”[①] 在长期的社会发展中，身处湿热，容易滋生各种疾病的自然环境中，人们不断地与疾病做斗争，推动医疗技术的进步。同时，生活在土地贫瘠稀少的环境中，人们通过各种方式，需求改变经济状况，从而促进生产方式的多元化。面对着时代的变迁、社会环境的改变，长寿村壮族以包容的心态主动吸收、接纳来自其他民族的文化，从而促进了长寿村壮族养老文

① P. Boas，Race，“Language and Culture”，The University of Chicago Press. Chicago，1982，p. 255.

化的变迁。

二、养老文化变迁的外因

长寿村壮族与其他民族频繁互动以及国家力量的影响，在这些外部因素的作用下，促进了当地养老文化的变迁。

（一）不同文化的互动丰富着长寿村壮族养老文化内涵

文化变迁的动力来自于长寿村与周边汉族、瑶族的密切联系使其文化兼收并蓄。当地三个主体民族的生产方式同样是农耕类型，有着相似的原始宗教，相信万物有灵。在许多故事传说中，壮族、汉族、瑶族被描绘成兄弟关系，在瑶族祝著节来历的故事里，就有壮族、汉族、瑶族是亲兄弟的传说。在现实生活中，壮族、汉族、瑶族通过打老同建立虚拟的兄弟关系，拜寄爷、寄妈建立虚拟的亲子关系。在经济上，三个民族相互交往，互通有无。在农民革命运动史上，壮族、汉族、瑶族共同奋战，血浓于水。在文化上也相互影响，瑶族以寿文化、孝文化著称，深深影响着长寿村的壮族文化。瑶族《背带歌》是孝道教育的歌曲，被壮族吸收和借鉴，每当家里有孩子过三朝，外婆送来背带时，均唱一首《背带歌》，歌中蕴含丰富的孝德文化，是生命历程中最早的孝德歌曲。瑶族男女平等的观念也慢慢影响到长寿村，使得人们越来越易于接受入赘婚。此外，瑶族医药对壮族医药也产生了深远的影响。壮族一些文化在道教文化、佛教文化、儒家文化的影响下，逐渐发生了较大的变化，尤其是道教影响着人们生活的各个领域，无论是在饮食习惯、居住方式还是文化习俗中，均有道教的影子。而且有些道教文化在道教的中心地带四川等地已经消失，但作为文化边缘地带的长寿村依然保存下来，例如补粮习俗、寄石补命、寄树补命等具有明显道教特征的习俗在巴马长寿村延续至今。安龙祭祖、超度亡灵等大型宗教活动均请道公来做道场。

（采访时间：2014 年 7 月 21 日；地点：长寿村；人物：MDG，男，75 岁）我们信仰的宗教很大程度上受到汉族道教的影响，但在传播过程中，与我们的原始宗教相结合，逐步实现道教的本土化。道教成仙观念深受人们欢迎，这里老百姓对生命延长有着强烈的渴望。由此，引申出孝文化、寿文化与和文化。就像平时我们的补粮添寿仪式、超度亡灵仪式、安龙祭祖仪式，这些都具有明显的道教和原始宗教相结合的特点。

壮族容易吸收其他民族文化，并把它与本民族实际相结合，逐渐实现本土化。尤其是道教的成仙观念、星辰崇拜与壮族的长寿平安习俗相结合，道教的成仙观与壮族的丧葬习俗相结合，表现出鲜明的民俗化和世俗化特点。[①] 而佛教的投胎转世、因果报应也影响了壮族文化，规范着人们的行为。儒家“惟仁者寿”成为当地人为人处世的方向标，“老吾老以及人之老，幼吾幼以及人之幼”，在互帮互助中，感受人间真情。壮族是异容的民族，在文化上包容其他民族的文化，主动学习和吸收其他民族文化，使自己的文化不断丰富，从而促进本民族文化不断地向前发展。

（二）国家力量对养老文化的影响

国家力量主要是指国家通过制定相关政策、法律、法规的形式直接或间接地改变过去壮族地区的发展模式，从而改变壮族地区的人文环境、自然环境，如民主改革改变了壮族传统的封建制度，使壮族地区进入社会主义时期。在大炼钢铁时期，由于“极左”路线的影响，壮族地区的生态遭到严重破坏。改革开放后，推行了家庭联产承包责任制，极大地调动了人们生产的积极性，有利于壮族地区的发展。随着人口的增加，人地关系越来越紧张，政府通过引导年轻人外出务工，给当地环境减轻了压力，同时也出现了大量的留守家庭。为控制人口增长，国家在壮族地区实行与汉族一样的计划生育政策，使生育率大幅下降，人们的养老负担加重。此外，为了更好地保护环境，国家在壮族地区进行农业补贴，实行退耕还林，长寿村的森林覆盖率逐渐达到 80%，为营造天然氧吧提供了政策支持。但退耕还林使当地的公共草场消失，牛马成群的现象不复存在。为了改变我国西部发展滞后的面貌，国家实施了西部大开发一系列举措，而东巴凤基础设施大会战的进行，使当地的基础设施得到改善，人们开始熟知巴马。游客也开始陆陆续续地来到巴马，他们通过亲身体会，又回到自己的家乡宣传巴马，使得巴马的旅游业实现“井喷式”发展。外地游客的到来给长寿村的环境造成了一定污染，同时，也为当地政府对长寿村的污染治理献计献策。当地政府以立法的形式，对巴马的生态保护进行了规定，并对房屋的修建进行了规范，尤其是作为长寿源头的盘阳河两岸的环境保护进行了详细的规划和规定，这使得长寿村的环境得到了恢复。旅游业的发展、游客的流入加速了当地民族文化的变迁，外地新的文化注入，使一些民族文化在消失。与此同时，结合旅游业的发展，政府实行在

① 徐祖祥：《壮族宗教民俗中的道教长生成仙信仰》，《西南民族大学学报》，2009 年第 2 期。

当地大力弘扬孝道文化，给长寿老人补贴、送物，高龄老人免费医疗，过年过节问候老年人等措施，推动了孝德文化的发展，人人以家里有长寿老人为荣，使当地的养老文化在新时期增添了新的内涵。

（三）现代化的巨大冲击

现代化浪潮是一股不可抵挡之势，席卷着城市，也波及偏远的壮乡。改革开放和现代化使得长寿村发生了很大的变化，不仅涉及生产方式，衣、食、住、行，从房屋到家电，从交通工具到农业机械都逐步实现现代化，而且影响到人们的价值观念、认知方式，养老文化在此过程中也逐渐与时俱进。

第三节　养老文化变迁的方向和特点

一、养老文化变迁的方向

从上述中，我们可以看到，随着社会的发展，当地人的养老观念也在发生着变化，如从居住方式，由主要选择在农村养老到愿意在城市养老，由居家养老到可以接受机构养老等，养老正朝着多元化和更加理性的方向发展。

（一）“半自养”意识的形成

人类具有适应环境的能力，人们可以根据变化了的社会，能动地调整自己的行为和观念，从而推动文化的变迁。奥格本特别强调文化调适对文化变迁的作用，认为“文化是各个部分的高度整合，任何一个部分的改变都会带动其他部分的改变，各个部分对已变化部分的调适带动了文化整体的进化。”① 如子女数量的减少、人口流动的频繁带来了长寿村壮族养老文化一系列的变化。当然，长寿村壮族的文化调适并不仅仅表现为被动的适应，更多地表现为主体性的文化选择。人们根据变化了的社会，能动地调整养老策略。

养老是一个系统工程，涉及个人、家庭、国家和社会。然而，在农村社会养老保障尚未完善的情况下，社会养老机构的高昂费用和令人担忧的服务态度，人们不得不优先考虑家庭养老。家庭养老轻松、自在的环境成为人们未来养老的首

① （美）威廉·费尔丁·奥格本：《社会变迁——关于文化和先天的本质》，王晓毅、陈育国译，杭州：浙江人民出版社，1989 年，第 194 页。

选。随着人口流动的频繁，家庭养老的功能逐步弱化，留守老人逐渐增多，人们不得不尽可能地延长自养的时间，压缩不能自养的时间，以减轻子女负担。按照人的生命周期规律，人很难完全依靠自己走完一生，尤其是在高龄阶段。因此，笔者提出“半自养”概念。“半自养”即老年人尽可能地延长自养的时间，压缩不能自养的时间，在不能自养阶段，依靠家庭成员的支持，国家、社会的资助走完一生。由于养育孩子数量的减少，以及中青年人的大量外出，传统上完全依靠子女的养老方式已经难以行得通，“半自养”成为无奈或必然的选择。在此情形下，“半自养”意识逐渐形成。养老资源是点滴积累的过程，为了尽量延长自养的时间，压缩不能自养的时间，人们早早做好准备，加强自我健康、经济等方面的积累；为了在不能自养的阶段，得到家庭成员、社会成员的帮助和支持，他们注重感情的积累。

1. 养老健康资源的积累

常言道：“病来如山倒”。身体健康是物质积累的基础，是减轻子女负担、老年幸福的前提。若是没有健康的体魄，不仅耗费大量的医药费，还给子女带来生活照料上的负担，自己也深受疾病折磨而身心疲惫，幸福无从谈起，养老成为大问题。长寿村许多老年人之所以到八九十岁仍然耳聪目明，精神抖擞，健步如飞，是因为在年轻时，他们养成良好的生活习惯。要想老年有健康的体质，必须要从青少年起注意饮食起居。有些人说养生是老年人的事，这种认识是错误的，等到生病的时候，才注意养生为时已晚。因此，养生是一个持续的过程。“青少年健康是中青年健康的基础，中青年健康是老年健康的基础。”①。因此，从青春年少起，需要培养良好的生活方式。随着时代的发展，长寿村饮食日渐多样化，然而他们一贯遵守着清淡、新鲜、原生态的饮食习惯。父母向孩子传授生存的基本技能，依山傍水的长寿村，有着得天独厚的环境，从小开始，教孩子学会游泳，以抗风湿、皮肤病等。同时，还以口诀、山歌的形式给孩子传授壮族医药，小病先在家里处理，尽量避免使用抗生素，从而增强孩子的抵抗力。他们一贯这样执行着，人到老年才有一个好的身体。同时，父母在孩子的每个成长阶段都有相应的生命礼仪，在孩子成长过程中，不断暗示孩子，有神灵的保佑，生命不息。良好生活方式的培养，加以生命不息的精神动力，有助于孩子的健康成长。

---

① 乌沧萍：《社会老年学》，北京：中国人民大学出版社，1999 年，第 102 页。

2. 养老经济资源的积累

在长寿村，在多子女的年代，孩子长大自立后，由于需要赡养的老人数量少，子女有更多的精力投入到老年人身上。但随着子女的减少及长年外出，养老人力资源逐渐缺乏。在此情形下，分家后，有的老年人依靠种植茶油、杉木、大豆、玉米、芝麻等经济作物和农作物，积累一些储蓄，为自己所用。此外，男性老年人还学习一些手艺，例如编箩筐、鸡笼等；女性老人通过制作绣花鞋，织毛衣、毛帽等拿到集市出售，换取一些钱使用。对于他们来说，老年人经济独立了，遇到疾病等事情就不会发慌。

对于现在的中青年而言，由于意识到老年经济独立的重要性，因此早早就开始考虑今后的养老事宜，他们年轻时候积攒储蓄。如他们通过外出务工，除了一部分家用，其余的积攒作为养老之用。此外，一些人还将家乡的茶油林和杉木打理，为将来养老做准备。相比于老一辈把绝大部分储蓄留给孩子，中青年认为，儿孙自有儿孙福，把子女养到成年即可。若是对他们一切包办，不利于子女的成长，子女要靠自己的奋斗才能成才。而且，金山银山都会花完，在以勤奋为美德的壮族社会里，啃老将受到人们的谴责。孩子成年自立后，便要承担起家庭的重任，所以，从小开始就培养孩子独立的能力。中青年从现在起就有危机感，他们提前为自己未来养老做准备。

3. 养老情感资源的积累

为了在不能自养的阶段，得到家庭成员支持和社会成员的帮助，他们注重感情资源的积累。人是情感动物，特别是人到老年，希望夫妻和睦，儿女孝顺，邻里团结。在一定的生活场域当中，个体会与不同的人产生关系，而和谐的人际关系是获得情感满足的基础。对于夫妻，人们强调的是情投意合，在以歌择偶的年代，通过对歌试探对方的才智、人品。人到老年，尤其是子女不在身边时，夫妻感情的好坏直接影响到老年的生活质量。因此，当地人十分重视夫妻感情的培养，对丧偶者也不反对其再婚。就中青年人而言，他们大多处在婚姻自由的年代，婚姻多以自由恋爱结合，夫妻感情基础一般比较好。除了注重夫妻感情外，人到老年，最大的幸福莫过于子女孝顺。为此，他们注重孩子的孝德教育，并以身作则，培养融洽的代际关系。对于家庭外的人际关系，人们也十分注意协调。当地人保持着浓厚的集体主义观念，一家有事百家帮，红白喜事不请自来，平时的农事以集体为单位，互帮互助，这些都为创造和谐的邻里关系创造了条件。在民族关系上，通过拜寄爷、寄妈等形式，以及经济上的交往，加深了民族之间的感情。而这些均为老年人的情感需求做了重要的准备。

此外，人到老年要想获得他人的尊重，需从青少年时期不断地加强自身的素养。现在社会上经常出现一些老年人强行占座的现象，人们为之感叹，不是老年人变坏，而是坏人变老了。所以，人们也注重从青少年起加强自身素质的培养，到了老年才能获得他人的尊重。在当地，人们秉着“惟仁者寿”的思想为人处世，不记仇、不翻旧账，以宽容的心态对待每一个人，由此以德服人的行为方式也为自己获得别人的尊重打下了良好的基础。

当前，人们在情感投入上的一个突出特点是，越来越重视对女儿的培养。在过去经济条件不允许的情况下，无论是从物质上还是感情上，人们更多的是注重对男孩的培育。但随着社会的发展，女儿承担着越来越多的养老职责，故人们越来越注重对女儿的培育，认为人到老年，女儿比较贴心。

4. 养老精神资源的积累

精神上的满足有多方面，主要包括：一是爱人的关心，子女的关爱。二是自我价值的实现。许多人步入老年，其社会角色逐渐发生了变化，有的人突然有失落感，无所适从。然而在长寿村，许多人为了在老年时期，还继续发挥余热，在中青年时期，就多学习几项生存技能，如男性学习编织，制作家具等，女性学习刺绣、织衣帽等。掌握这些手艺，即便到了老年，还可以发挥余热，也充实老年人的生活。三是自我娱乐。当前，壮族山歌在老年人精神赡养过程中起着十分重要的作用。山歌在壮族地区影响广泛，依然深受“70后”“80后”的喜爱。对于“90后”“00后”的年轻人来说，他们的娱乐方式呈现多样化。人到老年有自己的兴趣爱好，是愉悦情感消除烦恼的前提，一些人在中青年时期就开始培养自己的兴趣爱好。四是宗教信仰。宗教信仰成为人们重要的精神依托。人到老年，开始对人生的意义、价值进行思考，回顾自己的得失，在情绪低落时，渴望寻求精神上的安慰与寄托。在科学技术不断发展的今天，宗教与科学并行不悖，是因为它满足了人们多层次的精神需要。如有的人在现实中遇到难以解释的偶发事件或者遇到困难，他们希望通过宗教寻找原因，或借助神的力量给予信心，以克服困难，渡过难关。近年来，宗教民俗在长寿村得到发展和弘扬，为人们的精神需求提供了一定的依托。

（二）在家庭养老中形成责任意识

社会学家韦伯在《法律与价值》一书中提到了责任理论，他指出，“一个成熟的人无论其年龄大小，意识到要为自己行为后果担责，并感到这是自己的责任时，是感人的。”①

“责任理论”应用在养老问题上，就是明确了子女和老人的责任问题。子女有赡养老人的责任，同时老年人自身也要对自己负责的责任，包括身体上和精神上的责任。

对于子女来说，年少时，享受了父母抚养的权利，父母到年老时，应尽赡养父母的义务。对于老年人来说，享受了子女物质、精神上的关爱。同时自身也应当承担起相应的责任，如对自己的身心负责，在饮食起居上注意身体，患有小病，及时就医，调节好自己的情绪。在生活尚能自理的情况下，提倡为子女做一些力所能及的事情，例如，做家务、照看孩子等，减轻子女负担。子女因此也会心存感激，从而更加关爱老年人，从而建立一种和谐的代际关系。

然而家庭养老并不排除社会养老和国家养老。对于一些生活不能自理的，又没有经济来源的老年人，对子女外出务工的留守老人，还需要得到社会和国家的支持和帮助。

（三）政府养老中物质与精神兼顾

1. 历史上政府对养老的重视

据史料记载，历朝历代对子女赡养父母的义务作出了明确规定，对孝子进行奖励，对不履行养老义务者进行惩罚，轻者以杖责，重者以流放，甚至处以极刑。按照古代的法律和伦理规定，若是子女与老人发生矛盾，无论缘何引起，无论责任在谁，受到惩罚的均是子女。②

如何养老并不是现代才有的问题，在中国古代，除了“以孝治天下”的治国理念，更有“老吾老以及人之老”等尊老敬老的传统美德。先秦时期给有老人的家庭免除部分徭役和赠送细粮，《礼记·王制》记载：50 岁以上的老人可供给细粮。汉代颁布了老年人保护法，《王杖诏令册》规定：70 岁以上老人即使触犯刑律“虽有罪不加刑焉”，并给老人赐杖。唐代关注老年人精神赡养，《唐大诏令集》规定，老人可安排护工“凡庶人年八十及笃疾给侍丁一人”。宋代赐给老人荣誉，并出现“福田院”“居养院”等各种养老机构。明朝时期出现国家性质的保障制度。清朝时期给 80 岁以上老人赐粥、赐匾额和设千叟宴。③

① （德）韦伯：《法律与价值》，李猛译，上海：上海人民出版社，2001 年，第 35 页。
② 谢元鲁、王定璋：《中国古代敬老养老风俗》，西安：陕西人民出版社，2004 年，第 127 页。
③ 谢元鲁、王定璋：《中国古代敬老养老风俗》，西安：陕西人民出版社，2004 年，第 130－139 页。

历朝历代国家养老制度有着一定的积极意义，通过法律的形式鼓励孝子，惩罚不孝行为，在一定程度上，有利于民间孝德的延续。统治者给老人赐物，为老人建养老机构，解决了孤寡老人的养老问题。然而，按照古代养老制度，受益的老人无论是从范围上还是数量上都是有限的，在生产力低、人的寿命有限的情况下，对60岁甚至80岁、100岁以上才获得赐物，能享受此待遇的老人少之又少。同时，国家采取不定期赠物的形式不能从根本上解决养老问题。明朝时期虽然出现国家性质的保障制度，但由于腐败等种种原因，推行时间短暂。虽然古代养老制度有局限性，但在一定程度上，也影响了今天国家的养老制度。

2. 当今政府在养老中发挥的作用

老年人是国家中的一员，他们一生为国家纳税，有权利分享改革的成果。近年来，政府推行了一系列措施，不断地改善老年人的生活。

第一，物质上，国家在全国范围内广泛推行养老制度，普及全国的每一位老人。在巴马，凡是60岁以上的老人，每月均有不等的养老补助，凡是90岁以上的老人，过年过节，政府发放如棉被、衣服等物品。

第二，医疗上，政府通过基层医疗机构，弘扬当地的医药文化，积极为老年人健康服务。随着国家在农村推行新农村合作医疗，老人看病可以报销一部分，这有助于减轻养老负担。

第三，孝道弘扬上，孝是家庭养老的重要维系，也是老年人的情感需求。政府利用文艺演出、板报等多种形式弘扬当地的孝文化、和文化、仁寿文化等。每年选出“五好家庭”“和谐家庭”，给百岁老人颁发老人证，让拥有长寿老人的家庭感到荣耀。

第四，精神生活上，政府在老年人中组织山歌比赛，让山歌继续成为老年人的精神食粮。同时，推行广场舞、太极拳下乡等，组织人员教授老人广场舞、太极拳，不断地丰富老年人的精神生活。

（四）社会养老出现

在长寿村，由于人寿命的延长，老年人比较多。通常，低龄老人身体比较健康，因此，他们自发组织，组成老年人服务队。在子女外出期间，关心、照顾留守老人的生活。同时，他们组织山歌队，农闲时节，组织老年人聚在一起唱歌、跳舞，丰富了老年人的精神生活。在生产上，由于年轻人外出，老年人的任务较重，他们组成互助组，使壮族集体主义观念得以弘扬，老人们互相帮助，克服生

产生活中的困难。

二、养老文化变迁的特点

在文化变迁过程中，面对外来的文化的冲击，长寿村壮族养老文化呈现出自身的特点。

（一）衣、食、住、行等物质文化日益丰富，健康理念深入人心

随着交通的便利、商业的发展，当地的物质越来越丰富多样，表现在衣、食、住、行等方面。在服饰上，除了当地的民族服饰，还有外来的各式各样的服饰，人们选择的服饰以棉质、吸汗为主。在饮食上，外来食品逐渐增多，例如土豆、辣椒、面粉、洋葱、火龙果等从外地流入，当地的食品日益丰富，饮食呈现多样化。但人们仍然以粥食为主，五谷杂粮搭配，新鲜、清淡、原生态、规律的饮食特点没有改变，人们的健康理念和养生观念没有发生变化。

（采访时间：2014 年 7 月 21 日；地点：长寿村；人物：HMQ，女，38 岁）现在蔬菜水果都比以前丰富多了，以前主要是本地的南瓜苗、野菜雷公根、苦麦菜，现在外面的洋葱、青椒、花椰菜、西洋菜等各种各样的菜从外地运来。水果也是，以前主要是本地的桃子、李子、芭蕉这些，现在火龙果、芒果、榴莲、山竹等外来水果源源不断地进来。但是人们还是习惯吃自己种的蔬菜和水果。就拿西红柿来说吧，本地的西红柿小小的，很酸，特别受欢迎。我们这里本来不吃辣椒，后来从外地进来各式各样的辣椒，我们偶尔也尝尝。但是食用后，会立刻喝凉茶，怕上火。水果主要吃本地的，偶尔到集市上买回外地水果，也是要吃新鲜的，我们家的冰箱几乎是摆设。现在生活好了，人们更加注重健康，我现在洗碗都不用洗洁精，就用淘米水洗后，用开水烫，无污染又干净。

在长寿村，健康理念深入人心。在丰富多样的食品面前，人们做出较为理性的选择。通常，除了偶尔食用外地蔬菜、水果外，平时仍然以本地食物为主。人们认为一方水土养育一方人，本地的食物对人体健康更加有利。同时，随着社会的发展，各种反季节蔬菜、水果层出不穷。例如，冬天的茄子、苦瓜、西瓜等。当地人认为，偶尔食用反季节食物可以解馋，但人本身就像一个小宇宙，随着自然律动，长期食用反季节食物不利于健康。

当然，对本地的食物也进行摈弃和改良。例如，过去由于交通不便，人们把各种肉类做成熏肉贮存起来，留着日后慢慢食用。随着交通便利，如今，人们已经逐步改变食用熏肉的习惯，多食用新鲜肉。

在医药上，面对各种各样的药物，通常，人们先用土医治疗。若是没有效果，则去医院治疗，药物首选南方产的中成药。同时，对过去一些治疗方法进行改革，例如，过去，人们常常通过食用竹鼠来补虚，随着人们卫生观念的增强，现在人们常常以食用鸽子、土鸡、野生鲶鱼来代替。

（二）多种生产方式并存

随着外地游客的进入，当地人改变了过去单一的农业生产方式，利用农闲时节，经营小生意，通常是出售当地的粮食、药物、手工绣花鞋等。有些村民到瑶寨收购茶油，加工，形成自己的小作坊。把火麻加工成火麻豆腐、火麻凉茶等，改变了过去单一的生产方式。

（三）通婚圈扩大，家庭规模变小，务工中老年人返乡养老，孝道表达形式多样

1. 通婚圈扩大、家庭规模变小

“壮族传统的通婚圈具有封闭性特征，主要表现在近婚、族内婚以及婚姻缔结依靠亲友网络促成等几个方面。”① 长寿村亦是如此。20 世纪 80 年代以后，随着经济的发展、户籍的松动，人口流动加快，通婚规则发生了变化。年轻人“一旦脱离了充满传统文化气息的社区，没有了文化制度的约束，人们就会寻找其他的规则。”② 远在他乡的年轻人，不再受近婚、族内婚等规则的束缚，他们通婚的空间距离扩大，族际联姻增多，人们通婚范围由“村落圈”发展到“同学圈”、“同事圈”等。每个民族、每个地区都有自己的生活习惯，因此，族际通婚的家庭，媳妇与公公、婆婆，女婿与岳父岳母不可避免地要经历不断磨合的过程。

（采访时间：2014 年 7 月 22 日；地点：长寿村；人物：HMW，女，65 岁）我孩子外出打工的时候认识了一个湖南的外地女孩，儿媳妇怀孕后带回

---

① 黄润柏：《村落视野下壮族通婚圈的嬗变——壮族婚姻家庭研究之一》，《广西民族研究》，2010 年，第 4 期。

② 杨筑慧：《当代侗族择偶习俗的变迁》，《中央民族大学学报》，2005 年第 1 期。

家里。坐月子时，真的很难侍候，我们说坐月子不能吃辣，怕小孩会上火，可是没有辣椒她吃不下，我们煮菜都比较清淡，她说没胃口就不吃。她平时吃辣我不反对，这是她的习惯和自由，但是现在小孩子吃奶，我们这边比较热，一吃辣椒小孩就容易便秘，她自己也长痘痘。生活习惯不同、语言沟通有障碍，所以会引起很多误会。慢慢地，她也觉得吃辣对小孩、大人都不好，就不吃了，也慢慢会说壮语了。我觉得她离开家人来到陌生的地方，语言不通、生活习惯不一样，有时候有些脾气也可以理解。她也觉得我带孩子挺不容易的，慢慢磨合、彼此理解，现在关系还比较好。

婆婆和儿媳妇由于生活在不同的家庭背景，生活习惯存在差异不可避免，若是不同地区、不同民族的婆婆和儿媳妇，这个文化差异更加明显，生活习惯的差异也越大。如何解决不同民族、不同地区文化差异而造成的婆媳矛盾是家庭和谐的关键。长寿村壮族向来包容各种文化，做到兼容并蓄、美美与共。通常，婆婆们采取比较宽容的态度对待其他文化，长寿村壮族对健康长寿的执着追求也吸引着其他民族。故外来媳妇逐步吸收、借鉴当地的文化，自觉地融入到当地社会，因而，经过一段时间的磨合，婆媳关系重归于好。

随着孩子数量减少，家庭规模也在变小，需要赡养的老人增多。同时，随着人们接受教育程度的提高，年轻人在外发展越来越多，留守老人增多，低龄老人照顾高龄老人成为常态。

2. 中老年人返乡养老增多

落叶归根是埋藏在长寿村人心中的乡土情结。相比于城市空气的污染、高额的房价，长寿村富有人情味的社会环境和良好的自然环境，回家养老成为多数中老年人的首选。改革开放后，许多年轻人外出务工，四五十岁开始返乡务农，农闲时，到城里务工或者做小生意，为将来养老做准备。

3. 孝德教育和孝的表达形式发生了变化

随着社会的发展，孝德教育的方式也在改变。在过去，晚辈在长辈面前卑称为“奴”，而随着时代的发展，老尊幼卑的思想观念逐步改变。人们逐步摈弃愚孝的做法，现代孝德注重年轻人和老年人人格地位的平等，孝德教育建立在父慈子孝的自然情感之上，人们更加注重天然的亲情培育。同时孝的表达形式也发生了变化，例如，子女外出后，不能常伴父母身边，他们常常打电话问候，关心父母身体、生活状况；外出的女儿不能给老人送粮，她们选择邮寄回家，或是找村里的其他亲戚、朋友代送的方式，以示尽孝。老人也持理解与欣慰的态度接受年轻人多样的尽孝方式。

（四）精神生活多样化，自觉抵制不良文化

随着社会的发展，外来文化丰富多样，其他民族的歌舞文化、宗教文化纷纷传入，精神生活多样化。然而，外来文化既有优秀的，也有糟粕的，在生活实践中，人们根据文化对人自身和社会发展的利弊进行区分，自觉吸收其他民族的优秀文化，抵制不良文化，进而形成“文化自觉”。“文化自觉是指生活在一定文化中的人对其文化有自知之明，明白它的来历、形成过程，所具有的特色和它发展的趋向，自知之明是为了加强对文化转型的自主能力，取得决定适应新环境，新时代文化选择的自主地位”①。长寿村壮族向来以勤劳、节俭为美德，在民间故事中，有许多批判好逸恶劳的作品。因此，在当地，从幼儿起就教育子女不沾黄、赌、毒，而且对这些文化的进入采取相应的抵制措施。改革开放后，大量的年轻人外出务工，给当地带来新鲜文化的同时，也带来了一些不良的文化。

（采访时间：2014 年 7 月 23 日；地点：长寿村；人物：HMH，女，63 岁）十多年前，我们这里年轻人外出务工后，从外面买回麻将，然后常常几个人聚在一起打，男人玩物丧志，一打就忘记了干活。我们这里田地少，一年种植两季，从年头忙到年尾也没有多少收成。要是懒在家，就穷得没有油盐吃了。这里的女人不打牌，一天从早忙到晚，家里家外都要顾及。男人一打麻将，所有的活都是女人在做，真是累死人。而且，男人打麻将常常会赌一些钱，十赌九输，所以更加气人。每当哪家有麻将，女人们就偷偷地把它藏起来，或者是扔掉几颗，男人就不能打了，慢慢地村里人也就不怎么打麻将了。村里男性老人闲时都爱下象棋，编织篮子、箩筐之类的，或者是串门聊聊天什么的，不沾赌。

在壮族的语言里没有麻将、桌球这些词，人们对外来的事物总怀着好奇的态度。这些外来物传到长寿村后，男人们对之跃跃欲试。原来打麻将、桌球本是娱乐活动，但是单纯娱乐忘记了劳动，则属于玩物丧志，若是再发展到赌博，偏离了娱乐的本意，重则家破人亡。在当地，但凡家中有人沾染赌博恶习，无论赌资

① 费孝通：《文化与文化自觉》，北京：群言出版社，2010 年，第 195 页。

大小，家中其他成员便对其监督和监视，一旦发现，则立即责令回家，并对其资金进行控制。村里多数人对赌博等不良习气深恶痛绝，即便不是自家人发现，其他人员发现有人赌博，也会告知其家人。在这样的控制和监督之下，有效地遏制了不良文化的影响。当然，遏制不良文化的影响除了依靠外部监督，还赖以内心的觉醒。

> （采访时间：2014 年 7 月 24 日；地点：长寿村；人物：HPM，男，45 岁）我在 20 多岁的时候，也打过麻将、桌球之类的，偶尔也赌一些钱，当时家里人都批评了我。爸爸、妈妈常常监督我，有时候打麻将被发现，就拉回来批评，也常被村里人说，不务正业。当时年轻人对这些事情挺好奇。打麻将会上瘾，有时候就会耽误农事。老婆很辛苦，回家就挨骂，后来觉得自己理亏。本来挣钱就挺难的，若是不勤劳，日子就难过，所以就决心不打了。现在找工作相对来说比较容易，去工地打工一天也有 200 ~ 300 元，人人都忙着挣钱去了。要是自己闲在家里打麻将，也感到心慌，即便现在想打麻将，都找不着人，没有这个氛围，慢慢地自然就没有人打了。前几年六合彩也传到村了，刚开始时，很多人偷偷去买，后来人们发现，无论怎么算，都算不过庄家，钱花出去的多，收回来的少。意识到危害性后，就自觉不玩了。

人有好奇的天性，当一种新的文化进入后，人们总是渴望去尝试，若是对身心健康有利，人们则继续发扬；要是对身心健康不利，当人们意识到其危害性时，便自觉抵制。随着民族自觉和文化自觉意识的提高，他们对民族传统文化资源价值的认识更为深刻，借助于文化传统而进行文化积累的愿望则更为强烈，面对异质文化的冲击，能在各种文化相互激荡中进行文化扬弃、采借与创造，从而丰富和发展了壮族养老文化，使长寿村养老文化朝着健康的方向变迁。

第四节　养老文化内核的坚守

正是人们的文化自觉，长寿村村民对传统文化有着强烈的坚守愿望，无论经济发生多大的变化，人们依然过着简单朴素，日出而作、日落而息的生活，活到老做到老是他们一生的真实写照。面对外来金钱的刺激，人们依然坚守着固有的道德，不坑蒙拐骗、不争不抢，不温不火，保持平和的心态、宽广的胸怀。

一、对养老文化内核的坚守

文化变迁的特点是物质文化先发生改变，进而带动制度文化和精神的文化。“由于人口较少，民族的文化极易受到其他民族强势文化的影响，因此，体现这些民族外部特征的表层文化丧失得较快。”[①] 壮族在当地是主体民族，人口占多数，但面对现代的冲击和人们改变物质生活的愿望，衣、食、住、行等浅层文化发生了变迁，然而人们依然固守着当地的自立文化、养生文化、孝文化、集体文化等养老文化内核。

自立。长期生活在土地稀少的村落社会，人们从小开始就养成独立的性格，无论是男孩还是女孩，都从身心上培养自主自立的能力，到了老年自然就不觉得孤独了。尤其在子女数量减少的现代社会，老人的自立意识正符合时代发展的需要，这种自立的观念延续至今。

养生。如今，随着社会的发展，环境的恶化和食品安全的堪忧，富裕起来的人们越来越注重养生，并成为一种时尚。由此，长寿村的养生文化与现代社会的需求相契合。越来越嘈杂的城市，出现了食品的不安全、环境的污染、人际关系的紧张等状况。长寿村人依然保持新鲜、清淡、原生态的饮食习惯，作息规律，以歌为伴，知足常乐，培养良好的生活方式和保持乐观的心态，养生在当地成为人们的生活理念，并在时代变迁中延续。

孝德。随着我国人口老龄化的到来，孝文化成为家庭养老的重要维系，巴马长寿村的孝文化成为人们争相学习的对象。在独生子女时代，一方面养老负担的加重，另一方面孝文化的衰落，如何重拾和传承孝文化广受人们关注，孝文化的弘扬是老年人获得幸福生活的基础。

（采访时间：2014 年 7 月 25 日；地点：长寿村；人物：HMM，女，52 岁）现在人们结婚过程比以前简单多了，但是，在结婚之前，新娘也是要接受一番孝德教育，否则被视为没有家教。虽然人们外出务工，与外面人接触的机会很多，但是人们选择配偶时，更喜欢选择本地人，本地人文化相通，

① 王铁志：《人口较少民族研究的意义》，《黑龙江民族丛刊》，2005 年第 5 期。

更好与老人相处，语言相同，交流没有障碍。在家里，对孩子的孝德教育没有放松，父母还是做到以身作则。有些年轻人外出务工，但是平时也会经常打电话给父母，过年过节大家都回来。现在交通方便了，回来就更加容易了。

当地人注重孝德教育，而且孝德教育的内容随着时代的变化而变化，但是不变的是父母对子女的慈爱和子女对父母的关心和照顾，子女与父母在互相关爱中体会亲情的温暖，并使孝德代代传承。

集体主义思想。在以传统农耕稻作为主要生产方式的壮族社会里，很多事务需要集体协助完成，例如水利的修建等，农作物的种植需要在较短的季节内完成。因此，人们需要团结协作，并形成“换工”习俗。集体聚在一起劳动，克服了枯燥、劳累的生产劳动。“一家有事百家帮”的集体主义观念在时代变迁中继续延续。笔者在调查中发现，农忙时节，留守老人互相帮忙，一起插秧、收割，克服各种困难，集体意识的存在给老人们提供了安全感。大家庭成员中，这种集体归属感同样浓郁，即便是分家的兄弟，逢年过节回家也要聚在一起就餐。直到今天，人们依然喜欢群食，依然在生产生活中互帮互助，集体观念在延续。

宗教观念。壮族宗教信仰在社会发展中不断延续，尽管祭祀品等会随着时代的发展发生改变，尽管外来宗教不断增多，但人们万物有灵的观念、祖先崇拜依然存在，宗教习俗例如补粮添寿、寄石补命等习俗仍在传承。

“任何民族的文化都是该民族智慧的结晶，凝聚着这个民族的感情、意志和追求。在一定条件下，又会使这个民族感情迸发、意志坚定、追求执着。”① 在时代发展变迁中，面对外来文化的冲击，有的民族文化濒临消失，但长寿村壮族在与其他民族接触过程中，民族情感油然而生，更加自觉而坚定地坚守、传承自己的文化。

二、养老文化内核坚守的原因

近年来，随着巴马名气的增大，生活在当地的人们自信心不断增强，对本民族文化有着强烈的自豪感，特别是外出务工者会自豪地向外地人宣传自己的文化。开发旅游业后，大量的游客涌入巴马，当地人通过旅游窗口感受到自身文化

① 吴仕民：《现代化进程中的少数民族文化发展问题》，《民族研究》，1999 年第 6 期。

的价值，由此自觉地传承、发扬本民族文化。

（一）民族内部认同和族际认同

内部认同是社会成员对自己民族归属的自觉认知，族际认同是把他族而自觉为我。当地壮族自称“布扁”，他们生活在相同的自然环境中，有一样的生产和生活方式。从汉代以来，壮族先人就接受儒家教育，但在日常生活中使用壮语，共同的民族语言成为维系民族内部认同的纽带。而共同的道德观念、山歌等成为民族情感的重要依托。历史上的民族内部通婚，增强了彼此间的凝聚力。共同的语言、地域、历史文化、心理特征和宗教信仰成为当地壮族自身的归属，也是其文化得以持久传承的原因之一。

族际认同是指壮民族在与其他民族交往的过程中，对他而自觉为我。如他们自称“布多”，即本土人。壮族、汉族、瑶族在交往互动中，互相吸收其他民族的文化，但是各民族仍保持自己本民族的认同及文化特色，使本民族文化在交往互动中代代传承。

改革开放后，大量壮族青年走出山区，来到广东、福建、浙江等省大城市工作、务工、学习。他们在与其他民族交往过程中，也曾因为语言、文化等问题产生沟通障碍，当人们操着夹壮的普通话与其他民族交流时，曾经遇到不解，甚至被取笑，但他们并没有因此而对本民族文化产生自卑，在努力学好普通话以方便与其他民族交流，努力拓宽视野，给自己创造更多的就业机会的同时，坚守自己本民族的文化。他们凭借自己的勤劳智慧，在大城市谋生，努力改善经济状况，改变家乡的现状，传承自己的文化。

（二）盛名之下的荣誉感

在现代化发展的过程中，有些地方的壮族文化逐步消失，而在巴马长寿村，依然保持着自己的许多文化特色，其主要原因是他们具有强烈的荣誉感，对民族文化的认同逐渐强化。

其一，荣誉获得。历史上，长寿村壮族把英雄瓦氏夫人、二愣大将军作为神来崇拜，传扬英勇善战的精神，尤其是女性的足智多谋。至今，瓦氏夫人抗倭的故事仍被人们津津乐道。尤其在农民运动时期，平安村作为革命村，与韦拔群等革命志士一起出生入死，先人的勇敢、机智，以及不屈不挠的精神使人们有强烈的荣誉感。清朝嘉庆年间，巴马有一位 142 岁的老人，闻名于世，皇帝给他赐匾，清朝光绪年间，皇帝把一块匾赐给时年 126 岁的邓诚才，提名“惟仁者寿”。当地人把孝敬父母作为第一大善的观念传扬至今。1992 年，巴马获得“世界五大长寿之乡”的荣誉。平安村因为有众多百岁老人而称为长寿村。这些荣誉的取得强化了人们对自己家乡和民族文化的热爱，并自觉地传承和发扬本民族文化。

其二，自信心和发展动力的获得。过去在相对封闭的环境里，人们只知如何把壮族文化代代相传，不知本地方文化与外面文化有多大差别。巴马被评为世界长寿之乡后，大量游客涌入巴马，长期处在相对封闭状态的人们看到其他民族都来学习自己，民族自豪感油然而生，从而更加积极主动地向外地游客宣传自己的文化。许多外出务工的青年人也因为家乡的长寿以及它所独有的孝文化、寿文化而自豪，自觉地向身边的同事进行宣传，从而使得本民族文化得以传承和发展。同时，许多年轻人也发现家乡发展的潜力与契机，由此更自觉地保护和挖掘本民族文化。

与此同时，随着越来越多的游客慕名而来，也给长寿村带来了新的观念，使向来重农轻商的壮族开始有了经商的理念。一些年轻人趁着家乡发展旅游业的机会，回乡创业，亦兼顾照料身边的老年人。部分留守老年人也开始出售一些土特产，既可以补贴家用又能老有所用，实现自身的价值。

其三，国家力量的影响。从经济发展上看，巴马作为国家级贫困县，被评上世界长寿之乡后，引起各级政府的高度重视，开始积极扶持当地基础设施的发展，并提出把巴马打造成国际旅游城市的规划，对盘阳河一带的污水进行处理，以法律的形式保护当地的环境，例如，禁止砍伐两岸的树木，禁止私自捕捞盘阳河里的鱼，建立污水治理厂等。另对当地百岁老人给予免费医疗待遇，颁发百岁老人证，过年过节发放慰问金和物品，让百岁老人家庭感到荣耀。对于高龄老人也给予了相应补助，体现了政府尊老敬老的人文情怀，从而带动了民间尊老敬老风尚的传承。此外，政府还以晚会等形式对民族文化尤其是孝文化和养生文化进行宣传，评出孝子孝女并加以奖励，由此，孝的观念和养生观念深入人心，在当地营造了一种孝和养生的氛围。

综上所述，一个民族文化的表层在外来文化的冲击下可能会很容易改变，但文化的内核相对来说却较为稳定。长寿村壮族养老文化的变迁并不像严墨所言那样，文化变迁就像“一块泥，捻一个你，塑一个我。将咱两个，一齐打破，用水调和。再捻一个你，再塑一个我，从碎片化到重构”① 的过程。这更像是刘珩所说的“文化以自己特有的惯性在吸纳和整合不同的文化特质，积淀已久的文化理

① 严墨：《文化变迁的规律——碎片化到重构》，《中央民族大学学报》，2006 年第 4 期。

念和价值体系绝不会轻易被荡涤干净，只不过被一种符合现代性要求和话语的策略巧妙地掩盖起来，”① 文化表层较容易发生改变，例如房子可以弄碎了，用新的材料重新建立；衣服可以扔了，用新的布料重新裁缝。但是作为深层文化，例如语言、价值观念、宗教信仰等仍然深深地印在人们的心中，是较难打碎的。

我们评价一个民族文化是否还具有本民族的特色，判断一个民族文化的变迁程度，不应单纯看它的表层文化，诸如建筑、服饰等。而是应该深入他们的社区，耐心地了解他们的语言、风俗习惯、价值观念、宗教信仰等深层的文化。当人们看到巴马长寿村现代的建筑、服饰、家电、交通工具时，便认为是传统变了，甚至认为完全变了。其实不然，中国台湾、新加坡的现代化程度很高，但是它们依然固守着传统文化，它们的文化内核依然没有改变，长寿村也是如此。作为稻作民族，“年丰人寿”是他们深层的文化内核。而为了实现年丰，必须要辛勤劳动，不断地改善物质生活。为了实现人寿，就要保持良好的生活方式、乐观的心态、孝敬父母、家庭和睦、邻里互爱、社会和谐、信仰虔诚。

保持不同文化和各具特色是文化变迁过程的重要特点。能够保持特色的原因是传统文化内核的坚守。“文化转型不是一种文化模式的断裂，更不是现代文化对传统文化的取代和超越，它是一种与自身传统和谐相容的变通。”② 长寿村壮族大量年轻人的流出和游客的流入，使当地面临着外来文化的冲击，但当地人依托民族的自尊心、自豪感以及对文化的自信心，自觉抵制外来不良的影响，弘扬本民族的优秀文化，使其传统文化代代传承。与此同时，他们也不断地吸收其他民族优秀的文化，使本民族文化不断创新和丰富，并在社会发展中彰显自身的独特价值与意义。长寿村壮族在与其他民族交流互动中，做到了各美其美，美人之美，美美与共，和而不同。

①② 刘珩：《文化转型：传统的再造与人类学的阐释》，《民族论坛》，2012 年第 11 期。

结　语

无论时代怎么变迁，健康都是快乐的基础。生物决定论认为，巴马老人健康长寿是因为遗传基因所致。然而，文化与基因是互动的，而且随着社会的发展，文化对基因起着越来越重要的作用。“文化是由生物学上需要而产生和形成的，同时，生物学特征又因对文化历史做出反应的遗传进化而得以改变。文化与基因是协同进化的。”① 生理的需要产生了文化，饮食方式、食品类型影响着人类的基因。“文化作为一种快速突变因子在起作用。它不断把新的变异投到自然选择的剪刀之中，通过世代更迭改变着人的基因。”② 随着时代的变迁，人们可以改进种植技术、烹饪方式，创造出各种有利于身体健康的美味佳肴，也可以制造出损害身体健康的垃圾食品，人既是天堂的营造者，也是坟墓的挖掘者。

环境决定论认为，巴马得天独厚的自然环境是当地人健康长寿的原因。不可否认，环境影响着人类的生活方式、身体素质。尤其是在原始时代，人类对环境表现出极大的依赖。随着社会的发展，人类为了适应环境，创造了自己的文化。“任何一种环境在一定程度上总要迫使生活在其中的人们接受一种物质生活方式，爱斯基摩人一定要穿衣服、住房、以抵御严寒。”③ 环境是文化产生的土壤，同时，文化也可以改变着环境。如今，人类的大手伸展到大自然的每一个角落，大自然的每一寸土地都留下人类改造的痕迹，纯自然已经不复存在了。人类可以把一个地方打造成碧水蓝天，也可以把它变得乌烟瘴气。

生物决定论和环境决定论把人视为静态的、消极、被动的个体，忽视了人在一个社会里，可以能动地选择自己的行为。“人类的任何食物生产方式或生计方式都不是简单地向大自然攫取，而是文化行为”。④ 不同行为方式的选择对人体

---

① （英）威尔逊、鲁姆斯丹：《基因、精神和文化》，北京：商务印书馆，1982 年，第 5 页。

② （英）威尔逊、鲁姆斯丹：《普罗米斯之火》，北京：商务印书馆，1983 年，第 152 页。

③ 雷蒙德·弗思：《人文类型》，费孝通译，北京，商务印书馆，1991 年，第 39 页。

④ 尹绍亭：《人与森林》，昆明：云南教育出版社，2000 年，第 12 页。

产生不同的影响。饮食方式也是如此，例如，一块肉是清水白灼，还是熏着、抑或腌了以后再食用，其效果存在差异。姜在白天吃可以消毒杀菌，在晚上吃不利于消化。人吃七八分饱就舒适，吃得过饱会对胃部产生负担，引起胃部不适。吃了以后，适当活动脂肪不堆积，不活动的人就容易肥胖。心情好时，吃什么都香甜，心情糟糕时，吃什么都没有胃口等。食物可以给人类提供营养，然而不合理地食用则会致病，巧妙利用又可以防病、治病。上天赐予人类得天独厚的环境，如果不会合理利用、保护它，甚至破坏它，也将对人体有害。因此，文化对人的身体素质同样具有重要作用。

长寿村老人之所以能够在并不富裕的社区里，简单而快乐地度过晚年，除了基因、环境外，还与他们的生活方式、家庭制度、宗教信仰、心态等密切相关。总结长寿村人的养老机制及特点，可以归纳为以下几个方面：

一、朴素的“命文化”是生命不息的精神动力

“命文化”是当地人生命不息的精神动力。在万物有灵论思想的影响下，当地人认为，每一个人降生来到人世间，都是花婆神赐予父母的一朵花。父母要对花朵精心照料，延续它的生命，即便花落也要悄无声息，慢慢化成泥土，滋养万物。为了培育好这朵花，人们从孩子三朝起，就要给他带上锁命线；满月时，戴寿凉帽；一岁后，为孩子举行培花、保命、解绑仪式；十岁后，为孩子找寄爷、寄妈；三十六岁以后，为其补粮添寿、寄石补命等一系列活动，其目的是使这朵生命之花美丽绽放。长寿村壮族的“命文化”仪式贯穿着人的一生，时刻暗示着人们生命不息。人们认为，有了神灵的保佑，借助神灵的力量，可以战胜各种生活中的困难。同时，受到道教文化的影响，当地人珍惜生命，珍惜现实世界的幸福。因此，为了提高生命质量，他们辛勤劳动，调养身心，知足常乐，在平淡的生活中感受和体悟着普通人的幸福与生命意义。

二、未老先养，知行合一

生命周期理论认为，早年的生活经历造就了晚年的生命质量。健康不是一朝一夕养成的，为了能够安度晚年，长寿村人未雨绸缪，在各个方面提前做好准备。

第一，培养良好的生活方式。他们从青春年少起，开始接受生命健康教育，培养良好的生活习惯。在衣食住行的选择上，均从有利于身体健康的方向去考

虑。村民们喜欢吸汗的棉布衣服，居住通风、透气的干栏式建筑。饮食注重“五低三高”，即低脂肪、低动物蛋白、低盐、低糖、低热量和高维生素、高纤维素、高新鲜度的食谱，喜食五谷杂粮，注意温性凉性食物合理搭配和饮食规律，以新鲜、清淡及素食、粥食为主，形成了粗、杂、素、淡、鲜的饮食特点。在起居方面，作息规律，早睡早起，适当运动，诚如当地人所言，“今天不养生，明天养医生”，“今天没有时间锻炼，明天有时间生病”。从小开始就注重疾病预防，坚持能不用药则不用，用药先用食物药，病急先用西药，再用土药调理的治疗方法。少年时良好生活方式的养成，为老年健康打下基础。

第二，重视孩子的教育，尤其是孝德教育。“少年不教子、老年不孝子”，儿孙绕膝、子女孝顺是老年人幸福的愿望。在没有完善的社会保障机制情况下，儿孙既是生活意义的归依，也是老有所养的重要依托，如何实现人之常情之夙愿，子女从小的教育至关重要，当地人深谙此理。故他们对孩子从小就进行生命健康教育、技能教育、道德教育，并身体力行、以身作则，让孩子从小就受到文化的濡染，并逐渐内化为自身的行为方式，使孩子成长为健康、勤劳、自立、孝顺的人，从而为实现老有所养做准备。

第三，培养良好的性格、兴趣爱好。吃饱穿暖是人的基本需求，作为悬挂于意义之上的人，如何创造更有意义的人生，一定的精神寄托必不可少。儿女可作为精神寄托之一，但置身在外的他们随时随地都有可能离开父母去寻找他们自己的世界和梦想，尤其是改革开放以来，大量的年轻人外出务工，在身边的日子越来越少。因而，只有内在于心的安宁和属于自己可掌控的兴趣爱好，才能让自己找到延续生命的动力。对于长寿村人来说，积极乐观的人生态度、知足常乐的心态、随遇而安的心境、强健的体魄，再加上一些兴趣爱好，幸福晚年不是梦想。所以人们唱山歌、学技艺、读书学医，在平常中寻找生活的乐趣，做到独而不孤、亲不在心不寂。

快乐和幸福都建立在健康的基础之上，没有年少时强健的体魄哪有老年时的健康体质？少年不教子，哪有老年的孝子？防患于未然，正是有未老先养的思想，而且认真践行，长寿村老人才能实现健康快乐的晚年。今天，随着信息的高度发达，人们从不同的渠道获取很多关于养生、育儿方面的信息，谈到养生，娓娓道来，说到育儿，侃侃而谈，但是他们却很少行动，或者行动了而没有坚持。因此，只有知行合一方能为幸福的晚年提供基础。

三、孝德的传扬

血缘之亲、人伦之序，父母对未成孩子有抚育之责，后代对长辈亦有感念之恩，此乃人之常情。老有所养是每个中国人的共同愿望。“孝”作为中国封建时代的伦理道德基础，虽然存在不少消极的因素，但在构建以“爱”为核心的价值观上，仍有许多可取之处。阎云翔在《私人生活的变革：一个中国村庄里的爱情、家庭与亲密关系》中指出，随着社会的发展，一方面是年轻人的主体意识不断增强，表现在情感生活和欲望方面，他们更多的是强调权利，而忽视了对他人的义务。另外随着国家对个人私生活干预的减弱，公共道德制度缺失，维系家庭养老的孝文化逐渐失去了文化基础，父权衰落，代际冲突出现，让老人赡养失去了道德支撑。[①] 因而，如何取其精华、去其糟粕，从“孝”中弘扬人性之美，倡导孝敬父母、关爱子女，倡导互尊、互爱、互帮互助的平等、民主价值观，在当下道德失范、人伦失序的社会风气里显得尤为重要。

对于长寿村人来说，社会发展、时代变化给他们的社会文化带来许多冲击，传统的养老机制也面临着各种挑战。但老年人众多的现实情景使他们深刻认识到“孝”的重要性。某种意义上可以说，“孝”是长寿村养老文化的基本核心之一，农耕社会里生成的“孝”文化，不仅在维护家庭成员的人伦秩序、家庭与社会的稳定等方面起到了重要作用，而且在凝聚人们力量应对各种困难和灾害方面也起到积极作用。社会虽然发生了这样或那样的变迁，但生活环境、农耕经济基础依然存在，加上社会保障体系尚未完善，家庭养老仍是当地人的重要选择。在此背景下，“孝”的传扬依然重要。故此，面对外来的一些文化，人们也是择其善而从之，自觉弘扬本民族的优秀文化，确保老年人老有所养、老有所乐。“孝”的传扬主要表现为：

第一，对孝文化的传承。孝是人类情感的需要，其本质是爱和责任。人是群体性动物，具有较强的依赖性，无论是幼儿还是老者均如此，由此也产生了人伦情感和秩序。“孝”作为人伦的重要基础，既包含了仁爱之心也强调了责任意识。在长寿村，孩子是在父母的精心照料下成长，在父母的教育下成才。当他长大成人、自食其力后，自觉地担起爱护和照顾父母的责任。正是因为这种互爱，

① 阎云翔：《私人生活的变革：一个中国村庄里的爱情、家庭与亲密关系》，上海：上海书店出版社，2006 年，第 159 页。

孩子才能健康快乐地成长，老人才能幸福地度过晚年，在相互帮助和关爱中获得生存的动力和精神上的满足。面对年轻人大量外出的情形，老人们也自觉摈弃愚孝的观念，在新时代中，强调年轻人的自主性，彰显人性，尊重生命。同时，“老吾老，以及人之老；幼吾幼，以及人之幼”的观念也深入人心，人们将对孩子的关爱、对父母的敬爱延伸到家庭之外，在社会中营造出“孝”的氛围。

第二，孝德中包含着感恩意识。父母感谢花婆神赐予孩子生命，同时，在养育孩子过程中，也感恩子女给他们带来的欢乐。作为子女，感谢父母的养育之恩，从而报答父母。爱孩子是人类自然而然的情感，而感恩父母则检验一个人的责任和灵魂，如古人所言：“羊有跪乳之恩，鸦有反哺之义。”在相互理解和感恩中，建立起和谐的亲子关系。在当前，感恩的方式有多种表达，包括感情回报，例如关心父母，过年过节力所能及地给父母添置衣物等。

第三，孝包含着珍爱生命的意识。孝的生命意识包括三个层次，第一层是关爱自己的身体，珍视自己的生命。父母最大的愿望是子女平安、健康。子女生病，最担心的是父母。因此，长寿村民平时注意饮食起居，适当运动，保持身体健康。身体健康是自立的基础，也是孝敬父母的基础。同时，子女对自己的生命负责，不能随意结束自己的生命，子女是父母的情感依托，父母最为伤心的莫过于白发人送黑发人。因此，子女要爱惜自己的生命。第二层是珍爱父母的生命。在物质和精神上关心父母，常关心父母的身体状况，为父母衰老担忧，当父母衰老时，为父母补粮添寿、寄石补命等，希望父母延年益寿。第三层是指父母与子女之间彼此珍爱。父母关心、爱护子女的生命，不任意打骂孩子，时刻关心子女的身体状况。子女在成长过程中也关心父母，长大自立后，在父母有生之年，孝敬他们，让父母体会到子女的孝心，生活好一些。在关爱父母的同时，也在提高自己的生命质量。

第四，对仁寿文化的传承。“惟仁者寿”是对寿者人生的阐释。人类爱的表现有两种类型：一种是施爱，当人得到爱的满足后，欲施爱于他人。另一种是缺爱，因缺乏爱，而渴望得到他人的爱。长寿村老人在年轻时主要是施爱，即帮助亲人、朋友做力所能及的事情，在施爱的过程中，获得精神上的满足，从而提升精神境界。当他们步入老年，他们缺爱，希望得到子女、亲友的关心和照顾，从而得到精神上的安慰和满足。在施爱和缺爱的过程，人们体会到了幸福与快乐。这种爱与被爱贯穿长寿老人的一生，从而构建了一个和谐、令人身心健康的精神生态系统，使精神超越物欲，净化为人们追求的目标。爱得到满足，心情愉悦，在爱与被爱中，才能健康快乐地度过晚年。

四、发挥能动性，树立“半自养”意识

人活在世上，离不开他人的帮助尤其是亲人的帮助和支持，在互帮互助中克服生产生活中的困难，排除精神的迷茫和困惑。尤其是老年人，随着身体机能的日益消退，许多人或懒于事务，或慵于人情，依靠他人度过残年。不过，在长寿村，这样的现象极少见到。老年人在年幼、年少时就受到传统文化的浸润，从小就形成了勤劳的品格、务实的人生态度。即使儿女在身边，承担了主要的田间地头劳动和家庭事务，但他们依然不闲着，力所能及地做些劳动。随着人口流动的频繁，子女们不常在身边，许多老年人不能再像他们的祖辈、父辈那样享受着天伦之乐和儿女们触之可及的侍奉，许多事情均需亲恭而为，甚至还得帮忙照顾孙辈。在这样的情形下，老人们没有自怨自艾，而是发挥主观能动性，通过劳动获得部分物质上的满足，以及通过娱乐活动、宗教信仰等方式获得精神上的满足。即使家里不缺少收入、没有养家糊口的压力，一些老年人同样做一些劳动获取报酬，如手工艺品的制作、山野杂货的售卖等，从而体现出自身的价值。此外，留守的老人们还发扬集体主义精神，低龄健康老年人照顾高龄老年人，他们自发建立起各种老年团队，互相关心、帮助，共同克服生产生活中的困难，实现了自养或“半自养”，在此过程中也锻炼了身体，增强了体魄，消除了孤独和烦恼，获得了精神上的愉悦。

五、立足本土，文化自觉

任何一个社会都不是与世隔绝的世外桃源，任何一种文化也不可能是一成不变的，一个民族的文化只有不断地与其他文化互动交流、借鉴，才能不断地向前发展。对于长寿村来说，“世界长寿之乡”的美誉引来了大量的游客，加之外出务工人员的日益增多、传媒的普及，不可能不受到各种思潮和外来文化的影响，许多表层的文化事项也在这种影响下逐渐发生了变化。另外，外界对长寿村“长寿文化”的探寻也激起了当地人的文化自觉意识，使他们认识到自身文化的独特价值和意义。外出的长寿村人有意或无意地向外界宣传他们的长寿文化，留守者则维护着本民族的文化，并挖掘地方性知识，向游客展示他们的长寿文化。与此同时，人们也自觉抵制外来不良文化的影响，吸收外来优秀文化；摈弃本民族文化的糟粕，发扬本民族优秀文化。与其他地区的许多民族一样，长寿村村民也渴

望发展，但他们希望这种发展不要破坏生态环境，以牺牲生活质量为代价，更不要不尊重人的生命质量。他们认为，发展的最终目的是提高人的生活质量，如果过快发展，带来弊大于利，他们宁愿贫穷一些，发展慢一些，也不愿意以有害生命为代价的发展。正是这样的发展理念使长寿村村民能够自觉维护本民族的文化特色，能够在远离浮华与喧嚣的环境中安度晚年。

随着中国现代化、城镇化进程的加快，许多与之相伴而生的问题越来越突出：环境污染、社会失范、人口流动、留守现象等。而老龄人口的逐年增长也给国民经济和社会保障机制的完善带来了越来越大的压力。中国传统的家庭养老模式在各种因素的叠加影响下，正在失去其传统的功能，“父权的弱化导致了家庭养老文化制度的变迁，使养老从非功利、无条件的行为转变成功利的、有条件的行为，子女赡养父母的约束力逐渐减弱。”[①] 如何在新形势下实现有效的、适合中国国情的养老模式，提高生活质量和提升生命价值，是个人、社会、政府都需努力的方向。

总之，养老是一个系统的工程，事关个人、家庭、国家和社会，而要实现健康养老，即关系到生存的环境、生活方式、家庭幸福、国家福利等因素。然而，在这样复杂的系统中，个人能动性的发挥起着最重要的作用。根据自然规律能动地选择自己的行为，充分利用身边的资源为自身健康服务，是巴马长寿村壮族文化中最突出的价值。他们能够生活在被称为瘴疠之地的湿热地区战胜各种疾病；能够在动荡的年代求得安生，能够在贫穷饥荒的岁月里延续生命，他们的生活并不富裕，但是他们乐观向上，享受平凡人的幸福，这源自于在遵循自然规律的基础上人能动性的发挥。人类社会就像是一列火车，人们拼命地争着要坚持到最远的一站，很多人因为种种原因在中途下车了，而长寿村的许多老人却坚持到了最远的一站。这期间有不同车厢的人，即生活在不同时代的晚辈长辈间的互帮；也有同一车厢的人，即同辈人之间的互助，但是最重要的是他们自身的坚持，对生命的渴望和坚韧的毅力。通过对七位百岁以上尚能自理的老人进行采访，他们的共同特点是：一生中，没生过什么大病。原因是，“嘴巴享受，身体难受”的食物少食用，每个人的身体对某些食物具有排斥作用，食用后，引起身体不适，这时就要管住嘴巴。同时，善于用水和食物来防治疾病。当然最为重要的是一生都在劳动，劳动中不仅排出体内毒素，铸就了良好的体质，还磨炼出人的耐力和毅

---

① 王树新：《中国养老保障研究》北京：华龄出版社，2004 年，第 78 页。

力。他们大多经历过战争、饥荒等，经历曲折，人生坎坷，但是持久的耐力和坚强的毅力支撑着他们，克服生活中的一个又一个困难。他们笑对人生，积极乐观，在生命列车上，幸福地坐到最远的一站。他们爱好学习，通过自学医药文化、山歌文化、孝文化等知识拓展人生的宽度。他们乐于助人，在帮助别人过程中获得快乐，也赋予人生丰富的意义，从而增加生命的厚度。生命的长度、质量比的是体质、心态、毅力和耐力。

长寿村壮族养老文化具有特殊性又具有普遍性。不同的文化，对老年人的生活质量产生不同的影响。在未来的养老中，如何从民族实际出发，发挥老年人的主观能动性，挖掘本民族文化，发挥其在养老过程中的作用应受到关注，长寿村的养老文化在一定程度上对少数民族地区养老问题的解决具有借鉴意义。

参考文献

一、中文专著

[1] 陈洁莲：《民主壮族——中国壮族乡村民主自治研究》，南宁：广西人民出版社，2009 年。

[2] 陈新建、李洪欣：《壮族习惯法研究》，南宁：广西人民出版社，2010 年。

[3] 陈长平、陈胜利：《中国少数民族生育文化（上册）》，北京：中国人口出版社，2004 年。

[4] 陈来：《传统与现代——人文主义的视界》，北京：北京大学出版社，2006 年。

[5] 陈树强：《成年子女照顾老年父母日常生活的心路历程》，北京：中国社会科学出版社，2003 年。

[6] 邓伟志：《中国家庭的演变》，上海：上海人民出版社，1987 年。

[7] 方素梅：《近代壮族社会研究》，南宁：广西民族出版社，2002 年。

[8] 氾宏贵、顾有识：《壮族历史与文化》，南宁：广西人民出版社，1997 年。

[9] 范宏贵：《同根生的民族——壮泰各族渊源与文化》，北京：光明日报出版社，2000 年。

[10] 冯艺：《红土黑衣：一个壮族人的家乡行走》，青岛：青岛出版社，2007 年。

[11] 冯友兰：《中国哲学史（上、下册）》，上海：华东师范大学出版社，2000 年。

[12] 费孝通：《中华民族多元一体格局》，北京：中央民族学院出版社，1989 年。

［13］费孝通：《乡土中国——生育制度》，北京：北京大学出版社，1998 年。

［14］费孝通：《江村经济——中国农民的生活》，北京：商务印书馆，2001 年。

［15］高丙中：《现代化与民族生活方式的变迁》，天津：天津人民出版社，1999 年。

［16］高发元：《中国西南少数民族道德研究》，昆明：云南民族出版社，1990 年。

［17］高发元：《中国少数民族道德概览》，昆明：云南民族出版社，1992 年。

［18］高国希：《道德哲学》，上海：复旦大学出版社，2005 年。

［19］高兆明：《伦理学理论与方法》，北京：人民出版社，2005 年。

［20］顾鉴塘：《中国历代婚姻与家庭》，北京：商务印书馆，1996 年。

［21］海力波：《道出真我：黑衣壮的人观与认同表征》，北京：社会科学文献出版社，2008 年。

［22］郝时远、任一飞：《中国少数民族现状与发展调查研究丛书——田阳县：壮族卷》，北京：民族出版社，2008 年。

［23］贺金瑞、熊坤新、苏日娜：《民族伦理学通论》，北京：中央民族大学出版社，2007 年。

［24］华宏鸣：《积极养老的全面探索》，上海：复旦大学出版社，2013 年。

［25］黄桂秋：《壮族社会民间信仰研究》，北京：中国社会科学出版社，2010 年。

［26］黄庆印：《壮族哲学思想史》，南宁：广西民族出版社，1996 年。

［27］黄润柏：《守望精神家园——龙脊壮族生活方式变迁研究》，南宁：广西人民出版社，2008 年。

［28］黄筱娜：《文化转型与民族文化建设》，北京：中央文献出版社，2003 年。

［29］黄勇刹：《壮族歌谣概论》，南宁：广西民族出版社，1983 年。

［30］黄汉儒：《中国壮医学》，南宁：广西民族出版社，2000 年。

［31］黄汉儒：《壮族医学史》，南宁：广西科学技术出版社，1998 年。

［32］黄汉儒、黄景贤、殷昭红：《壮族医学史》，南宁：广西科学技术出版

社，1998 年。

[33] 黄怀信：《冠子汇校集注》，北京：中华书局，2004 年。

[34] 焦国成：《传统伦理及其现代价值》，北京：教育科学出版社，2000 年。

[35] 蒋炳钊：《百越民族文化》，上海：学林出版社，1988 年。

[36] 蒋廷瑜：《铜鼓艺术研究》，南宁：广西人民出版社，1988 年。

[37] 蒋运瑜：《壮族铜鼓研究》，南宁：广西人民出版社，2005 年。

[38] 金耀基：《从传统到现代》，北京：中国人民大学出版社，1999 年。

[39] 梁庭望：《壮族伦理道德长诗传扬歌译注》罗宾译，南宁：广西民族出版社，2005 年。

[40] 梁庭望：《壮族文化概论》，南宁：广西教育出版社，2000 年。

[41] 梁庭望：《壮族风俗志》，北京：中央民族学院出版社，1987 年。

[42] 梁庭望：《壮族原生型民间宗教调查研究》，北京：宗教文化出版社，2009 年。

[43] 廖明君：《壮族生殖崇拜文化》，南宁：广西人民出版社，1994 年。

[44] 廖明君：《壮族自然崇拜文化》，南宁：广西人民出版社，2004 年。

[45] 李富强：《人类学视野中的壮族传统文化》，南宁：广西人民出版社，1999 年。

[46] 李桂梅：《冲突与融合——中国传统婚姻伦理的现代转向及现代价值》，长沙：中南大学出版社，2002 年。

[47] 李桂梅：《中西家庭伦理比较研究》，长沙：湖南大学出版社，2009 年。

[48] 李资源：《文明的呼唤——中国少数民族传统伦理道德研究》，南宁：广西人民出版社，2004 年。

[49] 刘海鸥：《从传统到启蒙：中国传统家庭伦理的近代嬗变》，北京：中国社会科学出版社，2005 年。

[50] 刘雅：《壮族歌海中的女性》，昆明：云南教育出版社，1995 年。

[51] 李树茁等：《当代中国农村的招赘婚姻》，北京：社会科学文献出版社，2006 年。

[52] 李亦园：《信仰与文化》，台北：巨流图书公司，1978 年。

[53] 李时珍：《本草纲目》，北京：中医古籍出版社，2008 年。

［54］龙兴海：《道德观察》，长沙：湖南人民出版社，2008 年。

［55］吕大吉：《宗教学通论新编（上、下）》，北京：中国社会科学出版社，1998 年。

［56］吕俊彪：《“那”人社会的嬗变》，北京：社会科学文献出版社，2011 年。

［57］罗志发：《壮族的性别平等》，哈尔滨：黑龙江人民出版社，2007 年。

［58］陆启光：《壮族儿童社会化研究》，北京：中国社会科学出版社，2004 年。

［59］潘光旦：《潘光旦文集》第十卷，北京：北京大学出版社，2000 年。

［60］潘光旦：《中国之家庭问题》，北京：北京大学出版社，1993 年。

［61］孙淑敏：《农民的择偶形态：对西北赵村的实证研究》，北京：社会科学文献出版社，2005 年。

［62］唐军：《蛰伏与绵延：当代华北村落家族的生长历程》，北京：中国社会科学出版社，2001 年。

［63］玉时阶：《壮族民间宗教》，北京：民族出版社，2004 年。

［64］王树新：《中国养老保障研究》，北京：华龄出版社，2004 年。

［65］张声震：《壮族麽经布洛陀影印译注》，南宁：广西人民出版社，2004 年。

［66］张德胜：《儒家伦理与秩序情结——社会学的诊释》，上海：上海人民出版社，2005 年。

［67］朱岚：《中国传统孝道七讲》，北京：中国社会出版社，2008 年。

［68］张静：《身份认同研究》，上海：上海人民出版社，2005 年。

［69］郑晓云：《文化认同与文化变迁》，北京：中国社会科学出版社，1992 年。

［70］杨善华：《经济体制改革和中国农村的婚姻与家庭》，北京：北京大学出版社，1995 年。

［71］杨国枢：《中国人的心理》，南京：江苏教育出版社，2005 年。

［72］阎云翔：《私人生活的变革：一个中国村庄里的爱情、家庭与亲密关系》，上海：上海书店出版社，2006 年。

［73］杨筑慧：《中国西南民族生育文化研究》，北京：中央民族大学出版社，2006 年。

［74］（汉）伏胜：《尚书大传》，付腾校译，北京：商务印书馆，1937 年。

［75］（隋）巢元方：《诸病源候论》，北京：人民卫生出版社，1956 年。

［76］（唐）陈藏器：《本草拾遗》，尚志钧校译，合肥：安徽科学技术出版社，2004 年。

［77］（宋）范成大：《桂海虞衡志》，齐治平校补，南宁：广西人民出版社，1984 年。

二、外文译著

［1］（奥）弗洛伊德：《图腾与禁忌》，文良译，北京：中央编译出版社，2005 年。

［2］（德）斐迪南·滕尼斯：《共同体与社会——纯粹社会学的基本概念》，林荣远译，北京：商务印书馆，1999 年。

［3］（德）恩格斯：《家庭、私有制和国家的起源》，北京：人民出版社，1972 年。

［4］（德）康德：《道德形而上学原理》，苗力田译，上海：上海人民出版社，2002 年。

［5］（德）康德：《实践理性批判》，韩水法译，北京：商务印书馆，2003 年。

［6］（德）哈贝马斯：《现代性的地平线——哈贝马斯访谈录》，李安东译，上海：上海人民出版社，1997 年。

［7］（德）黑格尔：《精神现象学》，贺麟，王欢兴译，北京：商务印书馆，1979 年。

［8］（法）伏尔泰：《风俗论》，梁守锵译，北京：商务印书馆，1995 年。

［9］（美）列文森：《儒教中国及其现代命运》，郑大为等译，北京：中国社会科学出版社，2000 年。

［10］（美）希尔斯：《论传统》，吕乐等译，上海：上海人民出版社，1991 年。

［11］（美）大卫·雷·格里芬：《后现代精神》，王成兵译，北京：中央编译出版社，1998 年。

［12］（美）马文·哈里斯：《好吃：食物与文化之谜》，叶舒宪、户晓辉译，济南：山东画报出版社，2001 年。

[13]（美）本尼迪克特：《文化模式》，何锡章译，北京：华夏出版社，1987年。

[14]（美）克莱德·伍兹：《文化变迁》，何瑞福译，石家庄：河北人民出版社，1989年。

[15]（美）玛格丽特·米德：《萨摩亚人的成年：为西方文明所作的原始人类的青年研究》，周晓虹、李姚军译，杭州：浙江人民出版社，1986年。

[16]（美）克利福德·格尔兹：《文化的解释》，纳日碧力戈等译，杭州：浙江人民出版社，1988年。

[17]（英）罗素：《婚姻与道德》，谢显宁译，贵阳：贵州人民出版社，1988年。

[18]（英）马凌诺斯基：《文化论》，费孝通译，北京：华夏出版社，2002年。

[19]（英）拉斐尔：《道德哲学》，邱仁宗译，沈阳：辽宁教育出版社，1998年。

[20]（英）玛丽·道格拉斯：《洁净与危险》，黄剑波、柳博赟、卢忱译，北京：民族出版社，2008年。

[21]（英）阿兰·巴纳德：《人类学历史与理论》，王建民、刘源等译，北京：华夏出版社，2006年。

[22]（英）罗素：《婚姻革命》，靳建国译，上海：东方出版社，1988年。

三、调查资料与方志

[1] 广西壮族自治区编辑组：《广西壮族社会历史调查（第1～7册）》，南宁：广西民族出版社，1984～1987年。

[2] 广西壮族自治区科学工作委员会壮族文学史编辑室：《壮族民间歌谣资料（第一集）》1959年。

[3] 广西壮族自治区科学工作委员会壮族文学史编辑室：《壮族民间故事资料（第一集、第二集）》，1959年。

[4] 广西壮族自治区科学工作委员会壮族文学史编辑室：《广西壮族文学资料（故事、歌摇及文人作品）》，1960年。

[5] 广西壮族自治区地方志编纂委员会：《广西通志·民俗志》，南宁：广西人民出版社，1992年。

［6］广西壮族自治区地方志编纂委员会：《广西通志·宗教志》，南宁：广西人民出版社，1995 年。

四、期刊论文

［1］邓如金：《论壮族歌圩的生命力》，《中央民族大学学报》，1992 年第 4 期。

［2］费孝通：《家庭结构变动中的老年赡养问题》，《天津社会科学》，1982 年第 3 期。

［3］方素梅：《壮族饮食文化的历史探析》，《广西民族研究》，1998 年第 1 期。

［4］方素梅：《近代壮族婚姻家庭研究中的几个问题》，《广西民族研究》，1988 年第 4 期。

［5］范西姆：《壮族三声部民歌的审美价值》，《歌海》，2005 年第 3 期。

［6］黄润柏：《村落视野下壮族通婚圈的嬗变——壮族婚姻家庭研究之一》，《广西民族研究》，2010 年第 4 期。

［7］李富强：《壮族传统婚姻制度》，《广西大学学报》，1992 年第 4 期。

［8］李富强：《壮族家庭制度简论》，《广西民族研究》，1995 年第 2 期。

［9］李富强：《壮族的都老制及其蜕变》，《广西民族研究》，1993 年第 1 期。

［10］李富强、俸代瑜：《壮族的经济社会变迁对靖西壮族经济、人口和家庭、制度的研究》，《广西民族研究》，1990 年第 1 期。

［11］陆于波：《壮族歌圩文化延续原因初探》，《广西民族大学学报》，1990 年第 1 期。

［12］刘朝晖：《村落社会研究与民族志方法》，《民族研究》，2005 年第 3 期。

［13］马尽举：《孝文化与代际公正问题》，《道德与文明》，2003 年第 4 期。

［14］穆光宗：《我国农村家庭养老问题的理论分析》，《社会科学》，1999 期第 12 期。

［15］覃彩銮：《论壮族干栏文化的现代化》，《广西民族学院学报》，2000 年第 1 期。

［16］王柏灿：《壮族饮食文化与壮族医药》，《中国民族民间医药杂志》，

2004 年第 5 期。

[17] 徐新建、王明珂:《饮食文化与族群边界——关于饮食人类学的对话》,《广西民族学院学报》,2005 年第 6 期。

[18] 熊跃根:《中国城市家庭的代际关系与老人照顾》,《中国人口科学》,1998 年第 6 期。

[19] 徐新建、王明珂:《饮食文化与族群边界——关于饮食人类学的对话》,《广西民族学院学报》,2005 年第 6 期。

[20] 徐祖祥:《壮族宗教民俗中的道教长生成仙信仰》,《西南民族大学学报》,2009 年第 2 期。

[21] 姚远:《血亲价值论:对中国家庭养老机制的理论探讨》,《中国人口科学》,2000 年第 6 期。

[22] 于学军:《中国人口老化与代际交换》,《人口学刊》,1995 年第 6 期。

[23] 杨树喆、杨梅:《壮族饮食民俗和服饰民俗叙论》,《玉林师范学院学报》,2002 年第 4 期。

[24] 玉时阶:《壮族巫术、巫师与巫医》,《世界宗教研究》,2011 年第 2 期。

[25] 张敦福:《文化唯物主义作为一种研究策略:饮食人类学的研究》,《民俗研究》,2012 年 5 期。

[26] 宋思运:《和谐视野下的社会秩序》,《理论探索》,2010 年第 3 期。

[27] 杨筑慧:《变迁中的侗族村寨》,《中央民族大学学报》,2001 年第 5 期。

[28] 钟永圣、李增森:《中国传统家庭养老的演进:文化伦理观念的转变结果》,《人口学刊》,2006 年第 2 期。

五、外文专著

[1] Anthea Tinker, "The Elderly in Modern Society", Published in the United States of America by Longman Inc, New York, 1981.

[2] Arlene S. Skolnick, Jerome H. Skolnick, "Family in Transition", Little Brown and Company, Boston, 1998.

[3] Eric Abella Roth. "Culture, Biology and Anthropological Demography", Cambridge University Press, 2004.

[4] Hagen, Everette. "On the Theory of Social Change: How Economic Growth Begins", Homewood IL: Dorsey Press, 1962.

[5] Harris, Marvin, "Good to Eat: Riddles of Food and Culture", New York Simon and Schuster, 1985.

[6] Latter, Robert h. "Perspectives on Social Change", 4th ed. Boston : Allyn & Bacon, 1991.

[7] Melanie Dawn Sereny. "Living Arrangements of Older Adults in China: Che Interplay Among Preferences", Realities and Health Department of Sociology, Duke University, 2009.

[8] Nancy, E. Riley. "China's Population: New Trends and Challenges", Population, Vol. 59, No. 2, 2004.

[9] Ogburn, William. "Social Change with Respect to Culture and Original Nature. (rev. ed.)", New York: Viking, 1950.

[10] Sharp, R. L. "Steel Axes for Stone Age Australians" . Human Organizations, 1952.

[11] Haraway, D. "Cyborgs and Women: the Reinvention of Nature", London: Free Association Press, 1991.

后　记

笔者来自巴马一个壮族长寿家庭，祖母生于1916年，2016年去世，享年100岁，她一生中经历许多磨难与挫折，她中年丧夫，生病主动到村外隔离等，但是她一直很乐观。坚强、善良、自立是她一生的写照。她是一位坚强的女性，无论遇到什么困难都不退缩。在她一生中，记忆最深刻的便是某一年的夏天，她怀着九个月的身孕，背着大儿子上医院检查。在回家的路上，感觉肚子疼痛，她在田埂上生产了，用稻草割断脐带，用布包好刚出生的婴儿后继续赶路。天上突然下起倾盆大雨，河水大涨，刚刚生产的她，后面背着大儿子，前面抱着刚出生的小儿子，趟过齐胸的河水回到家，因此落下了风湿病。她每天做好防寒保暖，一年四季戴头巾，经常用热布袋捂住疼痛处，不断按摩腿部，每晚用热水泡脚，加上内服一些中草药，长期的坚持，病痛逐渐减轻。

她是一位自立善良的女性。她一生最喜爱自制土布，从种植棉花到纺线、织布、裁剪衣裳都亲力亲为。祖母60岁以后，除了做家务，照看孙子，还开荒种地，自食其力，不跟儿孙要一分钱。“不麻烦儿孙”是她时常挂在嘴边的话。她起早贪黑地去种植稻谷、花生、玉米、高粱等农作物。每到收获季节，她总是变着花样地给儿孙们做各种美食，她做的糯玉米三角粑更是让我们难忘。每当看到我们津津有味地吃，那是她最大的幸福，认为虽然老了，但还是有用。人不怕自己老去，而是怕自己对家庭、社会没有价值，成为负担。如果一个人总是挂念着明天还有未了的事情，她就会有继续生活的动力。如果她的劳动成果得到别人的肯定和赞赏，她便有了成就感。她通过种植木薯、花生等而有一些自己的收入，她自由支配。如果一个人的财富是自由支配的，她便感到生活的富足而自由。祖母就是这样的一个人，她活到了100岁。她是一位善良的女性，自己种植的粮食除了留下一部分给家人食用，送一些给邻里做种子，其余的拿到集市出售，卖得的钱自己攒着。尽管挣的钱不多，但是她觉得生活自在而富足。她为自己准备了一套又一套的自制衣服，也为自己准备了一双又一双的布鞋。逢年过节，无论是自己儿孙还是亲戚朋友，给她一些零花钱，她都一一拒绝，还经常封个小红包给孩子们。她说，年轻人要养家糊口，也有难处，自己老了也不需要买太多东西，有一点钱用即可。她是那样的自立和善良，是那样的可敬可爱，任何时候都替别人着想，总是尽己所能地帮助儿孙。家里平时养猪比较多，每一天需要喂一两担的猪草，由于土地稀少，没有专门的菜园，所以大部分猪草需要到野外寻找，祖母在70多岁时，常常挑着竹篮，进入深山野林寻找猪草。即便是到了80多岁高龄，她尚能帮助哥哥嫂子照看玄孙。

晚年的她与大哥同住，享受天伦之乐，在独处时，听听山歌，怡然自得。每当身体不适，外嫁出去的姐姐、姑姑给她送“生粮”和“熟粮”，看到送来的粮食便是她最开心的时刻，忘记了病痛，并常常自我安慰道：“吃了女儿、孙女送来的粮食，身体很快就好起来了”，正是不断的心理暗示，和感受儿孙的孝顺，她无忧无虑地度过简单的晚年。

与祖母一样，长寿村的多数长寿老人也是自立、善良和坚强。他们生活在优美的自然环境及和谐的社会环境中，怡然自得。长寿村是一个典型的壮族村落，依山傍水。清清的盘阳河从村旁缓缓流过，村前是一片绿油油的稻田，村后大山草木葱茏，一座连接稻田和村庄的木桥，呈现壮乡独有的风情，见证着岁月的沧桑，诉说着古老的传说。村边一座黄色的庙宇静静地守护着每家每户，保佑人们平安健康。每天孩童在河里嬉戏，百岁老人在村口欣赏春天的繁花，感受夏天的凉爽，享受秋天的果实，等待冬天的暖阳。六七十岁的老人在田地里忙碌，经历春耕、夏播、秋收和冬藏。平日里，老人们互相串门聊天，互赠红薯、芋头土特产，糍粑、粽子等特色食品。长寿村良好的自然环境和社会环境是村民心中的养老理想地，许多老人即便儿子在外工作，也不愿跟随年轻人到外面生活，他们难离故土，享受着长寿村的黄金玉米粥、红薯叶、南瓜苗、火麻油和美味的油鱼，过着恬静的晚年生活。一些外出工作的退休老人也纷纷回乡养老，外来的候鸟人积极融入当地社会，成为“新长寿村人”。

随着外地游客的增多，盘阳河一度受到污染，一条条白色的排污管道伸进河里，母亲河在哭泣，人们看着心疼。一部分候鸟人离开长寿村，一部分留下来，留下的人发自内心地热爱这片土地，他们自发组成环保协会，对盘阳河的垃圾进行清理。当地政府着手解决河流污染问题，禁止污水直接排入河中，村里的污水统一处理。经过治理，如今的盘阳河恢复了往昔特有的色彩。盘阳河有一部分是地下暗河，五进五出，它的色彩随四季变动。它的春夏是碧绿的。每到春夏季节，蓝天白云下的盘阳河，以及河边一片绿油油的稻田和翠绿的群山，构成一幅诗情画意的青山绿水画卷。人静静地坐在盘阳河边，一览美景，心旷神怡。秋冬的盘阳河是湛蓝的。每到秋冬季节，湛蓝的河水和岸边深绿的竹子相映成趣，不知是蓝水映衬了绿竹，还是绿竹映衬了蓝水，阳光照射下，颜色变幻莫测，不是九寨沟却似九寨沟，如梦如幻，身处其中，十分惬意。

人们对恢复的生态环境倍感珍惜，每次去调研，看到环保协会的志愿者在河里、河岸巡视，检查是否有垃圾，总是感到莫名的感动，他们把这里当成新的家了。由于语言、文化等差异，人地关系的紧张，旅居者与本地人偶有一些矛盾在所难免。但是，当地壮族人温和、包容、开朗的性格，使候鸟人很快融入当地社会，与当地人一起保护环境，一起生活，部分候鸟人也捐款参加长寿村的基础设施建设。长寿村人性格如水，包容来自世界各地不同民族、不同宗教的人们，新老长寿村人和谐相处。

求生欲是人们的普遍欲望，健康长寿是人们的普遍追求。对于子女而言，父母赐予生命，成长过程中得到父母的关爱，对父母产生深深依恋，不舍父母离去，希望父母健康长寿，人们总是千方百计延长父母的寿命。对于老人，长寿对他们而言是复杂的，一方面，随着社会的发展，生活逐步改善，他们希望健康长寿，感受社会变化的日新月异，享受儿孙满堂的天伦之乐。另一方面，又担心自己成为家庭、社会的负担。祖母年过 90 后，每当看到村里人去世，她总是感伤又少了一位老朋友，在珍惜当下的同时，又担心随着年龄的增长，失去自理能力，成为儿孙的负担。对于老人，长寿与养老是矛盾统一体。不想麻烦儿孙是她们的愿望，因此，他们通过日常的生活保健，延长自理的时间，总是尽自己所能做些力所能及的事情。

在调研过程中，无论是什么季节，一大早便看到老人们忙碌的身影，他们有的耕田种地，有的摆摊卖土特产。上了百岁的老人依然做些简单的家务。2014 年 7 月，我到长寿村调研的时候，时年 108 岁的黄妈松谋、105 岁的黄妈文都在与儿孙一起脱玉米粒。在调查中得知，黄妈松谋不久前，因摔倒腿部受伤，活动不方便。她谈到，每天儿孙给她端洗脸洗脚水，甚至 1 岁多的玄孙都知道帮她拿拖鞋，儿孙的孝顺很令她欣慰。但她实在不想麻烦儿孙，如今自己生活需要儿孙帮助，心里感到难过。尽管腿脚不便的她，依然坚持脱玉米粒。辛勤劳动了一辈子的老人突然闲着的时候，有着诸多不适，善良的老人总是替儿孙着想，一辈子为儿孙付出毫无怨言，可是一旦生活不便，需要子女帮助时，又感到愧疚与不安。祖母将近百岁时，每天扫地、拖地、到菜园摘菜等，总是不闲着。哥哥嫂子们劝她休息，她总不听，一生自立与善良的她总是希望为年轻人做些力所能及的事情，她最害怕的莫过于成为儿孙的负担。长寿村老人注重养生保健，饮食清淡、作息规律，即便上了百岁依然能做些简单家务。每当看到老人身体不适，孩子们都会安慰父母，亲戚朋友也前来看望，不让她过于担心，其中，最好的安慰剂便是儿女们送来的“粮食”，这既是物质之粮，也是精神之粮。老人们吃了儿女送来的粮食，便认为疾病很快就会好起来，因此就慢慢地消除顾虑，心理得到安慰。

老人和儿孙在互相理解、互相关爱中度过简单的晚年。经常有外地的朋友问我，你们家乡那么多老人，而且长寿老人如此之多，养老负担是不是很重，我也经常思考这个问题。其实养老负担是否沉重与身体健康程度有着密切的关系，而与寿命长短关系不大。若是一个人经常上医院，无论是从经济上、生活照料上还是精神上都是很大的压力。若是一个健康的百岁老人，与年轻人一道，有什么就吃什么，那无非是一个碗、一双筷子的问题。祖母一生生活节俭，对生活没有太多的要求，通常是家里有什么吃什么。在我的记忆中，她没有上过医院，偶有一些小病，买些药回来即可，她一生中不需要别人太多的照顾，因此，她的晚年是比较轻松、愉悦的。

生命不在于长短，重在质量，而健康是提升生命质量和幸福感的基础。一方面，平时注意饮食起居，有自身的爱好，培养乐观、开朗、包容的性格。另一方面，乐于助人。人们在互帮互助中，经历感动，感受成功的快乐和人间的温暖和真情，也因此精神上得到了愉悦。在长寿村，多数老人都是慈眉善目的模样。2009 年，有幸与同事到长寿村旅游，我们在村里遇到许多 80 多岁、90 多岁的老人，他们大多比较清瘦，慈眉善目，皮肤细腻。尤其是时年 103 岁的黄妈松谋，除了脸上的皱纹留下岁月的痕迹外，她依然面色红润，皮肤白皙。同事们惊讶于当地老人为什么皮肤那么好。通过询问得知，其实他们不知道什么是保养，每天为生活奔波忙碌，无暇顾及皮肤问题，应是与当地的自然环境，健康的饮食，规律的作息习惯和良好的心态有关，这是相由心生，也大概是“惟仁者寿”的诠释吧。2015 年再一次到长寿村调研，时年 118 岁的黄卜新老人还耳聪目明。长寿村的大多数长寿老人都参加过革命，他们经历枪林弹雨，心态平和，也因此能够度过安静祥和的晚年。

书稿即将完成之际，我的心情非常复杂。毕竟是三年的辛勤耕耘，一年的倾力撰写，看着自己的心血结晶，一丝欣慰油然而生。在写作过程中得到许多老师和亲友的帮助，最需要感谢的是我的导师杨筑慧教授，老师渊博的学识与严谨的治学态度让我受益匪浅。

从书稿的最初选题、结构设计、开题报告、撰写初稿、修改完善，直至最后定稿，每一步都凝聚着导师的大量心血。正是恩师的精心指导和耐心帮助才使书稿得以顺利完成。同时，我特别要感谢巫达老师、祁进玉老师、张曦老师。他们在百忙之中抽出时间仔细阅读我的开题报告，并对书稿的写作思路和框架结构等问题提出了十分宝贵的意见。这些意见使我深受启发，逻辑思维更为清晰，考虑视角更为完善，对书稿的完成起到了很大的帮助。在学术成长道路上，感谢教授知识，给我指引方向和启发的吴楚克老师、丁宏老师、苏发祥老师、李丽老师和张海洋老师。感谢朝夕相处的王海燕、赵素燕、曹芳、才让卓玛、陈玉凤、杨阳、王海舟、张嘉烜、桑德杰布、申路玉、陈钧、杨学燕等同学的支持和帮助，使我在迷茫困惑中找到了方向。

纸上得来终觉浅，欲知此事要躬行，书稿的完成，要感谢长寿村的乡亲。他们不仅为我提供了翔实的调查资料，对我的生活也给予了诸多关照。特别是当地的老人，耐心跟我讲述他们的生活经历，协助我完成各项调查。在论文写作遇到困难的时候，与各位村民一起度过的日子总会给笔者带来诸多灵感和动力。

一并感谢的，还有从小到大曾经教导过我的老师们，此外，还要感谢对这本书提出宝贵意见的师友，感谢家人的理解和支持。

书稿的完成和出版离不开广西民族师范学院的老师和领导的帮助，本书出版得到广西民族师范学院著作出版经费的支持。在此，对我工作单位广西民族师范学院表示真诚的感谢。

最后特别需要指出的是，在这本书写作过程中，非常感谢长寿村村民为我提供详细的防治疾病的各种方法，书中所写的是当地人在防治疾病过程中长期积累的实践经验，如若使用，希望各位读者自觉遵循医嘱。

黄小芬

2017 年 11 月 18 日